读懂专业 预见未来

——电子科技大学达人趣味专业潜析（第二版）

林 鹏／主 编

电子科技大学出版社
University of Electronic Science and Technology of China Press
·成都·

图书在版编目(CIP)数据

读懂专业，预见未来：电子科技大学达人趣味专业潜析 / 林鹏主编. — 2版. — 成都：电子科技大学出版社，2022.2

ISBN 978-7-5647-9501-6

Ⅰ. ①读… Ⅱ. ①林… Ⅲ. ①电子科技大学—专业—介绍 Ⅳ. ①G649.287.11

中国版本图书馆CIP数据核字（2022）第033108号

读懂专业，预见未来——电子科技大学达人趣味专业潜析（第二版）

DUDONG ZHUANYE YUJIAN WEILAI——DIANZI KEJI DAXUE DAREN QUWEI ZHUANYE QIANXI（DI'ERBAN）

林　鹏　主　编

策划编辑　杜　倩　李述娜
责任编辑　李述娜

出版发行　电子科技大学出版社
　　　　　成都市一环路东一段159号电子信息产业大厦九楼　邮编　610051
主　　页　www.uestcp.com.cn
服务电话　028-83203399
邮购电话　028-83201495

印　　刷　四川盛图彩色印刷有限公司
成品尺寸　170mm×240mm
印　　张　25.25
字　　数　400千字
版　　次　2022年2月第2版
印　　次　2022年2月第1次印刷
书　　号　ISBN 978-7-5647-9501-6
定　　价　87.00元

编 委 会

序　言

"大学之道，在明明德，在亲民，在止于至善。"大学教育意味着让你能从不同的视角，理解不同的人，思考不同的问题。大学的不同学科专业以其独特的魅力助你拥有这种能力。

电子科技大学坚持以学生为中心、通专结合的教学理念，以"价值塑造、启迪思想、唤起好奇、激发潜能、探究知识、个性发展"六位一体为培养理念，致力于培养具有扎实基础、家国情怀、全球视野，具有知识综合与集成创新能力，能在未来引领学术前沿、科技与社会经济发展，堪当民族复兴大任的创新引领性人才。

"求实求真、大气大为"，经过60余年的建设，电子科技大学（以下简称电子科大或成电）已经成为一所完整覆盖整个电子信息类学科，以电子信息科学技术为核心，以工为主，理工渗透，理、工、管、文、医协调发展的多科性研究型大学，成长为国内电子信息领域高新技术发展的源头之一，创新人才的基地。

电子科技大学设有23个学院（部），65个本科专业，其中13个为国家级特色专业，24个专业入选国家级一流本科专业建设点。同时，为了契合国家发展需要以及提高学生的创新能力和国际竞争力，学校加强多学科融合及跨学科多层次的人才培养，促进专业交叉融合，积极探索复合型人才培养模式，如"成电英才计划"拔尖创新人才实验班，计算机科学与技术（国家"珠峰计划"拔尖人才实验班），计算机科学与技术（智能金融与区块链金融"双A"联合学位实验班）、"互联网+"复合型精英人才培养计划等。

学有所专，精益求精。建校60多年来，一代代成电人秉承"求实求真，大气大为"的校训精神，艰苦奋斗，实干创业。电子科技大学先后培养了18万余名优秀人才，为我国电子信息技术和产业的发展做出了不可替代的贡献，已经成为我国电子信息领域高新技术的源头、创新人才的基地。

凡有所学，皆成性格。电子科技大学以“领导力”为牵引，设计了针对学术精英、行业精英和创业精英成长需求的多类型精英人才培养模式。在电子科技大学，你可以发挥创新潜能，共创电子信息的未来；你可以解放人类双手，打开智能世界的魅力之门；你可以探索光影奥秘，助力光电能源走进千家万户；你可以展示管理才能，探寻服务国计民生之道；你可以站在国际舞台，争做文化传播的自信使者……在电子科技大学丰富、共融的多学科专业熏陶下，莘莘学子必将成长为具有跨界交叉融合、集成创新能力的，引领学术前沿和社会经济发展的领军人才。

心有所向，未来可期。《读懂专业，预见未来——电子科技大学达人趣味专业潜析（第二版）》通过“白话说专业”“达人说专业”“数据说专业”“专业焦点”四个板块，带领广大考生和家长快速精准地深入了解学校的各个专业，以便做出最合适的选择。“白话说专业”用通俗易懂的语言阐述了专业的魅力和前景内容是什么、优势和特色是什么、学什么、解决什么问题、毕业走向等；“达人说专业”采用第一人称视角，邀请知名教授、优秀学长、杰出校友分别讲述了他们对所在专业的理解和体会；“数据说专业”将各个专业的实力可视化呈现给广大考生；“专业焦点”则列举了各个招生专业的优秀成果。

本书从不同角度充分展示了学校各个专业的魅力和前景，让同学们能够充分了解电子科技大学，读懂学校的学科专业，助力同学们的高考志愿填报，梦圆心中的象牙塔。

“路漫漫其修远兮”，愿广大同学以理想信念为经，以专业探索为纬，满怀激情，织就属于你们自己的璀璨星空！

林　鹏

2022年1月

目　录

01 英才实验学院

板块一 白话说专业

1 专业名称

电子信息类（“成电英才计划”拔尖创新人才实验班，Electronic Information）

该专业实行“2+2”培养模式，前两年学生在英才实验学院完成通识、人文、数理、计算机、电子和信息等学科基础课程学习，后两年在电子科技大学全校理工科中任选专业，完成专业课程学习。

2 一句话简介

学术拔尖，创新引领，成就电子信息领域具有持续国际竞争力的一流科学家。

3 我校开设电子信息类（“成电英才计划”拔尖创新人才实验班）专业的优势和特色

全体优先推免：依托于电子科技大学实施拔尖创新培养的校级人才特

区——英才实验学院；按照要求完成培养方案学习、品行表现良好的学生全部给予推荐免试研究生资格，即具有保研资格。

英才学院暑期国际学堂

全校任选专业：量身定制个性化的教育，学生享有自主探索专业兴趣的机会。前两年学生接受厚基础、宽口径、重能力的通识教育，后两年根据个人兴趣和意愿在全校范围内任选理工科类专业，开展个性化学习。

英才学院迎新晚会

全程优师指导：作为校级拔尖创新人才培养基地，汇聚全校优秀教师，拥有国家级教学名师等一流的教学与导师团队；一人一导师全程指导，一流学者引领学生快速成长。

“英咖”师生面对面系列活动

全面小班教学：全面实行小班化研究型教学，改革力度大，挑战性强；因材施教，以学生为中心，唤起好奇心，激发潜能；重视集成创新能力，激发创新意识，实践创新和科研训练四年不断线。

全覆盖国际交流：专项计划支持学生拓宽国际视野和提升国际竞争力，包括：“撷英国际化奖励计划”“本科生海外名校科研实习计划”、全额支持学生参加高水平国际学术会议、奖励学生出国外语考试、分层次资助学生赴海外名校进行科研实习或项目合作、分类别支持学生参加长短期国（境）外交流项目，等等；此外，2020年引入“新东方英才专属培训计划”和“新东方英才国际精英营”，为学术精英人才成长提供广阔的国际舞台。

英才学子组团参加2018年暑期美国硅谷实训营项目

英才学子组团参加2018年美国美利坚大学暑期学习交流项目

英才学子组团参加2018年暑假新加坡国立大学交流项目

蔡畅同学参加2020中国信息通信大会（学术会议）

4 电子信息类（“成电英才计划”拔尖创新人才实验班）专业学什么

学生前两年在英才实验学院按照电子信息大类宽口径、厚基础培养，注重通识、人文、数理、计算机、电子和信息基础；三年级开始进入专业学院学习专业课程，同时通过覆盖学科广泛的新生研讨课，递进式的创新实践训练课程，丰富有趣的学科前沿课和集成挑战的研究性学科基础课程，系统培养学生创新能力；四年级全程在导师指导下开展科研训练，为独立从事科学研究打下坚实的基础。

5 电子信息类（“成电英才计划”拔尖创新人才实验班）专业能解决社会上哪些问题

电子信息类（“成电英才计划”拔尖创新人才实验班）专业，按照电子信息大类实行优秀本科生和研究生贯通培养，通过数理基础、计算机技术、电子信息理论和工程技术课程，突出知识综合集成与学科交叉，以及系统的工程实践和科研训练，激发学生的研究兴趣和创新潜质，培养科学研究和创新能力。

该专业实施精英化教育，旨在培养引领未来科学和理论工程学界前沿的具有持续国际竞争力的一流科学家和创新引领人才，以满足国家产业升级和未来科技发展战略对于拔尖创新人才的迫切需求。

视野——全球青年分享会

6 电子信息类（“成电英才计划”拔尖创新人才实验班）专业误区解读

电子信息类（“成电英才计划”拔尖创新人才实验班）是电子科技大学拔尖创新人才培养的一种改革模式，并非实际所学的专业。该模式实行“2+2”培养方式，前两年在英才学院按照电子信息大类宽口径、厚基础培养学生，注重通识、数理和电子信息大类基础学习；后两年可根据兴趣和意愿在全校理工科任选专业学习，充分尊重学生的兴趣，选择适合自己的专业和方向。

该专业定位于高层次、精英化人才培养，按照要求完成培养方案学习、品行表现良好的学生全部给予推荐免试研究生资格，即拥有保研资格（可以推荐免试申请国内任何高校）。

7 电子信息类（“成电英才计划”拔尖创新人才实验班）专业学生毕业走向

学生基础知识雄厚、学术视野开阔、拥有交叉学科素质、善于主动学习、具备良好的科学研究和人文素养，已获得社会和同行的高度认可。已毕业学生95%以上进入中国、美国、英国、加拿大、荷兰、比利时、日本、新加坡等国内外一流名校和著名科研机构攻读硕士或博士学位。2021届毕业生98人，深造率为100%，包括布朗大学、杜克大学、莱斯大学、清华大学、北京大学等，其中21.5%直接攻读博士学位。

1 国内外深造去向情况

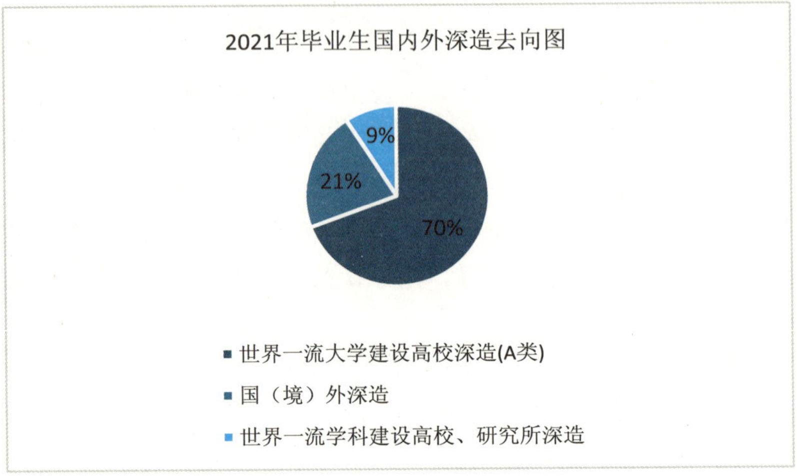

在英才实验学院2021年毕业生98人中，选择国内本校深造读研的有40人，占比41%；选择国内外校读研的有37人，占比38%；选择国（境）外知名大学读研深造的有21人，占比21%。国内读研77人中，进入世界一流大学建设高校（A类）读研深造的有68人，进入世界一流学科建设高校及科研院所的有9人。

2 博士和硕士深造情况

读研深造98人中，选择直接攻读博士的有21人，占比21%；选择攻读硕士研究生的有77人，占比79%。

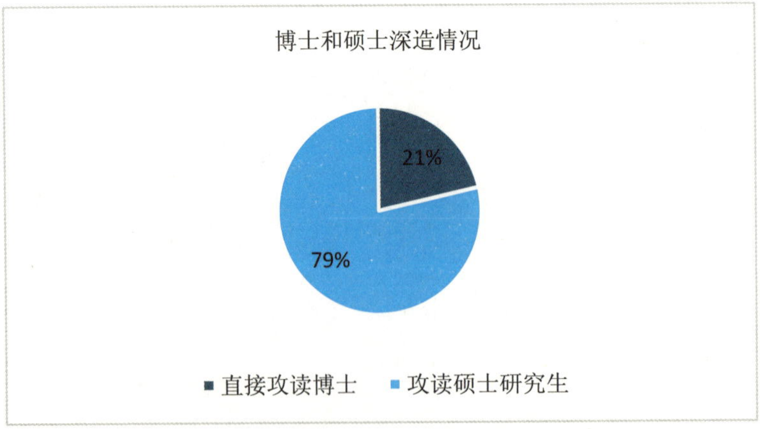

板块二 达人说专业

8 教授寄语

信息技术的快速迭代更新，新一代科技革命和产业变革的快速发展，国家急需培养引领电子信息及其相关领域发展的创新引领性人才，未来能引领学术前沿、人类文明进步的一流科学家。

"英才计划"是学校培养拔尖创新人才的"荣誉计划"，杰出学者和名师引领，以发现学生的学术兴趣、激发学生创新潜能、尊重学生自由选择为核心理念，厚基础、重持续发展后劲，通过系统化的教学改革和激励机制，为学生提供始于新生、全贯通、以研究为基础的学习方式，在电子信息大类、数理基础科学与人工智能领域施行本科和研究生贯通培养的方法，激励和支持学生到世界范围内顶尖高校跟随导师读博深造，去实现未来引领学术前沿、科技与社会经济发展方向，成为未来领跑者的愿景。

——教务处处长、英才实验学院院长：黄廷祝教授

9 学长寄语

该专业堪称成电选择最自由的专业，也是最能夯实电子信息基础的专业。从大一开始，学院邀请各个科目领域最优秀的教授来给我们上课，上课方式包括小班讨论，课题发布，课下交流。从硬件到软件，从电子电路到人工智能，从广泛的电子信息知识海洋到寻找到适合自己研究兴趣的那艘船，电子信息大类专业提供了非常高的专业平台。经过三年由浅入深地学习，我们在大四时选择自己最有兴趣的方向，并可选择校外或者校内的导师进行深入研究。在四年中，学院该专业给了我非常多的自由选择和尝试，接触很多领域，包括去海外大学的研究室留学。大学四年是我人生中

最宝贵的经历，会一直激励我前行。

——英才实验学院2013级本科生、
日本东京大学博士生：鲍蕾蕾
生源地中学：四川省成都市实验外语学校

电子信息本科大类培养让我对整个电子信息技术和产业有了全面的认识和了解。扎实的数理基础为我更好、更快地学习计算机技术，能够深耕人工智能领域奠定基础。计算机技术是这一轮信息革命的核心技术之一。学习计算机技术，相当于在这个时代的中心弄潮，非自信勇敢、开拓进取的人不可为。从比尔·盖茨到扎克伯格、乔布斯，每个学习计算机的人都该有一颗用自己的代码改变这个世界的心。英才学院作为校级培养“特区”，在人才培养方案、培养模式、教学实践等环节，让我有机会接触到不同学院和学科的老师，去国内外不同实验室实习和历练，多学科交叉融合的知识体系为我从事计算机技术研究打下扎实的基础，也为开拓新的领域提供了无限可能。

——英才实验学院2014级本科生、
香港中文大学人工智能博士：刘睿
生源地中学：安徽省合肥市第六中学

成电英才学院大类培养、精英定制的思路助力了我的学术之路。前两年电子大类通识教学为我打下了坚实的基础，后两年任选专业又给予了我深入专业的自主权。最令我难以忘怀的是学院的自由度：各学科带头人的最强师资、外出比赛交流的全额补助、科研探索的导师制度、交流交换的全力支持。英才学院带给我的，是自由发展和野蛮生长的肥料与土壤。我在这里也遇见了改变我一生的学长，手把手的帮带传统使得我在科研道路上进步迅速，最终也去到了心仪的远方。英才学院，成就梦想，铸造未来！

——英才实验学院2015级本科生、
美国芝加哥大学博士生：刘诗楠
生源地中学：重庆市外国语学校

英才实验学院让你的大学有更多选择，更加多彩。专业选择多元化，入校起学生通过通识教育，全面了解各个学科之后，在大三任选全校专业。全学科覆盖，让学生思维更加开阔，同时给学生一个深入了解不同学科的机会，做出最适合自己的选择。进入英才，你就可以跟随各个科研领域大牛，配备一对一成长导师，提前接触科研，积累科研经验，进行科研产出，赢在起跑线。因为导师制，我得以在大一就开始进入实验室，进行相关研究，为之后的深造之路打好基础。小班讨论是思维的盛宴；挑战性课程是潜力的挖掘。无论竞赛、交换学习、科研项目，还是出国深造，英才总是给予你最大的支持与帮助。大二赴中国台湾交通大学交换，大三赴日本交流，多次出国参加英语考试，英才都在背后给予我支持。我最终确定出国深造，英才的影响也不可磨灭。

总之，选择英才，是我最满意的选择。

——英才实验学院2016级本科生、成电杰出学生

新加坡管理大学博士生：曹睿

生源地：四川省成都市第七中学

学院新生在2019年“成电杯”辩论赛夺冠

10 校友感言

从最开始的Google在搜索引擎中使用大数据技术，到现在无处不在的各种人工智能应用，大数据应用也从曲高和寡走到了今天的遍地开花。在这几年对大数据领域的学习和研究中，我认识到计算机基础技能、扎实的数学功底以及算法的设计实现能力等技能都是必不可少的，同时还需要在理论研究的基础上将之进行实践应用，让其产生真正的价值。

英才学院的本科大类培养给我打下深厚的数理基础，为我后续从事教育大数据提供了巨大的支持，而通识教育的培养理念让我能走上商业道路，成为教育大数据领域的学习研究以及运用者。科技创新首先需要高层次的人才保证，我们国家对拔尖创新人才需求比以往任何时候都更加迫切，这也是英才学院本硕博贯通培养、精英化人才培养的定位和理念。培养引领未来科学和理论工程学界前沿的一流科学家和领军人才，以满足国家未来科技发展对于拔尖创新人才的需求。

于我个人而言，无论是在专业能力的提升上，还是在将研究成果产业化的创新创业过程中，我始终践行英才学子的优秀品质——“专注”和“坚持”，从基础做起，做专做深度，做某个领域的某个点，术业有专攻。今天大数据和人工智能的种种成就，离不开全球数百万大数据从业者的努力，其中包括你和我。历史也许由天才开启，但终究还是由人民创造，希望我们都能成为时代的弄潮儿，开启属于我们的时代。

——2008级本科生、成都寻道科技有限公司CEO：聂敏

生源地中学：四川省成都市第七中学

成都寻道科技有限公司联合创始人及总经理聂敏

板块三 数据说专业

（1）我院符合培养方案要求、品行良好的学生，100%享受保研资格。

（2）我院为全体学生一对一配备导师（成长导师、领航导师、科研导师），学生100%参加科研训练。

（3）我院专项经费支持学生，学生100%参加短期交流、国际会议、科研实习等多层面国际交流。

（4）“成电英才计划”自办学以来已培养十一届共1035名优秀本科生。

（5）近五年，33%以上毕业生继续博士深造（包括直博和硕博）。

（6）自办学以来，25%毕业生在海外工作或深造学习。

（7）教学团队：60+位教师，96%高级职称，40%国/青人才，包括全国教学名师、课程首席教授、教学优秀奖获得者等一大批优秀教师。

（8）导师团队：136位导师，38位国字号人才，包括院士、国家特聘专家、IEEEFELLOW等一大批杰出教授。

（9）教改项目：70+门基础课程，90+门专业课程，21门优质研究型课程，包括探究式小班课程、新生研讨课、挑战性课程、学术前沿课程等一系列教学改革示范课程。

板块四 专业焦点

（1）2017年7月，大三本科生刘诗楠带领团队获得第十届全国大学生信息安全竞赛最高奖“创业价值奖”及一等奖。

（2）2017年10月，大四本科生王泊锟获国际顶级会议ACM MM最佳论文奖，这是我校第一位在该顶级会议上获得最佳论文奖的本科生。

（3）2018年2月，大四本科生刘豪在机器学习领域顶级会议ICLR发表论文，这是我校第一位以第一作者在ICLP上发表论文的本科生。

（4）2018年3月15日，英才实验学院2011届毕业生郑毅帆以第一作者身份，在国际权威学术期刊《今日材料》发表论文，这是我校作为第一作者单位在该国际顶级期刊上发表的首篇学术论文。

（5）2018年6月，2018届毕业生88人发表32篇高水平论文，包括通信、计算机领域ACM MM、NIPS、ICLR、ICML、IJCAI、ECCV、SIGKDD、SIGIR、ICC、IoT、TVT等一系列国际顶级会议及期刊。

（6）2018年9月，数理基础科学专业开拓“人工智能”培养方向。

（7）2018年12月，2012届毕业生聂敏（成都寻道科技有限公司联合创始人&总经理）获得“2018年郫都区优秀创业者”称号。

（8）2018年12月，院长黄廷祝教授主持的教改项目获得了国家教学成果一等奖。

（9）2019年7月，2019届毕业生共发表31篇高水平论文，包括USENIXSecurity、AAAI、SIGKDD、ECCV、MICCAI、ACS、EMBC等一系列国际顶级会议或期刊。超过1/3的同学直接到国内外名校攻读博士学位。

（10）2019年9月，英才实验学院举办“面向‘新工科’的拔尖创新人才培养暨电子科技大学英才实验学院成立十周年研讨会”，清华大学、上海交通大学、浙江大学等近20所高校荣誉学院参会。

面向“新工科”的拔尖创新人才培养　暨英才实验学院成立十周年研讨会

（11）2019年11月，英才实验学院2014级本科生许启迪同学获得全球多媒体领域顶级的学术会议ACM MM 2019大会HULU CBVRP赛道世界冠军。

（12）2019年11月，英才实验学院2017级本科生郭晏宏、于劲松、王满林三位同学组成的队伍获得2019年全国大学生数学建模竞赛一等奖及第一届“知网研学奖”。

2019年“高教社杯”全国大学生数学建模竞赛，英才学子获得第一届“知网研学奖”

（13）2020年7月，2020届毕业生共发表33篇高水平论文，包括在《IEEE Transaction on Fuzzy Systems》、ACM SIGKDD等一系列国际顶级会议或期刊上以第一作者身份发表论文。

（14）2020年10月，中国中央电视台和人民日报点赞英才实验学院2018级本科生校友刘沈厅，纷纷报道其以创新创业的方式助力脱贫攻坚的事迹。

（15）2021年8月，英才实验学院2个学生项目入选2021年国家级大学生创新创业训练重点支持领域项目。

（16）2021年10月，院长黄廷祝教授编写的教材获得首届全国教材建设奖二等奖，且个人获得全国教材建设先进个人。

（17）2021年10月，2018级本科生唐得山获得IEEE微波理论与技术学会最高荣誉——2021 IEEE MTT-Society Undergraduate Scholarship Award（Cycle II）。

02 信息与通信工程学院

板块一 白话说专业

1 专业名称

电子信息类（信息与通信）（Electronic Information Class: Information and Communication）

该专业（类）包含通信工程（国家级特色专业、入选国家级一流本科专业建设点），电子信息工程（国家级特色专业、入选国家级一流本科专业建设点），网络工程（国家级特色专业），物联网工程（入选国家级一流本科专业建设点、入选教育部“卓越工程师教育培养计划”），信息对抗技术（四川省特色专业）五个专业。

2 一句话简介

信达宇内，通贯四海。

3 我校开设电子信息类（信息与通信）专业的优势和特色

“信息与通信”是电子信息领域最活跃与最前沿的一个分支。我校电子信息类（信息与通信）专业由电子信息工程、通信工程、网络工程、物联网工程、信息对抗技术专业组成，教学内容涵盖信息感知与信号探测、信息传输与信号处理、信息交换与网络互联、信息系统与智慧应用，体系全、覆盖宽，面向未来。我校依托A+学科“信息与通信工程”的学术实力、国防科研与国家重大工程的突出优势，提供一流的工程教育，使学生成长为具有跨界与创新能力、引领未来技术前沿和社会发展的精英人才。

本专业拥有高水平的教师队伍，现有包含中国工程院院士在内的高层次杰出人才40余人。目前，本专业建设有国家精品资源共享课、国家精品课程、国家精品MOOC课程、国家一流课程11门次，拥有国家优秀教学团队、四川省优秀教学团队各1个，建设有通信与信息系统国家级实验教学示范中心，累计获得省级以上教学成果奖励30余项。建校以来，信息与通信工程学院共培养了30 000余名毕业生。他们遍布海内外IT领域，在国防科研战线，航空航天、电子领域，处处都有学院校友的风采。

——通信工程系主任、国家级教学名师、教授：李晓峰

4 电子信息类（信息与通信）专业学什么

壹系壹班导师与学生交流

我们生活在信息社会中，信息随时随地在我们身边流动。不管是眼之所见、耳之所听，还是心之所想，这些信息都可以被编码成0、1组成的数据，所有数据又可以通过电磁波这样的物理信号来传递。信息就这样被感知、编码、传输、组网、处理、应用。于是，人与人之间就可以视频通话，电脑与电脑之间就可以共享文件，手机与家里的摄像头之间就可以远程控制。要为人类提供这些乐趣与便利，小到器件和电路，大到系统和网络，都是我们——系统设计师要掌握的知识。你们要学习电路类课程，自己设计个处理器吧；你们要学习信号类课程，自己设计个音乐记谱仪吧；你们要学习通信类课程，自己设计个通信终端吧；你们要学习电子系统类课程，自己设计个无人机编队吧；你们要学习计算机类课程，自己设计个上课签到软件吧。

——信息与通信工程学院副院长、教授：凌翔

5 电子信息类（信息与通信）专业能解决社会上哪些问题

信息与通信工程总是把最先进的技术用于更快、更远、更广与更自由地传输与处理信息。比如，用最新的电波与器件技术，开辟更宽的无线通道，使移动下载更快，原来几小时的视频只需1秒钟就可以完成；用神奇的处理方法使信号在各种困难的环境中也能流畅传输，无论在空中、水下、高速运动中，还是特殊环境与军事对抗中，让信息自由通达；用巧妙的“导航”策略利用各种通路穿越不同网络，使众多的用户，无论远近，无缝相连，让信息各得其所；用精巧的嵌入式算法给各种物件以“灵性”，延伸感知，融通万物，支撑社会的智慧与和谐。

——通信工程系主任、国家级教学名师、教授：李晓峰

6 电子信息类（信息与通信）专业学生毕业走向

毕业生可从事电子信息、移动通信、互联网络、能源交通、证券金融等行业的设备开发、产品测试、技术研究、运营与管理等工作，具备成为专业技术领导、骨干，或成功创业人士的潜力。毕业生以勤奋踏实、专业

知识扎实、实践能力强、后劲足等鲜明特点受到了社会各界和用人单位的普遍赞誉，主要就业于信息与通信领域的大型骨干企业、中小型创新公司、研究所、高校、政府与国防部门等各类企事业单位，或在国内外继续学习与深造。他们在信息与通信领域的国内外龙头单位发挥着重要作用，包括华为、中兴、腾讯、谷歌、百度、德州仪器、中电集团、中国科学院等。毕业生的一次性就业率持续保持在95%以上，国内外读研深造比例超过70%。

毕业去向

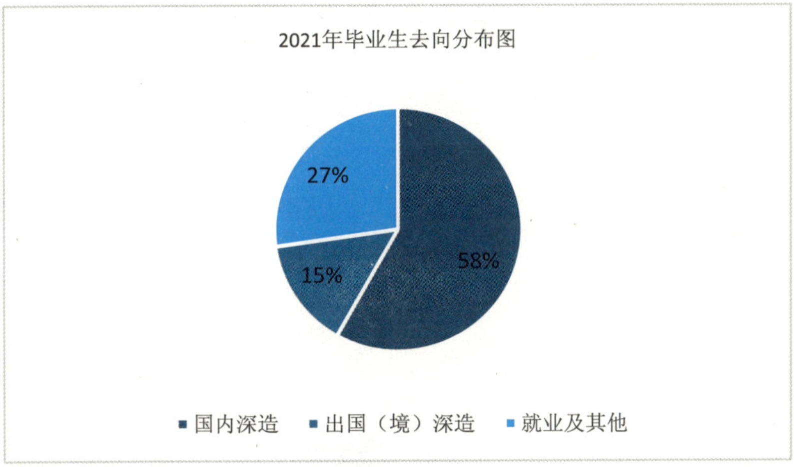

1 国内深造：376人，占比58%

在信息与通信工程学院2021年毕业生646人中，有352人进入世界一流大学建设高校（A类）读研深造；有23人进入世界一流学科建设高校及科研院所读研深造；有1人其他机构读研深造。

在选择国内深造的376人中，选择本校读研的有311人，占比83%；选择外校读研的有65人，占比17%。

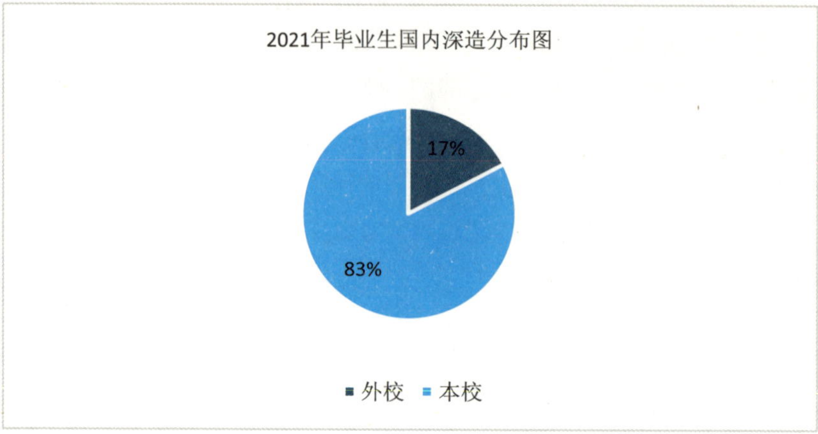

② 出国(境)深造:94人,占比15%

在国（境）外知名大学offer的毕业生中，进入QS世界排名1～100大学深造67人，QS世界排名101～200大学深造11人。

在选择出国（境）留学的毕业生中，16人选择美洲，45人选择亚洲，17人选择欧洲，16人选择大洋洲。

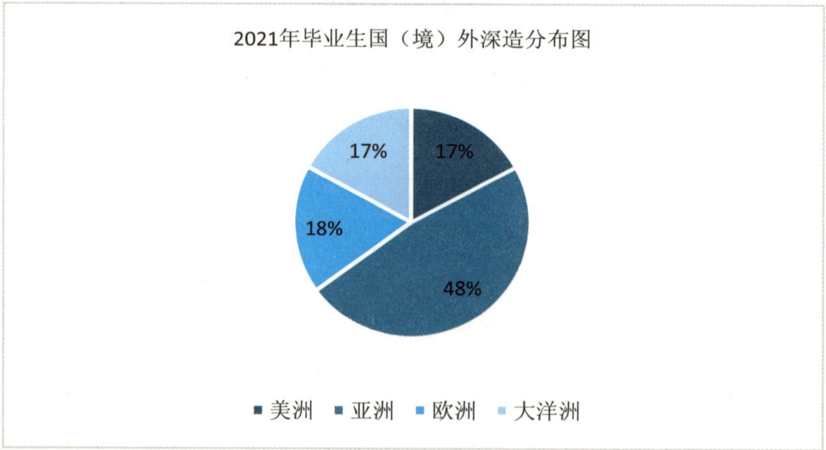

③ 就业及其他：176人，占比27%

从就业情况来看，176人选择直接就业，从事行业前三名是：信息行业（98人），政府、教育机关（36人），制造业（4人）。

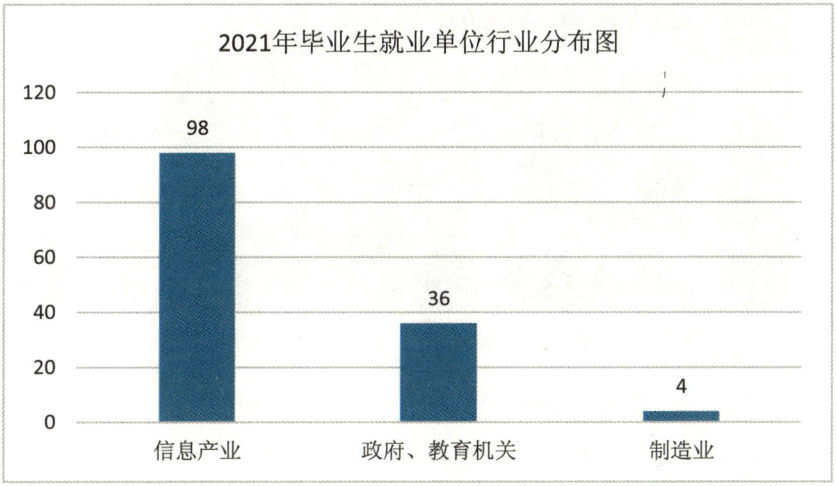

板块二 达人说专业

7 教授寄语

1952年，我从位于上海的交通大学电讯专业本科毕业。如今，此专业已发展成“信息与通信”大类专业。我曾想，如果时间能倒退，要我重选专业，我还是会选信息与通信专业。为什么呢？首先是涉及的产品为人人需要，或国家需要。只要有需求，就有产业前景。其次是我对所学的课程感兴趣。当然，高校设立的专业都是有需求的，考生要根据自身的思考来选择。

“师说”系列讲座之“走近院士·对话科学”（李乐民院士）

我觉得信息与通信专业所学的课程面广，这对将来进入工作有利。例如，学了电子线路等课程，学生就能适应研发各种模拟电路和数字电路的工作；学了信号处理等课程，学生就能适应各种信号处理相关的工作；学了计算机和信息处理等课程，学生就能适应计算机应用等工作。近年来，人工智能是热门课程，我院有些教师和学生已对人工智能进行研发。另外，信息与通信专业涉及系统与网络的总体知识，有助于从事总体研发工作。当然，一个专业不是万能的，每个工作需要多个相关的专业知识复合。

——中国工程院院士、教授：李乐民

8 学长感悟

1．通信工程专业

通信工程专业的学习有以下四个特点：重基础，重能力，重应用，重创新。重基础，本专业十分重视数学基础以及英文能力的培养，这些是学习专业课程乃至学习其他领域的基础，打牢根基才能更上一层楼；重能力，许多课程采用翻转课堂的形式，培养大家的学习能力，同时，通过自己的学习和思考，让大家的专业能力得到质的提升；重应用，学院不仅仅给大家开设了丰富的实验课，而且需要在许多课程中完成课程设计，这是让我们将所学的知识应用到实际的课题中来，而非纸上谈兵，这样也让大家对课本知识有更深的理解；重创新，学院鼓励大家奇思妙想，鼓励大家发论文、写专利，并提供科协等平台让大家去实现自己的想法。通信工程让我的专业技能得到很大提升，更锻炼了我的学习能力。通信工程在各个领域中都有广泛的应用，我相信这个专业能为社会、为国家创造巨大的价值。

——2015级本科生、成电杰出学生：罗梓源

信通学子参加美国麻省理工学院短期交流项目

通信工程专业学科内容丰富且具有一定的交叉性与实践性，本科的学习更加注重通信领域内的基本理论和基本知识的教授，更加注重学生认知与实践能力的培养，在夯实基础的前提下提升专业能力。学科体系科学合理，循序渐进地引导和培养学生在通信领域的基本能力；同时通过深化挑战性课程、小班研讨等方式的教学改革，注重培养团队协作与自己解决问题的能力，激发学生主观能动性，培养一定的科学研究和实际工作能力。总的来说，这个专业的学习具有一定的挑战性，但也有更大的发展空间，这四年的学习，为我未来的学习和工作打下了坚实基础，更是我人生一段宝贵的经历。

——2015级本科生、四川省优秀毕业生：程蕾

“荣耀信通”表彰大会

2．电子信息工程专业

电子信息工程是按大类招生的专业，这给了本科学生第二次细化选择的机会。我们有机会在大一、大二期间打下全面坚实的学科理论基础，大三、大四深入学习更加专精的拓展课程。我们也有机会自主选择大学生数学建模等学科竞赛。指导老师队伍实力强大，十分负责。电子科技大学还设置学校、学院栋梁工程立人班，培养我们的领导力、创造力和专注力。各类文体类活动的经常开展也给我们提供了“野蛮其体魄，文明其精神”的平台。在电子科技大学这样既全面培养又术业专攻的氛围中，我们每个人不仅取得了非常大的专业进步，也有信心去放眼展望，长风破浪，直挂云帆，我们未来可期！

——2015级本科生、唐立新奖学金获得者：孙瑞娇

电子信息工程是一门应用现代化技术进行电子信息控制和信息处理的学科，主要研究信息的获取与处理，电子设备与信息系统的设计、开发、应用和集成。在本科培养过程中，该专业涉及知识面广、系统性强、具有丰富的实践课程，十分重视创新能力和实践能力的培养，能够培养出从事各类电子设备和信息处理的研究和开发的高等工程技术人才。随着互联网的发展，社会信息化程度加深，各行业都需要电子信息工程专业人才，因

此该专业无论是进修还是就业，都具有前景广阔、选择方向多样化的特点。选择电子科技大学，选择电子信息工程专业，四年的本科生活，让我在追求科学文化的同时，也努力提升人文素养，成为德、智、体、美、劳全面发展，适应21世纪发展要求的复合型专业人才。

——2015级本科生、四川省优秀毕业生：王岚晓

2018年大学生电子设计竞赛嵌入式系统专题邀请赛颁奖典礼

3. 网络工程专业

在如今汹涌的互联网浪潮下，我校网络工程专业有着独特的优势：既可以对底层的通信系统有全面的认识，也可以在高层的计算机应用中大展身手。通过对计算机和通信知识的交叉学习，无论是就业或者深造，网络工程专业都可以给你带来更多的选择和更大的发展空间。

网络工程一直是我校信通学院的老牌专业和强势专业，拥有完善合理的培养方案，既有数据结构、算法导论等基础理论课，也有TCP/IP、数据库等专业知识课，更有接入网实验、网络软件设计等格外注重工程实践的课程。同时，学院网络工程系的老师们与思科、华为等设备大厂有很多合作交流，可以帮助我们在社会实践、生产实习等环节进一步扩大自己的专业视野。

总而言之，选择电子科技大学，选择网络工程专业，一定能给你带来一个丰富充实的四年本科生活。网络工程系统的理论知识储备、出色的工程实践能力，让你在未来生涯发展中，绝不愁没有用武之地。

——2018级本科生、“荣耀信通”年度人物、国家奖学金获得者：孙沛霖

网络工程专业的学习不仅对学生的理解能力和思维能力有很高的要求，还要求学生之间能够相互合作去完成课程中布置的作业和课程设计。在学习课程和完成作业的过程中，学生掌握到关于网络工程的一系列知识。同时从基础学科到计算机通信网、TCP/IP协议、接入网技术，由低到高的学科体系，也更好地使学生可以理解专业学习的目的和建立完善的知识框架。从2017级开始网络工程专业得到了学院的高度重视，培养方式开始改革，同学们有更多的机会去参加挑战性课程，提升自己的能力。在网络工程专业我学到了很多，也相信在改革之后同学们可以取得更多突破性的成果，为以后的深造或是就业打好坚实的基础。

——2015级本科生：刘蓉

信号与系统课程答疑

4．物联网工程专业

物联网是信息产业的一次革命性发展，专业中所涉及的内容上至人工智能，下至最基本的模拟电路与数字电路。这门学科显著的特点是涉及范围极广，交叉性极强。学院将理论与实践结合，为我们深入理解这一庞大的知识体系搭建了一条扎实的学习道路。在基础的微积分、线性代数等课程中，来自各专业的老师严谨的教学风格为我们夯实了数理基础；在与专业紧密相关的数字电路、ASIC设计等专业相关的课程中，老师注重教学与实验的结合，为我们提供了一流的实验平台。同时在学院的课程改革中，项目化的教学更是锻炼了我们解决实际工程问题的能力，包括从需求分析、方案拟订到详细设计、成品制作的全过程。不论是竞赛、创业，还是科研，学院与众多的老师为我们的发展搭建了广阔的舞台。

四年时光易逝，这一段学习经历为我带来的最宝贵的财富是广袤的视野和解决问题的能力与决心。在专业中学习到的所有课程、实验、项目，都是我在未来面对问题时的底气。最后，感谢学院中的每一位老师，感谢每一个在成电度过的日子。

——2018级本科生、国家奖学金获得者：武文浩

2018年学生生产实习——中国电信四川机动通信局

物联网是继计算机、互联网和移动通信之后信息产业的又一次革命性发展，因此物联网工程是一门综合性很强的交叉学科。专业学习注重“思考与实践”，教之以技，更授之以术，以技为基，以思维为核心，培养学生的自主意识。四年的学习时光，它提供更多的是自我学习与自我锻炼、自我培养与自我成才的机会、思考、实践，然后前进。大学的学习是紧张有序的，大学的生活是丰富多彩的，如何权衡得与失是关键。过去的日子不是没有遗憾，但我还是感谢四年的时光，感谢每一个起舞的日子。

——2015级校优秀毕业生：王雅

5．信息对抗技术专业

信息对抗技术专业是四川省的特色专业。该专业的课程涉及信息理论、通信原理、雷达原理、网络安全理论等多方面的知识，旨在培养未来电子信息工程领域的高素质人才。该专业的学习非常重视对我们的创新能力、洞察能力以及团队合作能力的培养。在低年级学习中应该努力打好基础知识，尤其是数学和信号处理方面的知识，这样方便以后高年级学习更多的专业知识时能够“前后贯通，学以致用”。通过大学四年的学习，在信息对抗技术专业，你一定可以找到属于自己的一篇天地！

——2015级本科生：吕一虹

信息对抗专业是由电子信息类（信息与通信）专业大类招生培养的，本着“厚基础、宽口径”的人才培养思路，以电子信息系统作为学习和研究的对象，学习内容涵盖系统硬件结构和信息处理流程。学生前两年主要学习公共基础课和学科基础课，以打下坚实的专业基础，掌握电子信息系统的基本概念；后两年学习包括雷达原理及系统、导航与定位技术、计算机病毒原理及防护等专业核心课程，以锻炼动手能力。学院以培养具有“中国情怀、国际视野”的行业精英和领军人才为目标，注重培养学生的“新四会”领导力培养。在这里，你将在收获专业知识的同时，提高自己的组织管理、沟通表达等各方面能力。欢迎各位学弟学妹报考电子科技大学电子信息类（信息与通信）专业。

——2016级本科生：应佳成

9 校友感言

1．通信工程专业

通信工程是我校的王牌专业，也是底蕴悠久、人才济济的专业，自建专业以来，电子科大已经为国家和社会输送了大量的人才。就专业的个人理解，我认为通信工程专业就是实现信息互通的技术，所以这个专业学习知识宽泛，就业岗位众多。

大学四年的学习时光，总结来说：软件方面，可以学习嵌入式开发、单片机驱动开发、网络TCP/IP；硬件方面，我们四年大学时光会接触到PCB板、模电、数电、射频、FPGA；其他方面，C语言、Java、Python等语言的学习，也会增强我们的综合实力，但我认为这不算传统意义上的通信。

本人是本科毕业后就业，所以更关注就业方向和岗位。通信行业大体可以分为5大部分，运营商、设计院、厂家、集成商、用户。运营商就是移动电信联通；设计院负责支撑运营商的建设，也会为其他客户设计网络架构等；厂家（如华为、思科、华三、烽火等）提供设备和技术支持；集成商通俗点讲就是将不同厂家的设备搭建起来，以满足用户的要求为前提，提供架构和解决方案；用户，也就是使用者。

现实一点，通信工程的就业单位，只要有通信设备的都可以，比如前面提到的5个部分中的任一企业。论就业岗位的话，华为等类型的公司，就会设有研发、生产、销售等对应的职位，如研发对通信和软件知识要求比较多；如果在使用通信设备的单位就业，如银行、金融、地铁，只需要会使用设备和基础运维即可，即使出现大问题，也是由供应商来解决的。

另外，这几年程序员及算法工程师大“火”，有兴趣的同学也可以投身到这些岗位中来，薪酬比传统通信行业的平均薪酬高出很多，个人认为是“通信+”的延伸岗位。

——2012届毕业生：龚维

通信工程是成电的双一流专业、王牌专业，我对这个专业的认识可以概括为：以数学为根，向上延展出两条枝干，一条软，一条硬。专业课程会有较多的数学类课程，包括基础课程和专业课程，如线性代数、微积分、概率论与统计、信号与系统、随机信号处理等，软件算法方向会有高级语言程序设计、软件基础、计算机网络，等等，硬件方面有模拟电路、数字电路、射频电路，等等。总的来说，专业设计为同学们提供了三个方向，即学术、软件和硬件。

我个人对算法比较感兴趣，于是选择了偏软件方向的成长路线，并且在大学入学之前就做下了深造的决定。于是，我在大二获得国家留学基金委资助的出国交换资格，拓宽视野；在大三积极参与科研竞赛，获得多项国家级奖项；大四全年实习，任算法工程师一职，解决通信领域的算法问题，所写的算法被实际运用到国家边防前线，同时被加州伯克利大学等8所美国顶尖高校的研究生录取，作为校优秀毕业生从成电毕业。

奈何疫情降临，我被迫延期入学一年，但塞翁失马，焉知非福，毕业后我成功进入腾讯工作，成为一名后端工程师，从事软件研发工作，积攒工作经验。一年后我如愿来到美国加州攻读硕士学位。在读书的同时，为毕业后的去向计划，开始求职，最终凭借自身努力获得谷歌offer，毕业后将在硅谷工作。

一路走来，流了很多汗，吃了很多苦，当同学们都在刷剧打游戏时，我在埋头学习英语，我的托福口语录音里，能清晰听到室友们开黑团战的声音；当同学们三五成群开派对时，我在电脑面前刷算法题，最后听到我刷了700道时只能望洋兴叹。一切机会，都是留给有准备的人的，如果你提前做好准备，那当机会来临时，你就容易抓住它，成为那个“幸运儿”。

不积跬步，无以至千里，把每一件小事坚持做好，量变就会引起质变，做好提前规划，越努力就会越幸运。

——2020届毕业生：王冬

“师说”系列讲座——成像技术创新助力人类认知世界（杨建宇教授）

2．电子信息工程专业

随着科技的快速发展，高新技术人才越来越受国家和政府的重视。尤其是5G时代到来的今天，有着电子信息相关领域背景的毕业生更是受众多科技公司所青睐。为了培养一批未来电子行业的领军人才，电子信息专业从模拟电路、数字电路、信号系统、通信原理等基础学科入手，结合相关实验课程，以理论与实践结合的方式培养学生。目的是使本专业的毕业生拥有更加扎实的基础知识，同时具有一定解决问题的能力。此外，学生可以通过课外时间参加电子设计大赛，锻炼自己的动手能力、团队协作能力，将所学内容与实际问题结合，加深对知识的理解。这些经历都成为日后工作中的知识积累，当你真正开始接触电子行业后，就会发现学校所安排的课程内容是自己人生中一笔巨大的财富。

——2017届毕业生：陶宇飞

电子信息工程是一门系统性的学科，与国家民生发展，国防工业有着极其紧密的联系，需要我们利用多层次、多方面的知识来满足当今社会对于信息收集、传递和处理的新需求。那么如何才能学好这门学科呢？我认为该学科的一个显著特点在于，理论和实践结合得非常紧密。我们往往需要从实践的角度出发来获得理论认知，并利用理论认知来指导实践，两个过程缺一不可。同时，我们也需要主动地锻炼自己听说读写的能力，来更好地洞察问题、交流问题、总结问题和解决问题。当学弟学妹们真正接触到这门学科后，就会发现可以从中学习到一套理解世界的世界观和一套改造世界的方法论，这也将是自己人生中的宝贵积累。

——2021届毕业生：马浩铭

3．电子信息工程专业

当我们连接世界的网络从4G跨到5G时，当我们的芯片从10nm走到7nm时，我们的生活都在技术的不断更新换代中不断革新。而电子信息工程专业就是带着你去深入了解这一切背后的一双翅膀。从简单的电路分析到芯片设计的入门，从信号处理到计算机通信网络，从基本的高等数学到更复杂的电磁场的运算，从单一的电路设计实验到雷达系统的体验。这一个专业会让你有机会广泛地接触电子信息领域各个方面的知识理论。也许有人会觉得，这么多东西都要学，会不会出现“样样都抓，门门不精”的情况，但本科阶段有机会了解更多，这并不是坏事，看到的越多，选择才越多。写代码、做芯片、开发嵌入式、设计集成电路、搞算法，在学习的过程中你会发现自己喜欢的一个方向，然后会有更多的机会去深入了解。而且未来的方向也完全掌握在你自己手里，你可以写软件，用程序改变人们的生活；可以做算法，拥抱人工智能；也可以为中国芯贡献自己的力量；还可以用更先进的雷达捍卫疆土。总之在电子信息工程的四年，会让喜欢信息科技的你有机会去探索信息科技的各个领域。

——2017届毕业生：杨淼

4．网络工程专业

就业之后深刻感受到现今国内通信网络行业的发达。以华为等公司为首，国内IT公司先进的软硬件开发能力，强大的工程实施能力，使之在全球市场上形成了一定的竞争力。再加上国家政策的保护推动，即使在经济寒冬行业也呈现出比较稳定的态势，持续有扩张人员的需求。简而言之，国内IT行业先进、有前景、就业岗位多。

交换机、路由器、通信协议是工作后网络工程专业相关工作最常接触的东西，不管是做工程还是开发。学懂计算机网络、TCP/IP协议，对日后工作帮助很大。除此之外，可多了解硬件的相关知识，毕竟相比互联网行业，IT行业更贴近硬件、底层。

——2018届毕业生、绿盟科技产品经理：钟施仪

电子科技大学校企互联节开幕式

5．物联网工程专业

物联网的定义是把所有物品通过信息传感设备与互联网连接起来，进行信息交换，即物物相息，以实现智能化识别和管理。它的英文名是The Internet of Things，顾名思义，物联网就是物物相连的互联网。物联网的核心和基础仍然是互联网，其用户端延伸和扩展到了任何物品与物品之间。物联网被称为继计算机、互联网之后世界信息产业发展的第三次浪潮，所以可以预见的是在将来的社会中，物联网应用范围会越来越广，对物联网毕业生的需求会越来越大，物联网的春天即将到来。同时在电子科大的四年是我人生进步最快的四年，在这四年里母校不仅让我系统地学习了理论知识，更加锻炼了我的动手能力与交流能力，为我走向社会打下了坚实的基础，这将会是我今后人生中不断回味的一段经历，也是让我永远怀着感恩之心的一段旅程。

——2014级本科生、新华三技术有限公司技术支持工程师：张越

6．信息对抗技术专业

如今，信息技术已经成为我们生活中必不可少的部分，在民用和军事领域都发挥着举足轻重的作用。信息对抗技术专业涵盖了信息领域中包括通信、雷达和计算机等多个方向的知识，通过本专业的学习，不仅能获取到模电数电、信号处理这些基础知识，还可以对通信原理、雷达原理、信息安全、计算机网络这些细分方向进行学习，不仅增加了对信息领域的了解，也为以后更深入的学习打下了基础，这对未来无论是进行学术研究还是工程实现都是很有益处的。如果本科选择毕业之后继续深造，信息对抗技术专业就可以让你通过本科阶段的学习，找到自己的兴趣所在，在研究生阶段继续进行专门研究。如果本科毕业之后选择直接工作，则选择面也很广。许多同学都以为信息对抗技术专业的毕业生只能去相关的国防单位，但实际上，本专业的毕业生既可以选择民营企业，也可以选择科研院所，在就业时是毫不受限的。信息领域是一个飞速发展的领域，也是一个备受国家关注的领域，相信无论投身其中的哪个方向，都一定大有可为。

——2021届毕业生：师一迈

板块三 数据说专业

（1）电子信息工程和通信工程专业是国家级一流本科建设点、国家级特色专业、工程教育认证专业；物联网工程专业是国家级一流本科专业建设点和入选教育部“卓越工程师教育培养计划”；网络工程专业是国家级特色专业；信息对抗技术是四川省特色专业。

（2）教育部公布的第四轮一级学科评估结果中，信息与通信工程学科被评为A+。学院拥有新型微波探测技术教育部工程研究中心、光纤传感与通信教育部重点实验室、高性能计算领域国家工程实验室（先进微处理器技术）、精密测量雷达系统技术四川省重点实验室、四川省智慧物联通信技术工程研究中心、敏捷智能计算四川省重点实验室。

（3）学院建设有国家精品资源共享课、国家精品课程、国家精品MOOC课程、国家一流课程11门次，拥有国家优秀教学团队、四川省优秀教学团队各1个，建设有通信与信息系统国家级实验教学示范中心，累计获得国家级教学成果二等奖等省级以上教学成果奖励30余项。

（4）学院现有专任教师201人，其中正高级职称83人，副高级职称97人，并拥有包含中国工程院院士等在内的高层次人才40余人。

（5）四年来，学院获国家科技奖1项、省部级一等奖2项、其他省部级奖9项；新增国家自然科学基金项目102项，其中国家优秀青年科学基金（以下简称“优青”）2项、重点项目9项；发表高水平论文1395篇（含《Nature》正刊论文一篇），其中ESI高被引论文48篇；形成千万级科研经费团队9个，实到科研经费7.01亿元。

（6）学院积极开展国际合作与交流，与包括哈佛大学、剑桥大学、格拉斯哥大学等在内的30余所海外著名高校和科研机构建立了长期、密切的师生互访、交流等合作关系。学院每年派出近300名学生参加海外长短期交流项目，并设有学生出国（境）交流专项基金，为学生实现个性化规划、国际化发展提供土壤。

（7）建校以来，学院共培养了30 000余名毕业生，他们遍布海内外IT

领域，在国防科研战线、航空航天、电子领域，处处都有学院校友的风采。以谭述森院士、张宏科院士为代表的知名学者、以“神舟载人飞船”测控系统总工程师席政少将为代表的国防顶尖技术专家、以中国电信集团有限公司总经理李正茂和华为公司前董事长孙亚芳为代表的IT领军人物等一大批优秀毕业生成为国内外电子信息领域的中坚力量，为我国信息技术及其产业的发展做出了重要贡献。

板块四 专业焦点

（1）2014年9月，饶云江教授主持的一项教学成果荣获国家教学成果二等奖。

（2）2016年1月，邱昆教授团队的一项科技成果荣获国家技术发明奖二等奖。

（3）2017年6月，电子信息工程专业通过教育部专业认证。

（4）2017年12月，信息与通信工程学科获全国学科评估“A+”。

（5）2018年1月，杨建宇教授团队的一项科技成果荣获国家技术发明奖二等奖。

（6）2018年6月，姚佰承博士在国际顶级期刊《自然》（《Nature》）发表论文。

（7）2018年6月，通信工程专业通过教育部专业认证复审。

（8）2018年12月，李晓峰教授主持的一项教学成果荣获国家教学成果二等奖。

（9）2019年12月，通信工程和电子信息工程专业入选国家级一流本科专业建设点。

（10）2020年12月，“通信原理”“数字信号处理”“信号与系统”“微处理器与嵌入式系统设计”等5门课程入选首批国家级一流本科课程。

（11）2021年1月，物联网工程专业入选国家级一流本科专业建设点。

03 电子科学与工程学院

板块一 白话说专业

1 专业名称：工科试验班（电子工程类）

该专业（类）包含电子科学与技术（国家级特色专业、入选国家级一流本科专业建设点），微电子科学与工程（入选国家级一流本科专业建设点），电磁场与无线技术（国家级特色专业、入选国家级一流本科专业建设点），电波传播与天线（国防特色紧缺专业、入选国家级一流本科专业建设点）四个专业。

2 一句话简介

培养德才兼备、富有领袖气质和家国情怀的电子工程精英人才。

3 我校开设工科试验班（电子工程类）专业的优势和特色

该专业面向电子科学技术领域的集成电路、微波通信、雷达系统、微系统、物联网等方向，培养具有扎实的基础知识、过硬的专业能力、良好的综合素质，并具有国际视野和社会责任感的优秀专业人才，以满足社会经济发展和国家战略需要。该专业至今已连续招生60多届，培养本科毕业生近万人。

该专业拥有高水平的教师队伍，博士学位比例达到86%，包括院士在内的高层次杰出人才72人。目前，本专业除了拥有“电子信息材料与器件”国家级实验教学示范中心、国家级实验教学示范中心（电子类）以外，还依托电子薄膜与集成器件国家重点实验室、国家电磁辐射控制材料工程技术研究中心、国家集电电路产教融合创新平台等国家、省部级平台，建立起良好的软硬件条件，成为国内最大的电子科学与技术领域人才培养基地。在2012、2017年全国一级学科评估中，电子科学与技术学科综合排名第一。

——电子科学与工程学院教授、国家教学成果奖获得者：张怀武

MIT游学

老党员开展主题党课

4 工科试验班（电子工程类）专业学什么

学生一年级按大类培养，修读公共基础课程和通识教育课程，二年级开始根据兴趣与特长修读学科基础、专业教育和多元化教育课程。该专业依托学院雄厚的学科基础和科研优势，培养学生具有“厚基础、宽领域、显特色、重交叉”的多学科交叉融合的知识体系，实现学生全面发展与个性发展的有机统一；通过贯穿四年的成体系的综合性、挑战性的研究型课程学习，提高学生思辨与表达能力、知识综合与集成创新能力。

美国硅谷训练营

“电子说”系列活动——企业说之我的中国“芯”

5 工科试验班（电子工程类）专业能解决社会上哪些问题

小到家用电器、汽车电子，大到航空航天领域的各类电子仪器与系统都由各类电子器件组成。随着社会发展需要，电子系统越来越复杂，要求其必须具有可靠性高、速度快、消耗功率小以及质量轻、小型化、成本低等特点。智能手机、手提电脑在性能大幅提升的同时，要求尺寸更小、厚度更薄、集成度更高。汽车电子化被认为是汽车技术发展进程中的一次革命，用传感器、微处理器、执行器、成百上千个电子元器件及其零部件组成的电控系统极大地提升了汽车的安全性、舒适性、经济性和娱乐性。我国歼-20战机的电磁隐身技术、嫦娥四号登月探测器的太空相机图像传感器技术，等等，都离不开电子工程类专业在信息材料技术、器件技术、集成电路、电子系统、基础物理学等综合领域的进步。

——电子科学与工程学院教授、中国工程院院士：邓龙江

全国大学生电子设计竞赛模拟电子系统专题邀请赛最高奖“TI杯”

6 工科试验班（电子工程类）专业误区解读

误区：电子技术不如时下的大数据、人工智能等研究领域热门。

其实恰恰相反，电子技术作为一门应用型的学科，是众多学科的基础，计算机系统的硬件部分、人工智能的电路设计、各种无线信息传输搭载空间的电磁波以及天线都需要电子技术的参与，它直接影响着系统的电性能、结构性能甚至产品外观等。电子技术的发展将是科技发展的“刚需”，其常青地位势必更加明显。

——电子科学与工程学院教授、全国黄大年式教师团队负责人：杨仕文

电动方程式赛车队

7 工科试验班（电子工程类）专业学生毕业走向

1. 电子科学与技术专业

该专业为国家级特色专业，入选国家级一流本科专业建设点，旨在培养具有坚实的电子科学技术基础理论知识和较强工程实践能力的卓越专业人才。该专业要求学生掌握电子器件、电路与系统的基础知识、基本理论和工程应用知识，掌握电子信息系统中微系统、物联网、高功率微波、太赫兹技术等基本理论、设计方法、制造工艺和测试技术，等等。该专业分为固体电子学、物理电子学等方向，其中固体电子学方向突出电子元器件和系统集成技术相关领域的知识结构和工程应用，物理电子学方向突出物理电子和微波技术相关领域的知识结构和工程应用。

毕业生去向：20%左右的毕业生到哥伦比亚大学、阿卜杜拉国王科技

大学等高校攻读硕士/博士研究生学位，超过50%的毕业生到清华大学、北京大学、中国科技大学、电子科技大学、香港科技大学等国内高校攻读硕士/博士研究生学位，也可直接在微波通信、雷达系统、微系统、物联网、微波电真空及其他真空电子器件、微波能应用等军用与民用方面从事科学研究、技术开发和管理等工作。

2. 微电子科学与工程专业

该专业入选国家级一流本科专业建设点，旨在培养具有坚实的微电子器件与集成电路基础理论知识和较强的工程实践能力的卓越专业人才。该专业要求学生掌握微电子基础物理、器件、工艺、设计和测试的基础知识、基本理论和工程实践知识，掌握微电子器件与集成电路等相关领域的设计、制造、测试和应用技术。

毕业生去向：20%左右的毕业生到南加州大学、瑞典皇家理工、阿卜杜拉国王科技大学等高校攻读硕士/博士研究生学位，超过50%的学生到清华大学、北京大学、中国科技大学、中国科学院、香港科技大学等国内高校、研究所攻读硕士/博士研究生学位，也可直接在微电子器件设计、集成电路设计、微电子制造等相关领域从事科学研究、技术开发和管理等工作。

3. 电磁场与无线技术专业

该专业为国家级特色专业，入选国家级一流本科专业及建设点，旨在培养具有坚实的电磁场理论与无线系统工程应用能力的卓越专业人才。该专业要求学生掌握电磁波的产生、传输、辐射、传播、接收的基础知识、基本理论和工程应用知识，掌握电子信息系统中射频、微波电路及天线等相关领域的计算仿真、设计与制作技术。

毕业生去向：20%左右的毕业生到哥伦比亚大学、休斯敦大学等高校攻读硕士/博士研究生学位，超过50%的毕业生到清华大学、北京大学、电子科技大学、香港科技大学等国内高校攻读硕士/博士研究生学位，也可直接在邮电、通信、广播电视、航空航天、遥感、遥测遥控、雷达、电子对抗、电子元器件、资源探测和医疗设备等领域从事理论研究、工程设计、应用开发和技术管理等工作。

4. 电波传播与天线专业

该专业为国防紧缺特色专业，入选国家级一流本科专业建设点，旨在培养具有坚实的电波传播与天线设计理论以及工程应用能力的卓越专业人才。该专业要求学生掌握电磁波的无线发射、接收以及空间传播的基础知识、基本理论和工程应用知识，掌握无线系统中天线的分析设计、数值仿真计算，以及天线在通信、雷达等电子系统中的应用技术。

毕业生去向：20%左右的毕业生到休斯敦大学、哥伦比亚大学等高校攻读硕士/博士研究生学位，超过50%的毕业生到清华大学、北京大学、电子科技大学、香港科技大学等国内高校攻读硕士/博士研究生学位，也可直接在电子信息、航空、航天、船舶、电信、雷达、通信、遥感遥控等领域从事天线相关的理论研究、工程设计、应用开发和技术管理等工作。

毕业去向

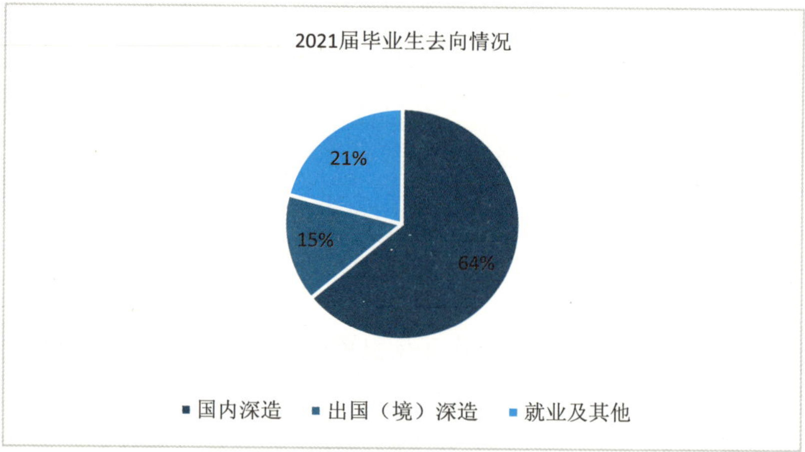

1 国内深造：258人，占比64%

在电子科学与工程学院2021年毕业的404人中，有247人进入世界一流大学建设高校（A类）读研深造，有10人进入世界一流学科建设高校及科研院所读研深造，有1人进入其他机构读研深造。

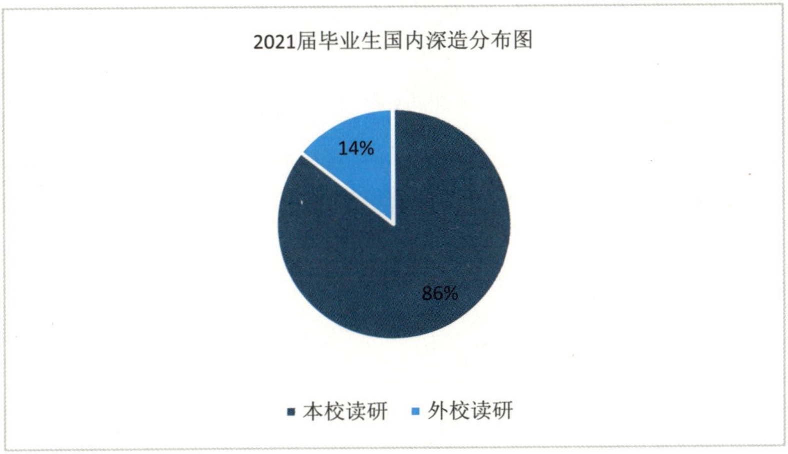

在选择国内深造的258人中，选择本校读研的有221人，占比86%；选择外校读研的有37人，占比14%。

② 出国（境）深造：61人，占比15%

在国（境）外知名大学offer的毕业生中，进入QS世界排名1～100大学深造的有41人，QS世界排名101～200大学深造的有5人。

在选择出国（境）留学的毕业生中，11人选择美洲，42人选择亚洲，7人选择欧洲，1人选择大洋洲。

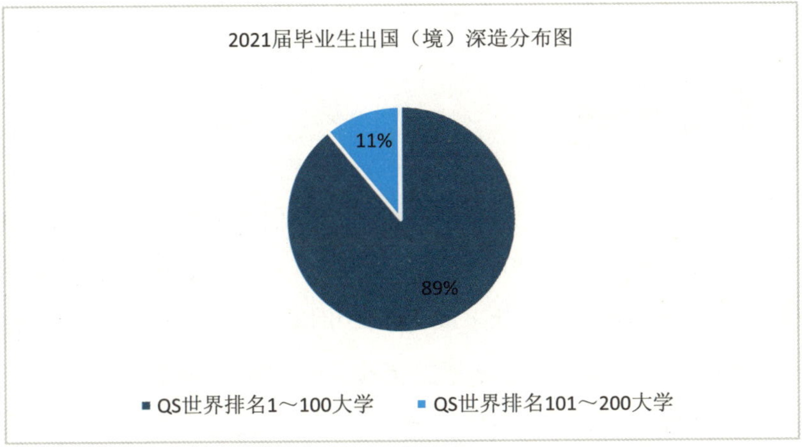

③ 就业及其他：85人，占比21%

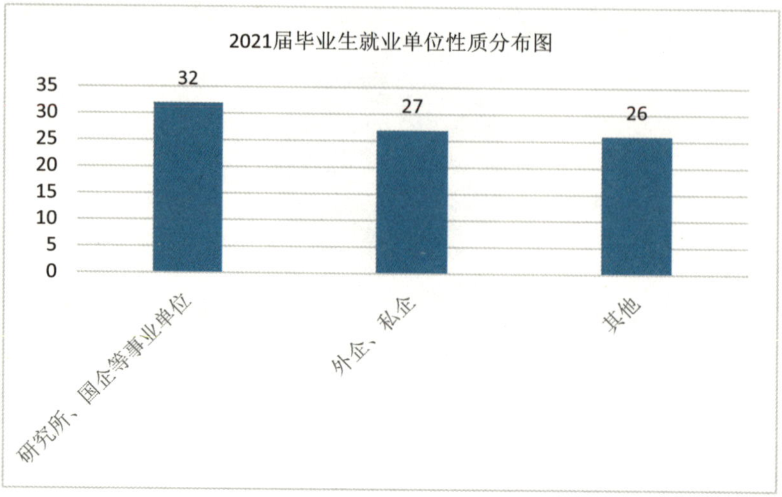

从就业情况来看，85人选择直接就业及其他。所从事工作的单位性质包括：研究所、国企等企事业单位（32人），外企、私企（27人），其他（26人）。

板块二 达人说专业

8 教授寄语

电子科学与技术专业是一个活力强劲、发展快速的专业，当前和未来的一个非常重要方向就是“超越摩尔定律”。经过了60余年的高速发展，半导体芯片在摩尔定律的驱动下取得了举世瞩目的成就。然而随着芯片的特征尺寸接近物理极限，“延续摩尔定律”变得越来越难，因此，整个半导体芯片行业的发展正处在历史的分岔路口上，而这个分岔路口通向之一就是“超越摩尔定律”。“超越摩尔定律”不再单纯地追求更小的线宽和更先进的制程，而是将更多功能赋予我们的芯片。“超越摩尔定律”的芯片不仅能够运算和存储，还能直接与外部环境进行交互，让数字化的信息与真实世界紧密连接起来。这样，未来的信息化将不再局限于电脑、手机等电子设备，而将遍布我们这个世界的每一个角落。物联网、工业4.0、智慧农业、医疗健康、无人驾驶、智能家居以及我们居住的城市，都将离不开“超越摩尔定律”的芯片。

在这里，我们不仅需要学习芯片的结构和制造技术，还需要学习芯片化的传感器、执行器、射频器件、量子器件等众多功能器件的原理、设计与加工方法；在此基础上，还要通过学习和掌握先进的集成技术，将电路和这些功能器件集成为功能强大、体积微小、功耗超低的微系统。微系统作为智能世界的“神经末梢”，将为人工智能AI这个“大脑”提供源源不断的信息，并将AI的决策返回给我们的世界，使世界变得更加智能、更加美好！毫无疑问，电子科学与技术专业是“超越摩尔定律”芯片诞生的摇篮，是未来智能无处不在的起点，充满巨大想象和发展空间。

——电子科学与工程学院教授、常务副院长：张万里

“ESE进阶”训练课程

芯声飞扬合唱团

9 学长感悟

微电子科学与工程专业是将半导体器件和集成电路相结合，物理科学与工程实践相结合的高精尖专业。作为IC界的中流砥柱，该专业拥有了微电子的知识，可谓进可攻退可守。如果你对物理有热情，那么可以参与最顶尖的第三代半导体技术的研究；如果数学逻辑才是你的菜，你也可以成为一名芯片架构师，参与片上多核芯片的设计；当然，传统的电路设计和版图绘制永远有你的一席之地。如今，我庆幸自己选择了微电子专业。经过本科四年的学习，我对在电子电路领域，从计算机编译器层到物理原子层所需要的一切入门级知识都有了一定的了解，为我研究方向的选择提供了重要的参考资料。

微电子的时代一直在持续，尤其是在人工智能兴起的当下。英特尔、台积电、三星仍然不断地在半导体制程上角逐；英伟达、AMD不断地推出更强有力的图形处理单元。算力永无饱和之日，在可预知的未来，通用智能对算力的需求将是不可想象的，这些都将是微电子人的机会。

——2014级本科生、成电杰出学生：李竞涛

我们毕业啦

电子科学与技术学科是一门从底层的物理理论贯穿至复杂的系统应用，具有深厚底蕴的学科，也是人类最高智慧水平的体现之一。这一学科在本科阶段致力培养学生扎实的数理基础与全面的专业认知，从而使你把握住整个学科的架构，同时拥有向任何一个二级学科继续深入的底气。如果你对基础理论更感兴趣，那么研究各类用于电子系统的新材料、新机理的固体电子方向，会是你助力国家弯道超车的不二之选；如果你想投身芯片行业，设计出高集成度、高性能的电子系统，那么微电子方向期待你的加入；如果你对万物互联的“物联网”时代饱含憧憬，那么解决高速率、低功耗传输的电磁场与无线技术方向为你准备好了舞台；如果你想为“国之重器”的建设贡献一分力量，那么与大型军用雷达、粒子加速器等设施密切相关的物理电子学值得你选择……面向未来，学科间的交叉也越来越多，越来越广：5G、人工智能、无人驾驶这些前沿技术中，本学科都将发挥着举足轻重的作用。A+学科，期待你的加入！

——2018级本科生、成电杰出学生：廖瑞麟

走进中化农业小麦种植基地

10 校友感悟

1. 电子科学与技术专业

我国的科学技术历经了改革开放以来的粗犷式、追赶式发展，目前很多领域的发展进入瓶颈期，也有一些领域进入探索的无人区。要突破这种发展瓶颈，或者在无人区中做好引领者，大力发展基础学科的研究势在必行。

电子科学与技术专业是我校的优势专业之一，而我本身也从该专业毕业。本科阶段的学习中，学识渊博、经验丰富授课的老师在学业上给予我们孜孜不倦的指导，各种类型、由浅入深的实验课让我们这帮学子把知识理解得更加透彻。实践是检验真理的唯一标准，学校在我们学习课堂知识的同时，也会安排一些诸如LTCC产线实践之类的活动，让我们对技术的落地、实现产业化有了更好的认识。

母校对我的培养，让我走出校园之后能够成为一个合格的人，能够迅速进入工作状态，为公司创造价值。母校的这几年，是我职业发展中不竭的动力。电子科技大学，一路随行，感谢有您。

——2011级本科生、华为技术有限公司：李乐

运动健心，强体铸魂

2. 微电子科学与工程专业

微电子产业是信息技术产业的核心，是推动传统工业转型升级和提升中国“智造”水平的物质支撑，是支撑经济社会发展和保障国家安全的战略性、基础性和先导性产业，是现代电子信息技术迅猛发展的关键因素和核心技术，其技术水平和发展规模已经成为衡量一个国家产业竞争力和综合国力的重要标志之一。

微电子专业是我校的传统优势专业之一。我校是全国最早一批设置该专业的高校。在大学四年的学习中，母校提供了系统的专业知识学习，给我们打下了扎实的专业基础；还提供了丰富的实践学习机会，让我们加深了对微电子“微观世界”的认识，对后来走上工作岗位并快速上手帮助很大。母校全面的素质培养，老师严谨的科研作风，给我树立了榜样，使我养成了良好的科研习惯，让我终身受益。

——1988级本科生、

中国电子科技集团公司第五十八研究所副所长：肖志强

微电子产业对于国计民生的重要性和世界竞争的激烈性已经得到全社会的认知，其广阔的发展前景也得到一致认同。我1989年从母校毕业之后一直从事这个专业的工作，目睹了我国微电子产业从当时的仰视欧洲国家、美国、日本，到现在的同台竞争，以及由此支撑所带来的我国信息产业的高速发展。

有幸这30多年一直跟着这个产业进步并做出一些贡献，深感微电子产业的每一个进步，离不开扎实的技术基础和科学的创新方法。我感谢在电子科大七年的专业训练。母校微电子专业的专业课设置相对完整，课时很多，学起来需要花费相对多的时间，这是母校微电子专业的特点。专业基础扎实，可以帮助我们在未来的创新之路上走得更高、更远。目前，在国内外微电子行业卓有成就的企业家、科学家、工程师不少来自电子科大微电子专业，这是中国微电子产业中不可小觑的一支中坚力量。

——1982级本科生、浙江驰拓科技有限公司总经理：赵建坤

【山间】获首届全国大学生网络文化节微电影大赛类特等奖

3. 电磁场与无线技术专业

电磁场与电磁波是现代信息技术的基石，广泛被应用于国防建设、国民经济和人民生活的各个方面。

成电是我的母校，是祖国电子科技人才的摇篮，有幸在母校跟随许多师长学习了电磁场与无线电专业。恰逢民族复兴、祖国崛起的伟大时代，母校无私的滋养让我幸运地进入了军工科研领域，见证了我国军用元器件打破国外封锁、实现跑领的发展历程，也体会到在载人航天、北斗导航、

天宫对接等众多"大国重器"研制背后，闪现着一代又一代成电的电磁场与无线电专业校友的辛勤奉献和智慧。

从5G到6G，从智能家居到智慧社会，电磁场与无线技术已成为构建智能世界的主要趋势。在不远的将来，它将让万物互联由梦想变为现实。

——1983级本科生，中电国基南方集团有限公司董事长、党委书记，
中国电子科技集团公司第五十五研究所所长：梅滨

从手机到卫星，从使用蓝牙耳机通话到星际穿越中，无线通信技术都跟微波技术息息相关。未来的无线化场景都是通过微波技术实现的，现在全球都在争夺的5G中最重要的技术也是电磁场与微波技术。电磁场与微波技术更接近物理和数学的基础学科，所以对于计算机技术来说，微波技术不轻易被颠覆，反而越积累越精通。

在大学的四年学习中，我不仅系统地学习了微波技术，而且把知识用在电子设计大赛上，体会科技对人类的价值。同时在大学期间，我加入学院教授的课题组，跟着硕士、博士师兄、师姐实践学习，期间写论文和申请专利都对我的知识体系和实践经验甚至现在的创业都有着非常大的帮助。

——2009级本科生、微孚智能信息科技有限公司总裁、
福布斯30 under 30上榜者：李超

林为干班学子

4. 电波传播与天线专业

信息技术已经成为我们生活中不可或缺的一部分，移动支付、实时视频通话、人脸识别等技术的应用使我们的生活更加便捷。信息的传递离不开电磁波的传播，而天线作为信号发射和接收的载体也起着重要的作用。

学习电波传播与天线，你将会和很多前沿技术走得更近：你会知道嫦娥四号是如何在月球背对我们的一侧，通过中继技术实现与地球的通信；你会懂得汽车的无人驾驶需要汽车雷达的协助；你会了解如何设计出更好的5G手机和基站，以实现更快、更稳定的传输。

学习电波传播与天线，需要扎实的功底，更需要与时俱进的创新能力。在成电，你将会在基础课程学习后，动手参与多个实验课程。通过“高大上”的测试仪表和工具，你可以看到原本看不见、摸不着的电磁波信号，也可以知道什么样的天线设计可以让信号传输得更远，在此过程中你的动手能力和创新能力会得到快速提升。相信通过系统化的学习和锻炼，你的综合能力会得到进一步提升，成为推动国家信息化发展和国防建设的中坚力量！

——2009级本科生、是德科技（中国）有限公司客户经理：王伟

心理E站成立

板块三 数据说专业

（1）学院拥有2个“全国高校黄大年式教师团队”；34个科教一体化教师团队；326位导师；72位全职高层次杰出人才，包括院士、IEEE FELLOW、教学名师等一大批杰出教授。高层次人才100%为本科生授课。

（2）学院拥有国家实践教学示范中心、国家重点实验室、国家工程中心、国家集成电路产教融合创新平台、集成攻关平台、引智基地等国家教学科研平台10余个。

（3）近四年，学院新增国家/省级教学教改项目43项，出版教材31本，开设包括探究式小班课程、新生研讨课、挑战性课程、学术前沿课程、科研育人类课程、课程思政示范课程等一系列教学改革示范课程。

（4）学院拥有国家级一流本科课程8门，国家级课程思政示范课程1门。

（5）近三年，毕业生继续深造率稳定在70%以上，其中2021届毕业生深造率超过79%，本科生直博率超7.7%。

（6）4个项目获中国高教学会“校企合作 双百计划”典型案例。

（7）近四年，学院累计获得中国（国际）“互联网+”大学生创新创业大赛金奖2项、银奖5项；获全国大学生电子设计竞赛模拟电子系统专题邀请赛全国最高奖“TI”杯，获全国大学生电子设计竞赛一等奖6项；连续获得全国大学生集成电路创新创业大赛最高奖，赛事总积分全国第一。

（8）学院支持学生综合素质发展，学生100%参加社会实践，鼓励学生在短期交流、科研实习等多方面进行锻炼。

板块四 专业焦点

（1）2017年12月，电子科学与技术学科获得全国学科评估“A+”。

（2）2018年1月，刘盛纲院士团队入选首批“全国高校黄大年式教师团队”。

（3）2018—2020年，电子科学与技术专业、微电子科学与工程专业相继通过中国工程教育认证。

（4）2018年12月，张怀武教授主持的一项教学成果荣获国家教学成果二等奖。

（5）2019年1月，邓龙江教授团队的一项科技成果荣获国家科技进步奖二等奖，张万里教授团队的一项科技成果荣获国家技术发明奖二等奖。

（6）2019年9月，学院荣获“全国教育系统先进集体”荣誉称号。

（7）2020年，电子科学与技术、微电子科学与工程、电磁场与无线技术、电波传播与天线四个专业全部入选国家级一流本科专业建设点。

（8）2021年，我院本科生在《Advanced Materials》、2021 IEEE MTT-S International Wireless Symposium等国际顶级期刊或会议上发表论文。

（9）2021年7月，学院创办的国际学术期刊《Info Mat》被SCIE收录，首个影响因子达到25.405。

（10）2021年成立“电子科技大学陈星弼·中科电子教育发展基金”，基金金额1000万元。

04 材料与能源学院

板块一 白话说专业

1 专业名称

工科试验班（新材料、新能源与电子化学）大类招生，包括以下三个专业：新能源材料与器件（国家级特色专业、国家级一流本科专业建设点），应用化学（四川省特色专业、四川省一流本科专业建设点、教育部“卓越工程师教育培养计划”），材料科学与工程。

2 一句话简介

1. 应用化学

化学与电子工艺技术的有机融合！

2. 新能源材料与器件

新能源材料与器件的一体化！

3. 材料科学与工程

为未来信息技术发展提供原（分）子层次的原动力！

3 我校开设工科试验班（新材料、新能源与电子化学）专业的优势和特色

1. 开设应用化学专业的优势和特色

应用化学专业是我国目前唯一培养化学与电子信息技术相结合的高科技人才基地，以国家和省部级重点实验室、教学实验平台和校企联合实训基地为依托，通过有机融合化学与电子的交叉学科优势，使学生既具有扎实的应用化学基本理论与技术，又掌握电子-化学、电子-化工等专业知识和工程技能；专业入选教育部“卓越工程师教育培养计划”，建有四川省精品课程平台，与多家国内著名企业签订了人才培养战略合作协议，为在校学生提供实习实训的平台。与应用化学专业密切相关的印制电路被称为电子信息产品之母。如果说集成电路是一级封装、所有的电子信息整机产品，如智能手机、超级计算机等为三级封装，那么印制电路就是二级封装，起到承上启下、至关重要的作用，哪里有电子信息产品，哪里就一定有印制电路。

——应用化学专业教授：何为

2. 开设新能源材料与器件专业的优势和特色

新能源材料与传统的材料（如合金材料）不同，不是简单的材料，而是有结构和功能特性。新能源材料与器件研究的不仅是材料或元器件，而且是两者的结合，研究的重点是如何打通新能源材料和器件之间的断层。我校的新能源材料与器件专业围绕关乎国计民生的重大能源需求，解决新能源转化、利用的关键材料及其器件设计、制造的专业。此专业在我校的开设是与电子信息相关的优势学科相融合，注重军民融合对电能源提出的高标准和要求，强化理工结合的培养模式，培养领军型和创新性的综合人才。

——新能源材料与器件专业副教授：李廷帅

中国“互联网+”创新创业大赛金奖

3. 开设材料科学与工程专业的优势和特色

当今高新技术的发展日新月异，材料科学的内涵也日趋丰富，21世纪会出现何种高新材料，推动高新技术发生哪些革命性变革，我们很难预料，但注定会改变我们的生活。我校的材料科学与工程专业立足于电子信息功能材料与电能源材料，专注于解决军、民用电子器件、集成电路与现代电子系统发展所需的基础电功能材料与能量问题。相关研究方向又向器件与电子整机系统延伸与贯穿，这在全国范围内是独具特色的。

——材料科学与工程专业教授：冯哲圣

4 工科试验班（新材料、新能源与电子化学）专业学什么

1. 应用化学专业学什么

化学与数学、物理一样属于自然科学的中心学科，是认识物质的变化规律并创造新物质的一门自然科学。应用化学专业就是利用化学学科的理论与技术解决人类生活中与物质有关的实际问题的一个专业，是各种现代科学技术的重要基础之一。我校应用化学专业则偏重于利用化学的理论与技术解决电子技术中的材料与工艺问题，具体来说就是要创造性能更好的新材料，发明更简单、更可靠的新工艺，使电子产品运行得更快、更稳定。

——应用化学专业教授：唐先忠

2. 新能源材料与器件专业学什么

新能源材料与器件专业：新能源材料与器件专业其课程特色是复合型、专业交叉性强。专业涉及以下三个方面的内容：物理、化学机理是基础，材料是主体，器件是材料的性能体现。专业的主干课程包括固体物理、物理化学、材料化学与物理、能源电化学、电源工艺学、半导体物理与器件、储能材料与制备技术、材料分析与测试方法、能量转换与应用、先进节能技术、太阳能电池原理与工艺、锂离子电池原理与工艺、能源系统的集成设计、世界新能源发展态势系列讲座，等等。

——新能源材料与器件专业副教授：李廷帅

材料能源学院本科生王钦成电杰出学生答辩现场

3. 材料科学与工程专业学什么

材料是人类生活和社会发展的物质基础，人类文明发展的重要历程均对应了人类对材料的认识、加工、设计与合成水平。在现代科学技术中，材料、能源、信息并称为三大支柱性技术，其中材料更是现代科技发展的物质基础和技术先导。该专业主要学习材料的组成、结构、分析、制备技术与其功能应用间的相互关系，尤其学会采用纳米化、薄膜化手段，设计与制备电子信息获取、处理与调制所需的电、磁、声、光、热、力等敏感与控制功能材料。

——材料科学与工程专业教授：冯哲圣

5 工科试验班（新材料、新能源与电子化学）专业能解决社会上哪些问题

1. 应用化学专业能解决社会上哪些问题

化学是研究物质结构、组成及其性能的科学，是丰富和发展新物质世界的重要科学与技术，其中包括理论化学与应用化学。而应用化学是揭示物质的合成制备、工艺技术、性能与应用的一门学科，是新材料诞生的源泉，在人类社会发展的历次工业革命的进程中都有化学的印迹，是化学创造了化肥和农药，从而解决了人类饥饿，是化学创造了化学纤维，从而提高了人类生活品质，药物化学保证了人类健康。“化学让你生活更美好，身体更健康，环境更绚烂”。

——应用化学专业教授：刘孝波

2. 新能源材料与器件专业能解决社会上哪些问题

新能源材料与器件专业是教育部2010年首批增设的国家战略性新兴产业相关专业，是工学门类材料大类中最年轻的专业之一。该专业解决的问题有：（1）能量的转换过程，如光能转化为电能、光能转化为热能、光能转化为化学能、风能转化为电能、生物质能转化为电能。（2）能量的捕获与存储相关技术问题，包括新能源并网技术和储能、微网技术，大型化学储能，大容量超级电容储能技术，风力发电技术、燃料电池，等等。（3）综合能源系统中的传感器，而目前的电网，还缺少“眼睛”和“耳朵”，无法迅速、准确地调配能量。这些“眼睛”和“耳朵”即传感器，恰恰是新能源材料与器件专业的用武之地。很可能某一种新能源材料的运用，就会引发一场巨大的革新。

——新能源材料与器件专业副教授：李廷帅

3. 材料科学与工程专业能解决社会上哪些问题

2000多年前的越王剑在出土时仍然寒光逼人，削铁如泥，尽显春秋战国时期铸剑工匠精湛的金属材料冶炼技术。新世纪以来，科学家已开始致力于通过逐个原子的精准结合、在尽可能小的尺度上合成新材料，并借助于材料基因工程技术大幅度缩小“新”材料设计与发现周期。今天，以物联网、大数据、云存储/云计算、便携式智能终端等为代表的现代电子信息及通信技术高速发展，强烈地改变着人类生活与生产方式，均能找到新材料革新的影子。

——材料科学与工程专业教授：冯哲圣

6 工科试验班（新材料、新能源与电子化学）专业误区解读

1. 应用化学专业误区解读

一些人认为学化学不安全。其实安全是相对的，没有绝对的安全，吃饭都可能噎死人，走路不专心（如一边过马路一边看手机）也可能引发安全事故。开展化学实验也可能发生安全事故，但只要严格按照操作规程、认真仔细操作，危险是可控的，事故是可以避免的，安全是有保障的。

——应用化学专业教授：唐先忠

2. 新能源材料与器件专业误区解读

新能源材料与器件目前尚不是一级学科，对学习此专业后的出路，很多人存在疑虑。但是，目前据不完全统计，开设此专业的高校已经多达70余所，而且呈现快速增长趋势。全球都已经把材料和新能源开发提高到至关重要的位置上，如电动汽车和燃料电池汽车的蓬勃发展，新能源材料、器件及其相关的管理与设计，必然导致了该专业人才的巨大需求量，从业岗位也日趋精细。从继续深造的角度看，电子科技大学新能源材料毕业生中有66%以上的同学继续深造，其中有被哈佛大学全额奖学金录取读博士的，有保送到包括清华大学、北京大学、浙江大学、上海交通大学、复旦大学、中国科技大学等高校及研究所继续攻读硕士/博士学位的。深造可以

选取的专业门类十分广阔，包括材料科学与工程、物理、化学、计算机、自动化、通信工程、电气工程，等等。电子科技大学的新能源材料与器件专业目前是五星专业，我们培养的是具有全球能源观的人才，具有家国情怀的未来科学家和工程师。

——新能源材料与器件专业副教授：李廷帅

3. 材料科学与工程专业误区解读

有人认为国内开设材料科学与工程专业的高校多如牛毛，仅第四次学科评估参评高校就有172所，毕业生已供大于求，未来就业压力大。实际上材料在国民经济发展中的基础性地位，导致了该专业人才的巨大需求量，从业岗位也日趋精细。该专业从材料类型上有金属材料、无机非金属材料、高分子材料、复合材料等，从就业岗位上有材料设计、材料加工、材料合成、材料成型、工业产品生产制造等。国内各高校基于历史沿革及学科方向发展原因，所设立的材料科学与工程专业培养侧重点与特色有所不同。电子科技大学的材料科学与工程学科发展历史悠久、专注于电子信息功能材料与电能源材料，我们培养的人才关注的不是就业，而是人类的未来，因为“就业”从来都是“So Easy!”

——材料科学与工程专业教授：冯哲圣

7 工科试验班（新材料、新能源与电子化学）专业学生毕业走向

1. 应用化学专业

应用化学专业学生主要学习化学方面的基础知识、基本理论、基本技能以及相关的工程技术知识，受到基础研究和应用基础研究方面的科学思维和科学实验训练。与此同时，结合电子科技大学电子信息背景，该专业学生具有较好的科学素养，具备运用所学知识和实验技能进行应用研究、技术开发和科技管理的基本技能。

毕业生去向：毕业生面向化工企业、新能源材料企业等，承担工程师、技术顾问等岗位工作。目前，67.6%的毕业生选择继续深造，其中

8.8%的毕业生选择帝国理工学院、宾夕法尼亚大学等海外高校深造，58.8%的毕业生在浙江大学、武汉大学等国内高校深造。

2. 新能源材料与器件专业

新能源技术是21世纪世界经济发展中最具有决定性影响的五个技术领域之一，新能源材料与器件是实现新能源的转化和利用以及发展新能源技术的关键。新能源材料与器件本科专业是适应我国新能源、新材料、新能源汽车、节能环保、高端装备制造等国家战略性新兴产业发展需要而设立的，是由材料、物理、化学、电子、机械等多学科交叉，以能量转换与存储材料及其器件设计、制备工程技术为培养特色的战略性新兴专业。

企业导师见面会

毕业生去向：毕业生主要面向新能源企业，承担工程师、咨询顾问、销售等岗位工作。目前，深造是该专业毕业生的重要选择，56.7%的同学毕业后继续深造，其中10%的同学在新加坡国立大学、圣路易斯华盛顿大学等海外高校深造，46.7%的同学在清华大学、同济大学、北京航空航天大学等国内高校深造。

毕业去向

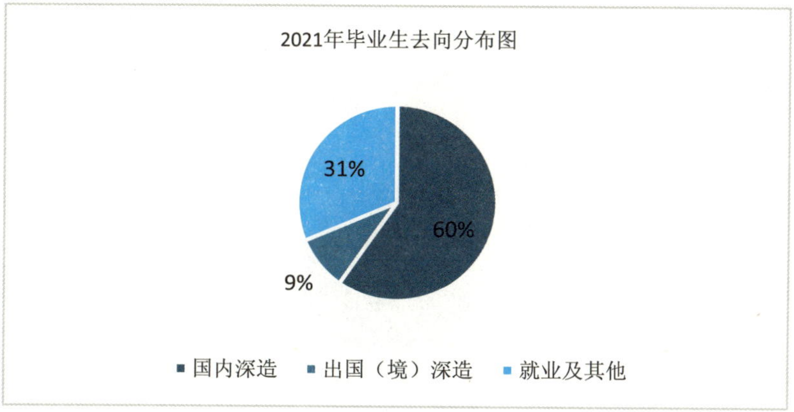

1 国内深造：40人，占比60%

在材料与能源学院2021年毕业生中，有38人被世界一流大学建设高校A类录取，有2人被世界一流学科建设高校及科研院所录取。

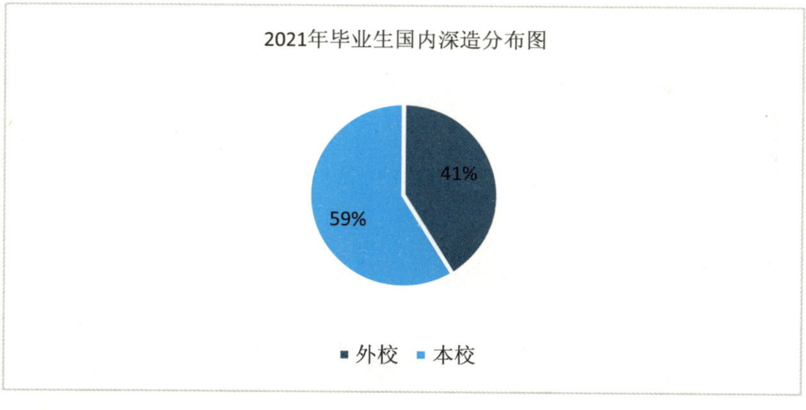

② 出国（境）深造：6人，占比9%

在国（境）外知名大学offer的毕业生中，进入QS世界排名1～100大学深造5人。

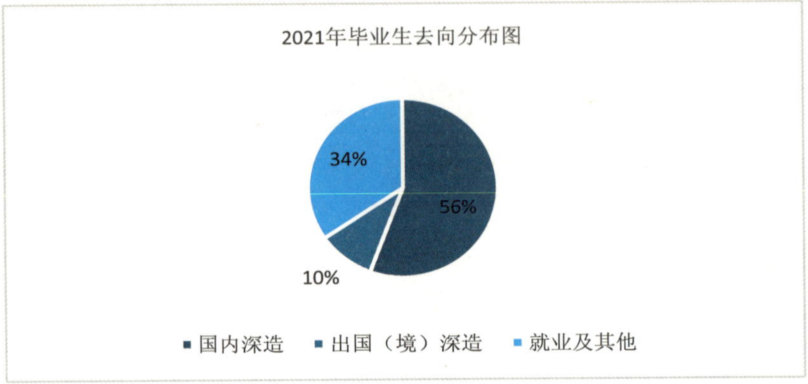

③ 就业及其他：21人，占比31%

在就业及其他的毕业生中，3人进入信息产业，5人进入制造业，1人进入批发、零售业，2人进入基层，5人进入其他行业，5人攻读第二学位。

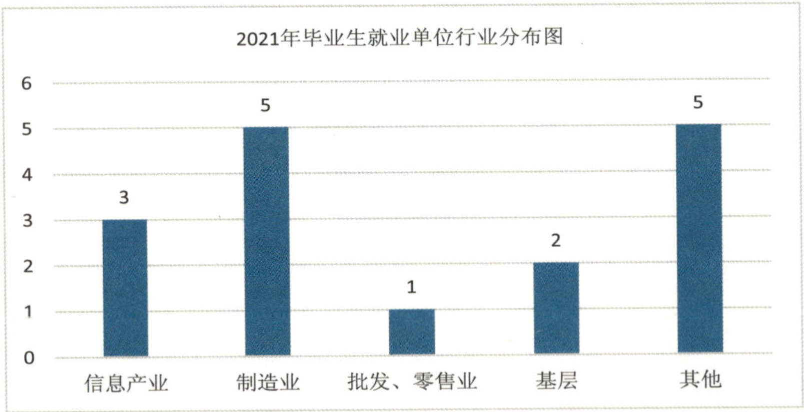

板块二 达人说专业

8 教授寄语

1. 应用化学专业

化学是研究物质结构、组成及其性能的一门科学。应用化学专业将丰富物质世界，提高人类生活品质，奉献高技术文明。应用化学是将实验室成果转化为生产力的必备环节，将前沿科技与美学思维有机结合。我院的应用化学是依托于电子信息材料及专用化学品的需要而开设的，为电子信息领域培养化学及材料的精英人才，为新材料在电子信息领域中的应用培养设计和开发的精英人才。

化学与材料结合，将产生新材料、诞生新方法。梦幻般的分子组合技术将带你走进美轮美奂的物质世界，唤起你学习化学、研究化学、应用化学的兴趣。专业紧密结合应用化学国际前沿，充分发挥电子科技大学在电子科学与技术领域的学科优势，实现科研-教学的深度融合，成为具有良好科学素养和一定的电子化学、材料化学等综合能力的高级科研人员和卓越工程师的培养平台。

——应用化学专业教授：刘孝波

2. 新能源材料与器件专业

新能源材料与器件专业是2010年响应国家新能源、新材料、节能环保、高端装备制造等国家战略性新兴产业发展需要而设立的，其内涵在于实现材料研究与器件应用的一体化、打通新能源材料和器件之间的断层，其主要研究方向是能量的转换、捕获与存储。在人类目前的能源消费结构中，石油、天然气、煤等化石能源占到人类能源供给量的80%，预计在50、80、200年后相继枯竭，因此建立长期可持续的新能源体系是急需的、必要的，我们的工作即是实现太阳能、风能、生物质能等清洁能源向电能、热能等可供人直接使用的能源的转换。经过多年的发展，该专业形成了以锂离子电池、太阳能电池、电催化为研究特色方向的学科结构，为新能源行业和材料研究领域输送了大量人才。

——新能源材料与器件专业研究员：王丽平

3. 材料科学与工程专业

纵观人类文明发展历史，我们会清晰地看到，1856年平炉炼钢技术产生的“钢铁材料”标志着人类现代文明的开始。1947年“锗”半导体材料的出现是“当代信息技术”的起点。当今几乎所有的新技术发展均是以“新材料”为支撑：由薄膜材料晶体管及液晶材料显示单元、集成封装的“显示面板”实现了电子显示的超薄化，人们不再使用“大背头”CRT显示器；巨磁阻材料的发现将硬盘推进到T量级，海量信息（大数据）才得以存贮与处理；有机电子材料的发展实现了电子系统“柔软化”“可折叠化”（柔性电子），未来大家一定可以将计算机贴装在你的衣服上（可穿戴电子），并实现万物互联（物联网）。基于新一代射频通信材料、传感材料、人工智能技术的发展，或许有一天你可以与你的茶杯聊聊天。

电子科技大学的“材料科学与工程”专业学科前身是1956年建校时的“电子材料与元器件系”，是我国最早的相关学科之一，于20世纪50年代就开始培养研究生。专业聚焦于新型电子信息功能材料及电能源材料领域，致力于为我国国民经济发展与国家安全培养熟悉信息与能源材料体系、设计方法、制备原理、基础理论及创新应用的专业人才，目前已是国内规模最大的电子材料高端人才培养基地。

学材料选成电，共赢人类未来！

——材料科学与工程专业教授：冯哲圣

9 学长感悟

1. 应用化学专业

应用化学专业侧重于让学生学习化学的基础理论、基本技能及相关的工程技术。作为一门工程科学，依靠于学校完善的培养体系，经过科学的化学实验室培养，应用化学专业学生的动手能力和思辨能力得到极大的锻炼。作为学习应用化学专业的我们，应秉持着实践是检验真理的唯一标准，贯彻求是求真的校训，担当起应有的社会责任。

——2015级本科生、留学阿卜杜拉国王科技大学：张雪纯

实践是检验真理的唯一标准。化学实验作为实践的一种，在校验前人理论的同时，也在推动着化学理论体系的完善与发展。与传统的化学学科类似，理论知识和各类实验课程覆盖了我们大多数的本科课程。在此基础上，我们还能接触到具有学校特色的专业课程学习。专业的化学素养加上良好的动手能力以及固有的专业特色，使得本科阶段的我们可以在下一阶段具有多重选择的实力。

——2015级本科生、保送电子科技大学直博：孙宝龙

生源地中学：凌源市第二高级中学

2. 新能源材料与器件专业

新能源材料与器件专业在“能源危机”这样一个大背景下应运而生，当下能源问题日益紧张，石油之争导致战乱频仍，化石燃料的使用导致一系列的资源和环境问题，并最终影响人们的生活、社会的进步和国家的发展。目前，国家正加大力度进行能源领域的建设和投资，各种能源公司、电动汽车公司也如雨后春笋般出现，我们国家对能源领域人才的需求有增无减。所以选择了这个专业，就意味着需要义无反顾地承担国家发展、社会进步的重任。此外，该专业注重物理、化学等课程的综合教育，也要求学生具备较强的数学能力，以及全面的英语应用能力。该专业在培养各种能力之外更注重学习和科研态度的培养，要求学生扎实地打好基础，同时需要有一种“板凳甘坐十年冷”的精神，不论在学习还是科研中，都可以耐得住寂寞，都能够专心于自己的课本或课题，这将对学生的研究能力和学习能力有很大的促进和培养，使学生在今后的工作中受益无穷。

——2015级本科生、成电杰出学生：曾术茂

生源地中学：绵阳南山中学实验学校

本校新能源材料与器件专业被批准为国家级特色专业，该专业以新能源的国际利用趋势和国家发展战略与需求为基础，充分结合本校在电子、材料和信息等领域的传统优势，培养学生掌握新能源材料与器件专业知识、工程技能和创新能力并具有广阔国际视野和较高综合素质。该专业十分注重培养学生“知行合一、学以致用”的能力，除了专业知识全方面覆盖的课程安排，还鼓励并提供平台让本科生加入教研室学习，“趁热打铁”把新鲜的知识实践到实验之中；每个班级配备一位班级导师协助辅导员从生活、学习两手抓，使同学们健康发展。因此，我们专业毕业生不管是出国深造，还是考研和就业的前景都很可观。我很幸运我选择这个专业，至今，我的大学生活已经非常丰富以及美满，值得回忆！

——2016级本科生：王钦

生源地中学：宜宾市第一中学

10 校友感言

优秀班级答辩现场

1. 应用化学专业

大规模集成电路是国家电子信息产业的重要基础，也是国家未来重点支持和发展的支柱产业，作为全国重点大学中唯一印制电路板方向的电子科技大学材料与能源学院应用化学专业，依托雄厚的师资力量和专业的课程设计，提供从本科到博士的学位设置，与国内一流电子通信、集成电路及印制电路板企业建立良好的合作关系，为国内外大规模集成电路产业贡献了大量的优秀人才。应用化学专业毕业生广泛分布于从晶圆设计制造、器件封装测试、印制电路板加工、先进电子材料开发、可靠性与失效分析研究、智能手机、通信设备基站、汽车电子等终端产品设计加工的整个电子行业产业链，部分自主创业的应用化学专业优秀校友，其所创建的元盛电子、亿纬锂能等柔性印制电路板和新材料能源相关企业，已经成为本领域的领军公司。多名应用化学专业的优秀校友，在华为、中兴等通信设备及消费终端一流企业，印制电路方向强相关的方正、兴森快捷、杰赛科技等印制电路板企业，以及多个国内研究所担任高管和技术专家。应用化学专业强调学生的实践应用能力，学生通过在校期间的动手实做和企业实习，积累了丰富的社会实践经验，毕业后快速熟悉业务，融入社会岗位。随着国家对大规模集成电路行业的持续关注和大力投入，该专业方向人才短缺，应用化学专业未来可期，必将有更为灿烂的前景！

——1999级本科生、方正印刷电路板研究院院长：孙睿

2. 新能源材料与器件专业

2018年中国入选新能源企业总营收达9915亿元，比2017年增加3041亿元。新能源产业的发展既是整个能源供应系统的有效补充手段，也是环境治理和生态保护的重要措施。随着新政策的不断出台，预计到2040年，我国煤炭在总发电量中的所占比重将从2016年的66%降到40%以下，剩余的部分将由核能、太阳能、风能等新能源补充。我们专业作为新能源行业的先行者，各位老师都有丰富的行业经验和深厚的科研功底，能够为我们提供不同的学习思考方向。我们学习中能够在实验室近距离地体验理论知识向实际生产的初步转化。除了材料方面的专业课，电子方面的课程也让我对于整个电池有了更加立体的认识。在电子科大新能源材料与器件专业学习的四年，不仅为我提供了更加多元化的就业选择，而且在今后的工作生活中都会有巨大的帮助，是我人生中最宝贵的财富。

——2013级本科生、力科新能源科技有限公司销售经理：陈麒光

校园合唱比赛

板块三 数据说专业

（1）材料与能源学院师资力量雄厚，拥有一支毕业于哈佛大学、牛津大学、剑桥大学、加州大学等世界知名大学的学者领衔的国际化师资队伍，其中教授30人，研究员5人，副教授、副研究员、高级工程师和高级实验师共计47人。学院汇聚了一批国家级、省部级杰出人才，共计24人（不重复计算），占专任教师比例超过40%。

（2）近四年来，学院教师在《Nature》《Cell》子刊《Nature Chemistry》《Nature Nanotechnology》《Joule》等国内外期刊发表高水平论文743篇，其中ESI高被引论文24篇。学院新增四川省科技进步奖一等奖1项、教育部二等奖1项、四川省科技进步奖二等奖（技术发明类）1项，到款科研经费1.65亿元。学院新增国家自然基金项目30项、重点项目5项。学院新增成果转化39项，新申请发明专利450项，美国和PCT专利2项。

（3）通过贯通四年的实践教育，学生的创新创业能力得到极大提升，学院本科生连续三年获评“成电杰出学生”（成电学生最高荣誉，每年全校仅10人）；本科生四年发表学术论文83篇（其中SCI论文70篇），生均全校第一；学生参与科技创新创业活动比例达到100%，就业率为97%，其中深造率为72.9%，出国深造率为28%。本科生深造的单位包括北京大学、清华大学、中国科学技术大学、哈佛大学、斯坦福大学、麻省理工学院、牛津大学、剑桥大学、帝国理工学院、新加坡国立大学等国内外知名大学，就业单位有华为、京东方、中电集团、宁德时代等行业龙头企业，用人单位对毕业生一致好评。

（4）优秀本科毕业生代表：2013级叶露涵全奖直博哈佛大学，并以第一作者在《Nature》正刊发表论文；2014级曾术茂同学发表SCI论文6篇，其中以第一作者发表SCI论文4篇，影响因子累计达到23，荣获2018年度成电杰出学生、四川省优秀毕业生等荣誉称号；2016级王钦发表SCI论文5篇，荣获2019年度成电杰出学生、唐立新奖学金、国家奖学金、优秀团干等荣誉；2017级王敏康发表SCI论文4篇，荣获2020年度成电杰出学生、国家奖学金等。

板块四 专业焦点

（1）2014年12月，何为教授的一项科技成果获国家科学技术进步二等奖。

（2）2016年8月，陈洢铭、陈少为、范泽慧获RoboMasters全国大学生机器人大赛总冠军。

（3）2016年12月，叶露涵同学获评“成电杰出学生（本科生）”称号。

（4）2017年10月，刘明侦教授获国家重点研发计划纳米专项重点专项资助。

（5）2017年12月，何为教授团队的一项科技成果获教育部科技成果二等奖。

（6）2018年10月，林媛教授获2018年度国家杰出青年科学基金资助。

（7）2018年12月，曾术茂同学获评“成电杰出学生（本科生）”称号。

（8）2018年12月，何为教授团队的一项科技成果获四川省科技进步一等奖。

（9） 2018年12月，刘明侦教授团队获批建设四川省青年科技创新研究团队。

（10）2019年10月，材料基因团队获“互联网+”大赛金奖。

（11）2019年11月，何为教授团队获教育部科技进步二等奖。

（12）2019年11月，余忠教授团队获四川省科技进步二等奖。

（13）2019年12月，王钦同学获评“成电杰出学生（本科生）”称号。

（14）2020年10月，何为老师获评四川省“教书育人名师”称号。

（15）2020年12月，王敏康同学获评“成电杰出学生（本科生）”称号。

（16）2020年12月，林媛教授、何为教授获评“电子科技大学十三五先进科研工作者”。

（17）2021年3月，新能源材料与器件专业获批国家级一流本科专业建设点。

（18）2021年12月，秦添绪同学获评“成电杰出学生（本科生）”称号。

05 机械与电气工程学院

板块一 白话说专业

1 专业名称

工科试验班（机器人、电气信息、智能制造）

该专业（类）按大类招生，包含智能电网信息工程（国家级特色专业），机器人工程（2019年新增专业），机械设计制造及其自动化（2019年入选国家级一流专业建设点、四川省特色专业），工业工程（入选教育部“卓越工程师教育培养计划”）和电气工程及其自动化（四川省特色专业）五个专业。

学生在一年级按照大类进行培养，在第二学期确认专业，在二到四年级开始根据兴趣与特长修读专业的必修类、学院要求类和选修类课程。

1. 智能电网信息工程

该专业是国家级特色专业，教育部“新工科”专业，教育部重要战略性新兴产业相关专业，入选四川省“卓越工程师教育培养计划”。

2. 机器人工程

该专业是2019年新增专业。

3. 机械设计制造及其自动化

该专业2019年入选首批国家级一流专业建设点，是四川省特色专业，入选四川省“卓越工程师教育培养计划”。

4. 工业工程

该专业入选教育部“卓越工程师教育培养计划”。

5. 电气工程及其自动化

该专业是四川省特色专业。

2 一句话简介

1. 智能电网信息工程

专心致“智”，让电“聪明”起来。

2. 机器人工程

当机器拥有智慧，人类将会怎样？

3. 机械设计制造及其自动化

由智能机器和人类专家共同组成的人机一体化智能生产系统。

4. 工业工程

“IE无处不在，持续优化改善”。

5. 电气工程及其自动化

涵盖电能的产生、传输、变换、利用各个环节，整合强电与弱电、信息与控制、硬件与软件等多学科知识，培养电气工程设计、运维、管理的宽口径复合型高级工程技术人才。

3 我校开设工科试验班（机器人、电气信息、智能制造）专业的优势和特色

1. 开设智能电网信息工程专业的优势和特色

在新一轮能源变革进程中，智能电网已成为世界电网发展的共同趋势。智能电网信息工程作为“新工科”建设方向，涵盖电气工程、能源技术、信息技术、控制技术、计算机等多学科领域。专业依托电子科技大学信息领域的学科优势，以国家能源重大战略需求及技术服务创新发展为导向，实现智慧能源与电子信息的深度融合。完善的培养体系与优质的教学

资源将助力学生毕业后在网络化、信息化、智能化的电气系统领域大展拳脚。

——机械与电气工程学院研究员、
四川省学术和技术带头人后备：张真源

大型主题沙盘活动

2. 开设机器人工程专业的优势和特色

机器人技术是一门集机械、控制、计算机、信息技术和人工智能于一体的交叉性、综合性学科。机器人未来的发展方向是“智能”，即使机器具有感知、分析、决策和执行的能力。目前开设机器人专业的学校有很多，但大多侧重于机构学和控制理论。本专业借助学校在电子信息和人工智能方面的学科优势，通过完善的培养体系，教会学生掌握机构设计、智能控制、机器视觉、环境感知、人机交互和智能决策基础理论，使学生具备设计和构建智能化机器人系统的能力，培养我国机器人技术领军人才。

——机械与电气工程学院教授：彭倍

3. 开设机械设计制造及其自动化专业的优势和特色

机械设计制造及其自动化专业致力于中国高端装备制造的信息化发展，结合大数据、人工智能、5G通信等新一代信息技术，形成了智能传感、智能设计、智能控制、智能制造的若干专业特色，通过将电子信息技术、计算机技术与本专业的结构设计、传感测试、制造工艺、控制驱动交叉融合，使学生具有综合应用知识实现复杂机电系统智能化的能力，培养在航空航天、海洋船舶、无人驾驶车辆、工业机器人、智能工厂领域的高素质人才。

——机械与电气工程学院教授：王伟

4. 开设工业工程专业的优势和特色

作为一门多学科相互交叉与渗透的综合性学科，本专业充分结合电子科技大学在电子信息领域的学科优势，强调科学研究和工程实践并重，拓宽学生的知识体系宽度和深度。本专业以机械工程四川省一级重点学科为依托，结合工程技术与方法、网络和信息化技术以及现代管理科学，从系统的观点对企业的实际工程与管理问题进行定量分析、决策与优化。经过多年发展，该专业已在可靠性工程、人因工程学、大数据分析和决策、生产与运作管理及物流与供应链管理等方面形成了稳定的研究方向。

——工业工程专业教授、国家“优青”获得者、
Elsevier中国高被引学者、ISEAM Fellow：刘宇

5. 开设电气工程及其自动化专业的优势和特色

该专业是信息技术、现代电力电子技术、计算机测控技术与传统的电气工程技术相结合的宽口径应用型专业。该专业结合我校电子信息技术优势，突出强电与弱电相结合的专业特色，旨在培养具备本学科和跨学科基础知识与综合素质，掌握电气工程领域的主流关键技术和发展趋势，成为基础知识厚、综合素质高、专业能力强和具有国际视野的电气工程领域创新型人才。

该专业的特色体现在以电力系统及其自动化、电力电子与电力传动为核心，与工程实际紧密结合。该专业涉及强弱电、控制与驱动、电工技术

与电子技术、硬件与软件，学生将重点接受电力系统、电工电子、电力拖动、信息与控制以及计算机测控技术方面的训练，长于供配电技术、电力电子技术，机电系统与设备的电气控制、变频调速、伺服驱动等，毕业后工作的综合适应能力非常强。

——机械与电气工程学院教授：韩杨

优秀班集体答辩

4 工科试验班（机器人、电气信息、智能制造）专业学什么

1. 智能电网信息工程专业学什么

智能电网是信息技术和电力能源的深度融合，因此是材料技术、电子技术、信息技术、控制技术和电气能源技术的交叉学科。智能电网信息工程就是综合利用现代社会最新的先进技术重新武装传统的电力能源系统，通过技术让电网变得聪明，电网系统可以对各种来自外界的需求做出反应，使人们用电更加舒适安全，享受更多现代社会的乐趣，也使建设绿色低碳社会成为可能，让人类可以合理利用地球上的能源资源，达到可持续发展的目的。

——机械与电气工程学院教授、IET Fellow：黄琦

2. 机器人工程专业学什么

“机器人革命”有望成为第三次工业革命的一个切入点和重要增长点，将影响全球制造业格局，而且我国将成为全球最大的机器人市场。机器人未来的发展趋势是智能化，即善于感知、精于计算、巧于决策、勤于执行、善于学习。因此本专业围绕机器人感知、分析、决策和执行的能力，学习机构学、控制理论、传感技术和人工智能等课程，使学生具有综合应用这些知识，并构建复杂的智能机电系统的能力。

——机械与电气工程学院教授：彭倍

3. 机械设计制造及其自动化专业学什么

机械设计制造及其自动化是研究各种工业机械装备及机电产品从设计、制造、运行控制到生产过程管理的综合技术学科，它以机械设计与制造为基础，融入了信息技术、自动控制技术及人工智能等。它培养具备机械设计制造基础知识与应用能力，能从事机械制造领域内的设计制造、科技开发、应用研究、运行管理等方面工作的高级工程技术人才。与信息技术的融合使得机械设计制造及其自动化技术产生了深刻变化，利用计算机辅助设计与优化技术，使设计过程实现了自动化和最优化；电子技术与机械技术的结合，实现了机电产品的一体化，出现了数控机床/加工中心、盾构机、智能机器人、微机电系统，等等。

该专业围绕机电产品的设计、制造、检测和控制，学习机械原理、机械设计、机械制造及工艺、传感检测技术、机电驱动与控制技术等课程，使学生具有综合应用这些知识构建复杂机电系统的能力。

——机械与电气工程学院教授：范守文

4. 工业工程学专业学什么

工业工程（Industrial Engineering，简称IE）是一门发现并解决工业生产中科学问题的学科。它将工程技术与管理科学深入结合，重在实现复杂工业系统中人员、物料、资金和信息等多方面的优化设计和科学管理。总而言之，工业工程就像工业中的“诸葛亮”，运筹帷幄之中，决胜千里之外。

——工业工程专业教授、国家“优青”获得者、
Elsevier中国高被引学者、ISEAM Fellow：刘宇

5. 电气工程及其自动化专业学什么

学生通过系统学习和各种工程训练，具备扎实的自然科学基础与较好的人文社会科学基础；掌握强电与弱电、电机与驱动、电力与电子、硬件与软件、测量与控制等领域多学科的基础理论；掌握电力系统和电力电子装备的基本分析与设计方法；具有电气工程与系统的设计、开发、运维、应用、管理的基本能力。

——机械与电气工程学院教授：韩杨

5 工科试验班（机器人、电气信息、智能制造）专业能解决社会上哪些问题

1. 智能电网信息工程专业解决社会上哪些问题

我们的生活离不开电。我们坐在家里，手指轻轻一触，就可以通过智能交互终端预约好每个电器工作的时间，甚至能够直观地看到电器实时的用电情况和用电量，并对家庭用电及时做出调整，人们还可以通过智能电表查看用电的实时读数，交费信息一目了然，再也不需要人工上门抄表，用户买电、插卡等一系列复杂的程序。这就是智能电网中信息技术的应用，它涉及电力行业中的很多学科。电力行业可以通过数字化信息系统，将能源开发、转换、传输、存储、配送等环节，与终端用户的各种用电设备连接在一起，通过智能化控制，实现精确供能、对应供能、互助供能和互补供能。由于智能电网和信息技术的高速发展，大量的基础理论和信息技术已经被工程化了，最后人们看到的只是想用电时就有电，其实这里面隐含的都是智能电网信息工程理论和知识。

——机械与电气工程学院教授：李坚

2. 机器人工程专业解决社会上哪些问题

机器人从功能来划分可以分为工业机器人和服务机器人。随着人口老龄化所带来的人力成本持续提升，制造业转型升级使得生产效率和复杂程度日益提升，机器人可以代替人类从事繁重、重复、枯燥、危险的工作。目前，工业机器人已在汽车、机械、电子、医药等制造行业中广泛应用，

在服务领域，服务机器人已广泛应用于医疗、养老、交通、旅游和社会治理等行业。随着技术的发展，机器人将进入社会生活的方方面面，彻底改变人类的生活方式，并将创造数万亿美元的市场。

——机械与电气工程学院教授：彭倍

机器·人创新创业学习活动

3. 机械设计制造及其自动化专业解决社会上哪些问题

机械设计制造及其自动化既是现代社会大部分产品的基础技术，也是所有产品的幕后英雄。大到飞机、动车，小到订书机、水龙头，从高端的大型科研装备如正负电子对撞机、500米口径球面射电望远镜（FAST），到大家常用的汽车、自行车，都是按照机械工程的基本原理来设计、制造的。工业化时代所有产品都是运用设备而非手工制造的，现在制造各种产品的设备，从制造智能手机芯片的光刻机，到制造家具的木工机械，无一例外都是计算机控制的自动化机械设备，且正迈向智能制造的新时代。

——机械与电气工程学院实践首席教授：丁杰雄

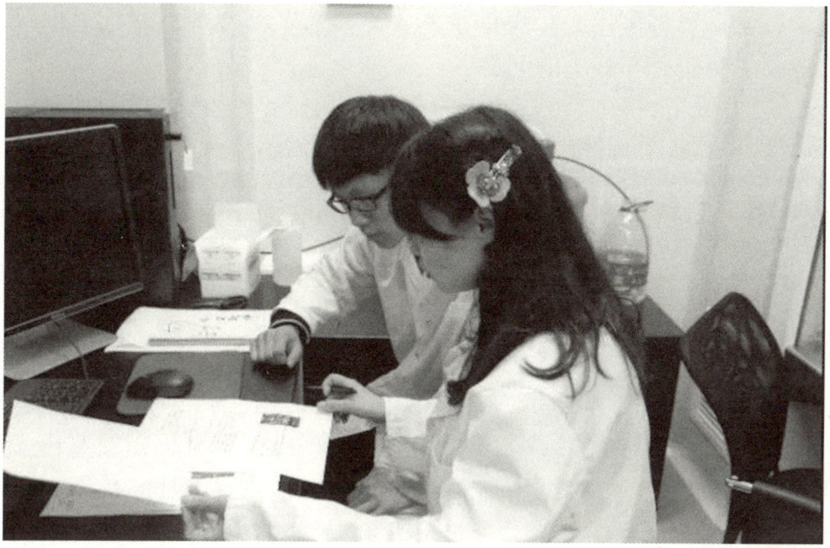

老师正在指导实验课

4. 工业工程专业解决社会上哪些问题

工业工程是一门集管理、经济和多种工程技术综合运用的交叉性学科。它以各种产业组织整体系统为研究对象，并以综合解决运作效率、质量和成本问题为目标。工业工程产生于20世纪初的制造业，主要用于提高工厂效率、质量和降低成本。工业工程以运筹学、统计学、系统科学、优化方法以及信息科学为依托，已形成解决企业整体效益问题的完整工程技术体系，在制造业、交通运输、物流、仓储、医院、政府和酒店等多种服务产业的管理中发挥重要作用。

——工业工程专业教授、国家“优青”获得者、Elsevier中国高被引学者、ISEAM Fellow：刘宇

5. 电气工程及其自动化专业解决社会上哪些问题

电气工程及其自动化就是以电能、电气设备、电气技术和自动化技术为手段来创造与改善限定空间和环境的一门科学，涵盖电能的产生、转换、利用和研究四方面。小到一个开关、一个手机，大到航天飞机、宇宙飞船都离不开电。电是如何产生的？各种电机是如何有效地作为原动机的？在我们的生活中，人类如何能够顺利、安全地使用电能？如何通过发

电、变电、输电、配电，把电能送入千家万户？这些都是电气工程及其自动化专业主要研究和解决的问题。

——机械与电气工程学院副教授：王丛岭

6 工科试验班（机器人、电气信息、智能制造）专业误区解读

1. 智能电网信息工程专业误区解读

有人会认为智能电网信息工程专业毕业后的工作就是爬电杆、修电线、抢修电力设备等，但事实并非如此。智能电网信息工程专业作为一个新兴专业，它是针对国家在新能源、新材料、信息化等战略性新兴产业的发展需要，紧密结合国家关于加强智能电网建设的指导方针所开设的一个交叉学科专业，属于电气工程这一大类。智能电网信息工程专业旨在培养具有扎实的专业理论和技能，兼具较强的电气工程和信息工程的综合素质和创新精神，可以在网络化、信息化、智能化电气系统领域从事生产制造、工程设计、系统运行、系统分析、技术开发、教育科研等方面工作的特色鲜明的复合型高级工程技术人才。

——机械与电气工程学院教授、IET Fellow：胡维昊

2. 机器人工程专业误区解读

自从人工智能机器人AlphaGo战胜世界围棋冠军李世石之后，有不少人对机器人的发展感到恐惧，认为机器人最终会取代人类，甚至威胁人类的安全。事实上目前人工智能的发展处于起步阶段，机器人只在特定的领域能够超越人类，而在大部分领域与人类的智能相差甚远，更不具备思考和创造的能力。未来机器人会把人类从简单重复的体力劳动中解放出来，创造出更多和机器人研发以及应用开发相关的就业岗位，使人类有更多的时间从事创新性的工作。

——机械与电气工程学院教授：彭倍

3. 机械设计制造及其自动化专业误区解读

许多人认为“机械”专业就是与“铁砣砣”打交道，是“干笨活”的

专业。诚然，多数工业产品都是由金属材料（钢铁）做成的，如飞机、轮船、汽车、高铁等产品，但如何保证飞机在空中不发生断裂，如何保证汽车运行时的振动和噪声较小，如何保证高铁的空气阻力最小，如何保证笔记本电脑有效散热，如何保证手机电磁辐射的屏蔽，等等，这些都是我们在从事机械设计时需要考虑的问题，需要运用固体力学、振动力学、流体力学、传热学以及电磁学、声学方面的知识。庞大的航母是怎么做出来的，大批量的汽车、手机是如何生产的，这些都涉及智能化、网络化、数字化等各种先进制造技术的运用。机器人、盾构机、月球车等产品的设计，都需要综合利用自动控制、传感感知、机器视觉、智能识别等先进技术。总之，机械专业虽然是传统专业，但是需要大量科学理论和先进技术的运用，绝对是一个技术含量非常高的专业。

——机械设计制造及其自动化专业教授：杜平安

4. 工业工程专业误区解读

“工业工程”不是“工业设计”，也不是在工厂一线当操作工。工业工程专业的核心就是“优化”，大到复杂系统，小到员工的细微操作，都需要工业工程的优化思想，一个具备工业工程思想的人应该做到心有猛虎，细嗅蔷薇。当代中国正逐步走向工业强国，让我们走出教室，走进企业，研究具有中国特色的工业问题，为中国工业创造更多的机遇。

——工业工程专业教授、国家“优青”获得者、
Elsevier中国高被引学者、ISEAM Fellow：刘宇

5. 电气工程及其自动化专业误区解读

有人会认为电气工程及其自动化专业毕业后的工作就是爬电杆、修电线、抢修电力设备等，但事实并非如此。电气工程及其自动化专业的特色是具有电子科技大学信息技术特色的强弱电相结合的宽口径应用型专业，本专业毕业生可以去国家电网、南方电网、电力设计院、电力行业的相关企业工作，也可以到西门子、ABB、上海电气、中国中车、华为、中兴等电气设备制造企业，以及国防、交通、市政、航空航天、新能源等关系国计民生的重点行业和关键领域就业。同学们可以根据兴趣选择偏向电力电

子的专业模块课程或者是偏向电力系统的专业模块课程，我们也鼓励学生同时学两组模块课，掌握扎实的基础和宽广的学科知识，将来具有更广泛的就业选择。

——机械与电气工程学院教授：韩杨

7 工科试验班（机器人、电气信息、智能制造）专业学生毕业走向

1. 智能电网信息工程专业

随着社会经济飞速发展，各行业对电力的依赖消耗明显增强。为此，世界各国不约而同将目光聚焦在建设高效、清洁、安全、可靠和互动特征的智能电网上。以智能电网为特征的新一代能源变革给相关专业发展带来了前所未有的机遇。

智能电网信息工程专业毕业生主要面向电力行业、信息技术产业、科技咨询服务企业或政府部门等就业，从事电力产品设计、研发、设计、制造、技术支持、电力信息系统运维等工作，或在企事业单位和行政管理部门从事技术管理等方面的工作。

当然，继续深造也是毕业生的一个非常重要的选择。智能电网信息工程专业每年毕业的学生中，20%以上的在清华大学、浙江大学、西安交通大学、上海交通大学等国内高校读研，超过10%以上的在美国密歇根大学、德州农工大学、南加州大学、荷兰代尔夫特大学等海外殿堂级学府攻读硕士及博士研究生学位。

——机械与电气工程学院教授、IET Fellow：胡维昊

2. 机器人工程专业

目前，欧美在机器人和人工智能的研究处于领先地位，美国的麻省理工学院、卡耐基梅隆大学、斯坦福大学，英国的牛津大学、剑桥大学，还有Google、微软等企业拥有先进的核心算法和操作系统，毕业生可以到这些国家进一步深造。

近年来我国机器人发展迅猛，涌现出一大批优秀企业，如新松机器

人、大疆创新、科大讯飞、海康威视、百度、寒武纪，等等。机器人研发工程师的薪水远远超过普通软件工程师，因此本专业毕业生供不应求，就业前景广阔。同时，与机器人相关的初创公司也受到投资人的青睐，创办一家酷酷的机器人公司也是一个不错的选择，也许你会成为下一个马化腾。

——机械与电气工程学院教授：彭倍

3. 机械设计制造及其自动化专业

机械设计制造及其自动化专业“厚基础、重实践、强素质”的培养特点和“强化工程意识、增强创新能力”的培养理念，使得学生在智能化、高端化和快速反应化的机械领域发展趋势中，具有很强的行业适应性：既可在重工装备、精密设备、航天航空、海洋船舶、车辆装备等基础制造业研发拓展、建功立业，也可在仪器仪表、医疗器械、电信硬件、网络通信、半导体自动化、电子电气等“大制造”范围创新创业，兴国安邦。

机械设计制造及其自动化专业的良好全球视野和高度国际认可度，使得毕业生不仅可在清华大学、上海交通大学、浙江大学、西安交通大学、华中科技大学、北京航空航天大学等国内高校读研深造，也获得了包括麻省理工学院、密歇根大学、哥伦比亚大学、加州大学、帝国理工学院、慕尼黑工业大学等国际名校的青睐，成为新一代学术骨干和拔尖人才。

——机械设计制造及其自动化专业教授：何俐萍

4. 工业工程专业

如果我们在百度中搜索“2015全球十大热门工作”，工业工程师排名第4。在“大学就业率排行榜50个热门专业推荐”中，工业工程专业排名第6。这些都说明，工业工程专业的毕业生，在就业方面是非常抢手的。

工业工程专业毕业生主要面向工业企业、互联网企业、银行证券企业、咨询服务企业或政府部门等就业，承担工业工程师、系统分析员、产品经理、生产经理、咨询顾等岗位的工作。经过若干年后，他们大多数担任企业部门的领导，如生产部经理，最终上升为企业的领导，如总经理、CEO等。

当然，考研是毕业生的一个非常重要的选择。工业工程专业每年毕业的学生中78%以上的在清华大学、上海交通大学、浙江大学、北京航空航天大学、厦门大学、电子科技大学、香港大学、香港中文大学等国内高校读研，22%以上的在美国密歇根大学、美国普度大学、美国威斯康星大学、新加坡国立大学等国外高校深造。

——工业工程专业教授、国家“优青”获得者、
Elsevier中国高被引学者、ISEAM Fellow：刘宇

5. 电气工程及其自动化专业

该专业毕业生能够从事与电气工程有关的系统设计、运行控制、信息处理、研究开发以及电子与计算机应用等领域工作的具有国际视野的行业精英人才。毕业生具备从事电气系统设计和产品开发的基本技能，可在电力、能源、装备制造、IT产业和工业自动化等行业从事电气、电子、信息及其交叉领域的技术、生产、管理、市场等方面的工作，具有广阔的就业前景和丰厚的薪资待遇。

——机械与电气工程学院教授：韩杨

毕业去向

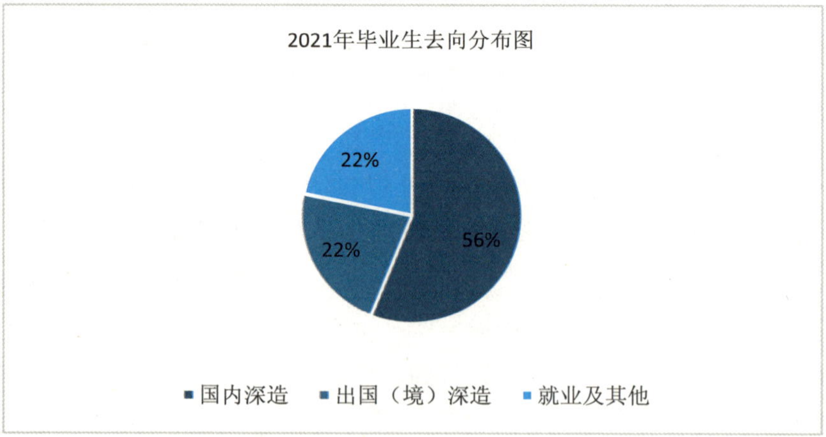

1 国内深造：149人，占比56%

在机械与电气工程学院2021年毕业生中，国内深造有149人，其中有142人被世界一流大学建设高校及科研院所录取；留本校深造比例为65%。

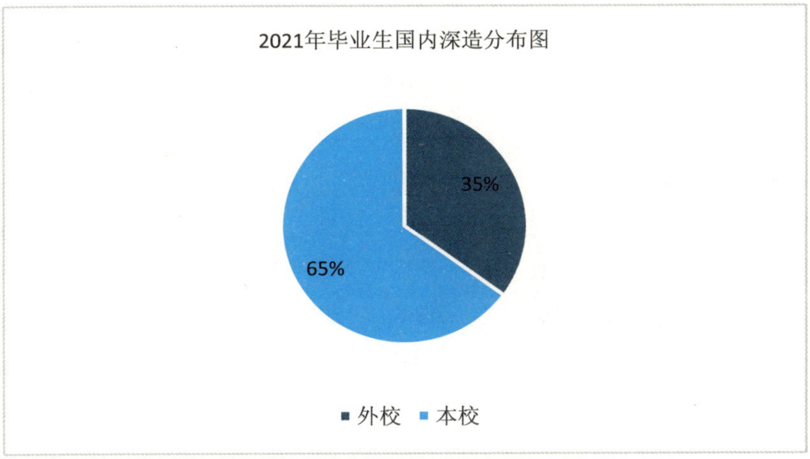

2 出国（境）深造：59人，占比22%

在国（境）外知名大学offer的毕业生中，进入QS世界排名1～50位大学深造比例达24%，QS世界排名1～100大学深造比例达40%。其中，有45人选择留学欧洲，有11人在亚洲出国（境）深造，有3人选择留学美洲。

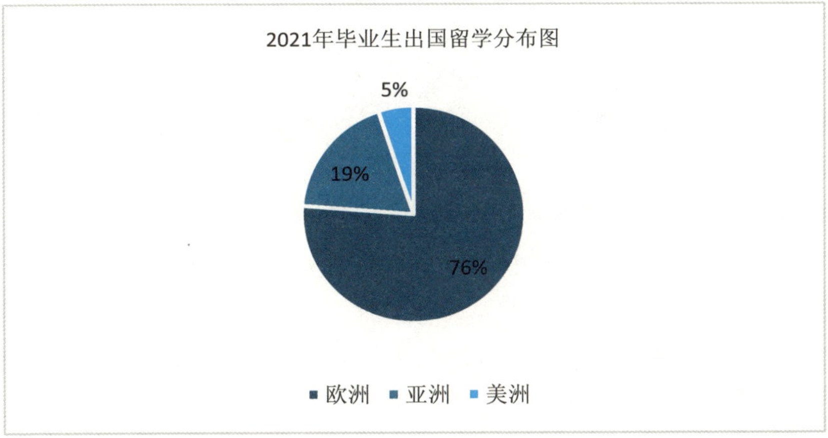

3 就业及其他：58人，占比22%

在就业的毕业生中，25人进入机械设计与制造业，18人进入生产、供应业，4人进入公共管理，4人进入信息产业，1人进入教育业，6人进入其他行业。

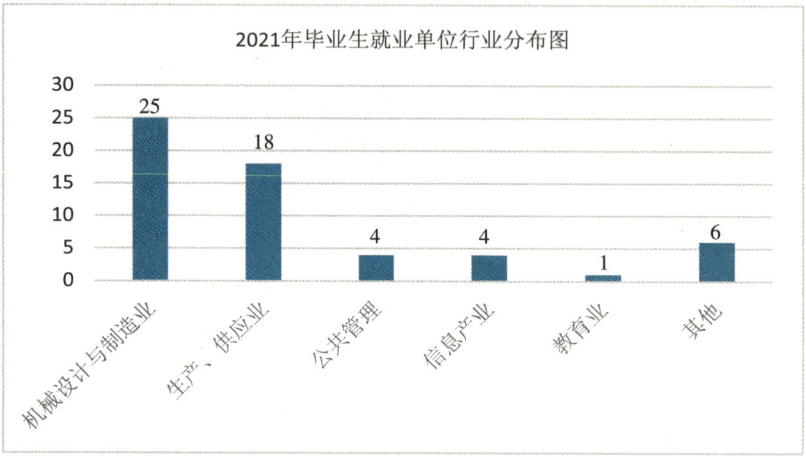

板块二 达人说专业

8 教授寄语

1. 智能电网信息工程专业

能源是人类社会进步的根本动力，现代社会一刻也离不开电力供应。智能电网是电力和能源领域最深刻的革命，正在改变人类开发利用能源的方方面面。智能电网信息工程这一新兴学科为传统电力能源领域注入强大活力，通过现代信息、测量、通信和控制技术使得电网可以与用户互动，对系统中的各种故障做出灵活快速的反应，从而提升电网的效率和安全可靠性，保证高质量的供电服务。在智能电网基础上发展起来的能源互联网技术，可以综合利用各种能源，特别是将不易控制的可再生能源变成驯服的电力，供人们使用，为未来社会可持续发展奠定基础。智能电网还在不断发展，不断改变我们的生活，一些在10年前不敢想象的事情正在逐步出现，如不用电线就能传输电力的无线电能传输、利用太阳能提供能源从而不用加油的太阳能公路、将水电解成氢气混合在天然气中提高燃值，等等。电子科技大学是电子信息的排头兵，我们无限期待大家在这里将电子信息领域的新型技术，如大数据、人工智能、区块链等，与电力能源深度融合起来，为改变人类生活做出贡献。

——机械与电气工程学院研究员、

四川省学术和技术带头人后备：张真源

新生“专业探秘”系列沙龙

2. 机器人工程专业

1950年，英国科学家图灵提出了著名的“图灵测试”，拉开了人类研究人工智能的序幕，经历了20世纪60～70年代的符号主义、早期神经网络和专家系统，到90年代发展出机器学习和神经网络，再到近10年的大数据广泛应用、深度学习、机器视觉等迅猛发展，“机器人革命”已深入社会的方方面面，产生深远影响。目前，人工智能企业受到资本和产业的追捧，涌现出大量“独角兽”企业，从事机器视觉、深度学习、无人系统等研究的工程师被各大公司疯抢，工资是普通软件工程师的2～3倍。电子科技大学的机械设计制造及其自动化专业的机器人特色方向将人工智能技术融合于机械工程、控制工程，使学生拥有宽广的理论基础和坚实的工程实践能力。不少毕业生已成为机器人领域的骨干和领军人才。

——国家特聘专家、新加坡院士：葛树志

3. 机械设计制造及其自动化专业

智能制造与机器人是新一代信息通信技术与制造技术的深度融合，中国制造业逐渐向智能制造方向转型，并开始大量应用云计算、大数据、机器人等相关技术，目前在汽车技术、电子制造等领域应用得越来越广，为机械装备注入了“灵魂”，将来的硬件产品会思考、会说话、能互动，制造过程亦能通过网络和软件监控。随着人口减少，无人车间、数字工厂是制造业的发展趋势，智能制造与机器人在解决生产中的人力需求无疑是重要的途径。学生就业可以在机械设计、制造、互联网、软件工程等学科中根据兴趣和专业技能选择，多学科交叉带来学习兴趣和创新思维，并通过机器人大赛、机械创新设计大赛等实践机会来提升我们的实力。

——机械设计制造及其自动化专业教授：徐尚龙

4. 工业工程专业

工业工程是一门发现并解决工业生产中科学问题的学科。它将工程技术与管理科学深入结合，重在实现复杂工业系统中人员、物料、资金、信息等多方面的优化设计和科学管理。随着以“工业4.0”和“中国制造2025”为代表的新一轮世界工业革命的掀起，全球制造业格局正面临着重大调整，智能制造是这一轮工业革命的核心技术。工业工程专业在智能制造中扮演着“大脑”的角色，无论是大数据分析与决策、工厂布局、生产计划优化、产品质量控制、物流和仓储管理、设备维护和健康管理都离不开工业工程的专业知识。除了制造业，工业工程专业在物流业、服务业、交通运输业、建筑业、农业、银行、医院、国防建设和政府部门等行业中也大有作为。

——工业工程专业教授、国家“优青”获得者、
Elsevier中国高被引学者、ISEAM Fellow：刘宇

5. 电气工程及其自动化专业

作为现代工业重要的支柱，电气工程及其自动化强有力地支持着现代工业的发展，从基础电磁学理论到电气工程技术科学的完善，其所展现出的高效、安全、快速、便捷等优点，大大提升了现代工业的生产效率，低成本、高速度、高质量地推动着社会进步。电气工程及其自动化专业涉及电力电子、电力系统、电机电器、高电压与绝缘、计算机、信息与控制、机电一体化等诸多领域，是一门综合性很强的学科。它的研究领域非常广泛，小到电灯旋钮的安全设计，大到对全国电网的指挥调度，可以说与人们的日常生活、工农业生产以及航空、航天、航海等国防事业均有密切联系。电子科技大学是电子信息的排头兵，我们无限期待大家在这里将电子信息领域的新型技术有机结合，有效提高电气工程及其自动化技术的数字化与信息化程度，推动电气工程及其自动化技术又好又快的发展，为改变人类生活做出贡献。

——机械与电气工程学院教授：胡维昊

9 学长感悟

1. 智能电网信息工程专业

智能电网信息工程专业的学习十分注重知识深度上的钻研和知识广度上的拓展以及理论与实践的结合，从最初的电路原理，到单片机电路，到后来的电源电路，再到更加复杂的电源系统，经验在实践中得到积累，专业知识在实践中得到深入理解。经过四年的本科学习，原来智能电网信息工程专业涉及的电力系统分析、电机学、控制理论和计算机网络等学科，竟然广泛应用于我们身边的新能源技术、大数据、电动汽车技术等领域。“学以致用，用以促学”，面向实际问题，解决实际问题，就是这个专业的精华所在。

——2015级本科生、成电杰出班级班长：胡广

2. 机器人工程专业

机器人特色方向非常注重我们的创造力、实践能力和合作精神以及解

决问题能力的培养。我们的课程作业往往和实际问题相切合，且需要团队共同完成。将课程学习和学科竞赛结合也是本专业课程的一个特色。我从大三就被选拔进入校机器人队，作为主力成员参加了全国机器人大赛。在这个过程中，我主要负责机器人的机构设计，与团队成员协作解决复杂的机电问题，最终我们获得了全国总冠军。读研究生后，老师鼓励我和同学们一起设计并研发自己的机器人，我们还创办了自己的公司。2016年，我们的团队获得了全国大学生“创青春”创新创业大赛金奖。在学校我不仅学习了坚实的专业知识，还获得了研发机器人的实践经验，并学会了如何管理和经营一家企业。我坚信，这七年，不论学习、工作，还是生活，都将会是我以后人生中宝贵的财富。

——2016级硕士生、成电杰出学生：徐源正

3. 机械设计制造及其自动化专业

机械设计制造及其自动化专业领域的融合与交叉是现代科技和文化发展的一个不可阻挡的方向，也是能持续推进我们对世界认知的源泉与契机。机械设计制造及其自动化专业就是一个涉及机械、电子、计算机和自动化控制等诸多领域的一个交叉学科。学习这个专业，能很好地帮助学生形成对多种热门学科的全面了解，培养扎实的数理理论基础与工程能力，以及对技术和工程的高度专业敏感。

该专业学生的最大特点是具有较强的动手能力，可充分利用学校提供的实验设备及器材，将专业课上所学的枯燥的理论知识通过生动的实验来进行实践。在课余时间，学生可参加机器人大赛、机械创新设计大赛、挑战杯、电子设计大赛等科技活动。本专业可以说是“万金油”，就业面非常广，继续深造和出国率也很高，我的同学毕业后有选择做硬件系统设计和软件开发等工作，在机械、IT、计算机、电子工业、铁路、航空航天等领域都有广泛的就业渠道。

——2009级本科、2015年本校硕博连读、校优秀本科毕业生：肖培

4. 工业工程专业

工业工程是一门基于优化理论和思想的学科，最终目标不是创造新的

产品或设计，而是整合现有资源，从而实现效益最大化，让好钢使在刀刃上。我们传承工业文明的精神，努力提升效率和质量；我们探索工程分析的方法，实现科学决策，做到“运筹帷幄之中，决胜千里之外”；我们崇尚以人为本的理念，坚持安全舒适，在创新中追求人性化；我们弘扬系统工程的思想，力求整体协调，在实践中实现最优化。工业工程的本质在于解决实际问题，不断创新，在创新中实现梦想。工业工程，让我遇见更好的自己，预见更美的未来。

——2010级本科生、2017级博士国际会议最佳学生论文奖：姜涛

工业工程专业培养的是具备扎实专业基础知识的优秀管理人才。在充分掌握机械、控制、电子和电气知识的同时，精通统筹优化的方法，这是我工作后对工业工程专业的深刻感触。

作为一家生产半导体封装设备公司的可靠性工程师，硬件方面需要机械和电路知识，测试分析方面需要可靠性工程和概率统计理论。学校所学的理论知识以及从电子电路设计比赛中获得的实践能力使我较快地适应了工作的节奏。

工作后加入了一个预测维修（Predictive Maintenance）的项目，这个项目和大数据分析+智能制造密切相关，项目目标就是能够在机器坏掉之前，预测剩余寿命与预测失效模式。在这个项目中，我找到了很多工业工程的影子，这让我兴奋不已，也庆幸自己当初一直留在了这个专业。工业工程，这是一个紧跟时代步伐的专业！

——2013级本科生、ASM Pacific Technology Singapore Reliability Engineer：李伟龙

5. 电气工程及其自动化专业

电气工程及其自动化专业涉及电力电子技术、电机拖动与控制、高电压技术、继电保护技术、计算机技术等诸多领域。作为强弱电结合、软硬件结合的特色专业，电气工程已经与人们的日常生活和工业生产密不可分。经过学校本科四年的精心培养，我已经成为一名具备严谨求实的科学态度和解决本学科专业技术能力的合格研究生。学校不仅培养了我扎实的

理论功底，还使我具备良好的实验实践能力。在学校与学院的综合培养下，我得以拓展国际化视野，有机会出国短期交流，锻炼了国际交流能力，全面提高了综合素质。

——2018级硕士生：蔺向阳

电气工程及其自动化专业是具有浓厚的电子信息特色的强弱电相结合的宽口径专业。本人通过本科和硕士阶段的学习，对本专业产生了浓厚的兴趣，尤其关注新能源领域的电能变换与控制，在信息技术、自动控制、软件仿真和硬件实验方面打下了良好的基础。学校专业的教学与科研体系培养了我扎实的理论基础，使我具备了解决复杂工程问题的能力，让我有幸拿到了西南电力设计院的录用通知，为毕业后在电力行业的职业生涯打开了一扇广阔的大门。

——2016级硕士生、国家奖学金获得者：蒋艾町

10 校友感言

1. 智能电网信息工程专业

未来新兴产业需要的是工程实践能力强、创新能力强、具备国际竞争力的高素质、复合型“新工科”人才。智能电网的建设顺应新时代工业发展趋势，是先进的传感和测量技术、先进的设备技术、先进的控制方法以及先进的决策支持系统技术与传统电网的完美结合。智能电网信息专业具备的“学科交叉融合”特征，为我的职业发展提供了支撑和帮助；实践理论深度结合的培养模式，为我分析问题、解决问题的能力带来了巨大的提升；专业的教学科研体系，为我带来了兼顾广度与深度的专业知识，是我人生宝贵的财富。

——2015级硕士生、国网四川省电力公司、检修公司工程师：张云

2. 机器人工程专业

当我刚进入电子科技大学机电学院学习的时候，我对机器人虽然充满了好奇，但却一无所知。经过四年的学习，我们不但学习了和机器人相关

的机械原理、控制理论等专业课程，我还有幸入选了大学生机器人队，代表学校参加全国大学生机器人竞赛。在机器人队里我主要承担机械设计的工作，经过半年多和队友日夜奋战的历程，我们获得了当年全国总冠军。这些经历为我现在的工作奠定了坚实的基础，毕业后我被深圳大疆创新公司招募，现在已成为机械设计部门的负责人。当前机器人的发展非常迅猛，而相关的研发人员却非常匮乏，我们专业的毕业生都成了各大公司争夺的目标。选择机器人专业，无悔青春！

——2012级本科生、深圳大疆创新部门经理：杜浩然

3. 机械设计制造及其自动化

机械设计制造及其自动化学科在国民经济中处于极其重要的地位，它对其他技术领域起着支撑性作用，成为国民经济各行业的基础。机械设计制造及其自动化专业培养具备机械设计制造基础知识与应用能力，能在工业主产第一线从事机械制造领域内的设计制造、科技开发、应用研究和运行管理等方面工作的高级工程技术人才。该专业的特点是运用先进制造技术的理论与方法解决现代工程领域中的复杂技术问题，以实现产品智能化的设计与制造。该专业已逐渐成为装备制造业、汽车工业、材料工业、机电产品等工业技术的龙头。

在这几年的学习当中，系统地学习的理论力学、材料力学、机械原理、机械设计基础等基础课程，为我现在的职业发展奠定了坚实的理论基础；参加了金工、电工、课程设计、毕业设计等实践环节，很好地锻炼了我的动手能力，为我在目前工作中解决实际问题积累了丰富的经验；在课外参加的挑战杯、机器人、电子设计等竞赛，系统地培养了我的创新能力，这些都为我以后的职业发展提供了支撑和帮助。

——2010级本科生、成电杰出学生、中国工程物理研究院、机械制造工艺研究所：崔海龙

4. 工业工程专业

工业工程融合了工程技术和管理科学，是一个极具实用价值的专业。工业工程会给同学们一个接触多个行业的机会，在这个过程中可以发现自

己真正兴趣所在，从而更好地选择自己未来的发展行业，更早地去做准备。从我自身的体会来说，工业工程的价值并不是学好一两门专业课，而是具有从实际场景中发现问题的能力，并且具有综合运用各个专业、各个领域的知识来解决问题的能力。这对工业工程专业的同学们提出了比较高的学习要求，课程学习后的延伸和灵活运用才是本专业同学的竞争力所在。工业工程的哲学就是先化简为繁，通过表象分析本质，再化繁为简，利用最简单的方法直击痛点，解决问题。当今社会，兼具工程技术和管理能力的人才是最为紧缺和抢手的，而工业工程专业正是要将同学们往这个方向培养，这对于同学们今后的职业发展具有重大意义。

——2010级本科生、绿栈环保科技联合创始人：林鹏

5. 电气工程及其自动化专业

电气工程及其自动化专业涉及电能的产生、传输、变换、利用各个环节，在国民经济和日常生活的各个方面均有广泛应用。通过本科和硕士阶段的学习，同学们将会对电力系统和电能变换技术建立深刻的认识，为毕业后从事电气系统的运行、维护、管理等工作打下坚实的基础。我校电气工程及其自动化专业具有浓厚的信息技术背景，在电力系统和电力传动，电能输送与变换、测量与控制、元件与系统等方面很有特色，全面培养了学生解决实际工程问题的能力和国际化的视野。该专业毕业生深受用人单位欢迎。

——2013级省优硕士毕业生、国网合肥供电公司工程师：沈攀

在以智慧工厂、智能生产为主题的工业4.0时代，智能生产系统及过程、网络化分布式生产设施的实现均离不开电力电子与电气信息学科的发展。电气工程及其自动化作为电气信息类学科的核心专业，融合了电力系统、电机拖动、电力电子、计算机、网络控制、机电一体化等技术，使强电与弱电综合、元件与系统相结合成为可能。电气工程及其自动化技术不仅在电力、各种驱动、能源领域的发展中起到至关重要的作用，还广泛应用在航空航天、国防军工、智能制造等领域。

——2016级校优硕士生、成都飞机（工业）集团系统工艺师：李红

板块三　数据说专业

（1）机械工程、电气工程连续四年在软科排名均稳居全国前20%；可靠性工程学术排名位居全球前五。

（2）机械专业获批国家一流专业和工程认证，实现国家层面专业建设大满贯。

（3）机械工程系牵头起草的国家标准“五轴联动加工中心RTCP精度检验”正式发布，实现我校在高端装备制造领域主导制定国家标准的重要突破。

（4）2021届本科生的就业率为98.12%（全校第二），深造率为78.2%，全日制硕士“双A”生源占比63.05%，研究生国家重点单位就业占74.07%，国防单位就业占30.56%（全校前列），优秀博士毕业生占38%。学院获学校“专业生源质量提升奖（第一名）”、拔尖优秀生源贡献奖（第二名）。

（5）学院荣获教育部高等学校科学研究优秀成果奖（科学技术）二等奖2项，四川省科技进步二等奖1项，中国仪器仪表学会科学技术奖一等奖1项/二等奖1项，国防科技进步三等奖1项，中国发明学会发明创业奖创新二等奖1项；作为参与单位，荣获国家科技进步奖二等奖1项，四川省科技进步一等奖1项/三等奖1项，中国机械工业科技一等奖1项，中国轻工业联合会科技进步一等奖1项，国网四川省电力公司科技进步二等奖1项。

（6）目前，学院教师承担国家重大重点项目6项；在《IEEE》《ASME》等高水平期刊发表SCI论文412篇（核心指标超过300篇）；申请中国发明专利478件/国际专利2件，授权国际专利2件。

（7）近四年，学院科研经费超过2亿元，产生4个千万级科研团队；高水平论文、科研获奖均创学院新高；获批四川省国际科技合作基地并考核“优秀”，牵头获批国家重点研发计划重点专项国际合作项目。

（8）学院新增杰出人才10人次，双聘院士1人，加拿大工程院院士1人，国家青年QR 1人；Elsevier中国高被引学者1人（目前5人），入选教育部教指委2人，入选ISEAM、IET Fellow 3人。

（9）学院教师入选全球前2%顶尖科学家榜单5人，入选2020年中国高被引学者榜单3人，获第十五届四川省青年科技奖1人，入选第十三批四川省学术和技术带头人1人，后备人选7人，入选四川省千人计划1人，入选“澳门青年学者计划”1人。

（10）2021年，学院首次获四川省“五四青年奖章”集体提名奖（全校唯一）、全国“百人会”英才奖、全国大学生年度人物提名奖、全国“创业英雄”百强，首次实现年度内成电杰出班级、研究生、本科生满贯。

（11）2021年，学院获学校党建工作单项奖、国际交流单项奖，思政队伍获“优秀学生工作团队”（年度全校唯一），校友工作获“优秀校友工作团队”（年度全校唯一）。

（12）近四年，学生获全国“互联网+”大赛银奖2项，创青春大赛银奖1项，全国活力团支部1个，四川省“五四青年奖章”集体提名奖1次（全校唯一），全国“青少年科技创新奖”1人（全省高校唯一），全国“百人会”英才奖1人，全国大学生年度人物提名奖1人，全国“创业英雄”百强1人，全国“践行社会主义核心价值观先进个人”1人，全国“大学生自强之星”1人，全国“百佳心委”1人，全国“大学生社会实践优秀个人”1人。

板块四 专业焦点

1. 智能电网信息工程专业

（1）2014年5月，“四川省新能源与智能电网自动化技术工程实验室”授牌。

（2）2014年10月，国网四川省电力公司与“电力系统广域测量与控制四川省重点实验室”签订战略合作协议，联合打造人才培养基地和科学研究基地。

（3）2015年7月，“四川省新能源与智能电网实验教学示范中心”

授牌。

（4）2016年9月，“四川省智能电网与能源互联网创新服务平台”授牌。

（5）2017年5月，张栋珀、胡阳春、丰超等同学获“首届中国区块链开发大赛”二等奖。

（6）2017年10月，黄琦教授团队荣获“四川省青年科技创新研究团队”称号。

（7）2018年11月，黄琦教授当选IET Fellow。

（8）“电磁传感与电磁传能材料、器件和应用创新研究”荣获2019年度教育部高等学校科学研究优秀成果奖（科学技术）二等奖。

（9）黄琦教授荣获“2019年中国产学研合作创新奖”。

2. 机器人工程专业

（1）2015年10月，“智能服务机器人”四川省2011协同创新中心获批。

（2）2015、2016年，该专业学生获全国大学生机器人大赛RoboMaster全国总冠军。

（3）2016年12月，“智能服务机器人”四川省工程技术研究中心获批。

（4）2016、2017年，该专业学生获全国大学生机器人大赛Robocon亚军，全国一等奖；2018年也是全国一等奖。

（5）2018年1月，“机器人与人工智能”四川省国际科技合作基地获批。

（6）2018年，该专业教师获四川省第八届高等教育优秀教学成果省级一等奖。

（7）2019年，骆德渊教授获得“四川省教书育人名师”荣誉称号。

（8）2019年，该专业学生获第十八届全国大学生机器人大赛RoboMaster 2019机甲大师全球总决赛季军。

3. 机械设计制造及其自动化专业

（1）2014年，黄洪钟教授团队的一项科技成果荣获国防科学技术进步二等奖（×××可靠性优化设计新理论新方法及应用）。

（2）2014年，该专业教师获教育部第七届教学成果奖、国家级二等奖。

（3）2014年，于亚婷副教授的一项科技成果荣获四川省科技进步二等奖（新型涡流位移检测技术研究与开发应用）。

（4）2015年，黄洪钟教授团队一项科技成果荣获四川省科技进步二等奖（超精密温度控制装置）。

（5）2018年，黄洪钟教授团队一项科技成果荣获教育部高校科研成果科技进步二等奖。

（6）2018年5月，范娜讲师在一区TOP期刊《SMALL》发表论文。

（7）2018年，该专业教师获四川省第八届高等教育优秀教学成果省级一等奖。

（8）2019年，学院作为责任单位与柳州市人民政府共建“电子科技大学广西智能制造产业技术研究院”。

（9）2019年，该专业入选首批国家级一流专业建设点。

（10）2019年，黄洪钟教授入选四川省天府创新领军人才计划。

（11）2019年，第六届全国大学生工程训练综合能力竞赛，获国赛特等奖2项。

（12）2019年，朱顺鹏教授入选Elsevier中国高被引学者榜单。

4. 工业工程专业

（1）2015年11月，2010级本科生姜涛获国际会议最佳学生论文奖。

（2）2015年12月，黄洪钟教授团队获四川省科技进步奖二等奖。

（3）2016年11月，2014级硕士黄山在“创青春”全国大学生创业大赛获中航工业大学生创业计划竞赛机械能源组金奖。

（4）2016年2月、2017年2月和2018年2月，黄洪钟、刘宇教授入选Elsevier中国高被引学者榜单（“安全、风险、可靠性与质量”领域）。

（5）2017年6月，第一届罗格斯ISE“3+2项目”学生陈希获Objective Resilience Student Paper Competition最佳学生论文奖。

（6）2018年10月，刘宇教授获中国运筹学会青年科技奖。

（7）2018年12月，黄洪钟教授团队获教育部自然科学二等奖。

（8）2018年12月，刘宇教授入选首批四川省“天府万人计划”科技精英人才。

（9）2019年，刘宇教授荣获国家自然科学基金优秀青年科学基金项目资助。

5. 电气工程及其自动化专业

（1）1993年7月，电子科技大学机械电子工程学院开设的本科专业电气工程及其自动化首次本科招生。

（2）2005年7月，电子科技大学机械电子工程学院首次招收电力电子与电力传动的硕士研究生。

（3）2010年3月，电气工程及其自动化专业申报四川省本科高校省级特色专业。

（4）2014年5月，“四川省新能源与智能电网自动化技术工程实验室”授牌。

（5）2014年10月，国网四川省电力公司与“电力系统广域测量与控制四川省重点实验室”签订战略合作协议，联合打造人才培养基地和科学研究基地。

（6）2015年7月，“四川省新能源与智能电网实验教学示范中心”授牌。

（7）2016年9月，“四川省智能电网与能源互联网创新服务平台”授牌。

（8）2017年10月，黄琦教授团队荣获“四川省青年科技创新研究团队”称号。

（9）2018年11月，黄琦教授当选IET Fellow。

（10）“电磁传感与电磁传能材料、器件和应用创新研究”荣获2019年度教育部高等学校科学研究优秀成果奖（科学技术）二等奖。

（11）黄琦教授荣获“2019年中国产学研合作创新奖”。

06 光电科学与工程学院

板块一 白话说专业

1 专业名称

电子信息类（光电集成与光网络）

Electronic information （optoelectronic integration and optical network）

按大类招生，该专业（类）包含光电信息科学与工程（国家级特色专业建设点、教育部“卓越工程师教育”培养计划学科专业、国家级一流本科专业建设点、工程教育认证专业），信息工程，光源与照明（四川省一流本科专业建设点）三个专业。

曾勇校长与“光引未来”科研育人班师生合影

2 一句话简介

1. 光电信息科学与工程专业

光、电在手，天下我有。

——光电信息科学与工程专业教授：张尚剑

2. 信息工程专业

寻微探幽，万千信息尽掌控。

——信息工程专业教授：谢光忠

3. 光源与照明专业

光之源，能之效，发光新技术，智慧新照明。

——光源与照明专业教授：饶海波

3 我校开设电子信息类（光电集成与光网络）专业的优势特色

1. 开设光电信息科学与工程专业的优势特色

光电信息科学与工程专业以“光电信息+”为载体，以光、机、电、算一体化为特色，突出光电材料与器件、光通信技术、信息显示技术、光电工程等相互融合的特点，依托光学工程A类学科，入选国家级特色专业建设点、教育部“卓越工程师教育”培养计划学科专业、国家级一流本科专业建设点，通过工程教育专业认证。

——光电科学与工程学院教授：张尚剑

2021年光电设计竞赛获奖队伍合影（全国第一）

2. 开设信息工程专业的优势特色

信息工程专业以信息采集、信息传输及信息处理为主线，覆盖了信息技术的三大支柱技术，依托电子薄膜与集成器件国家重点实验室、光电探测与传感集成技术教育部重点实验室，培养“智能感知+”复合型高素质人才。

——光电科学与工程学院教授、全国优秀老师：蒋亚东

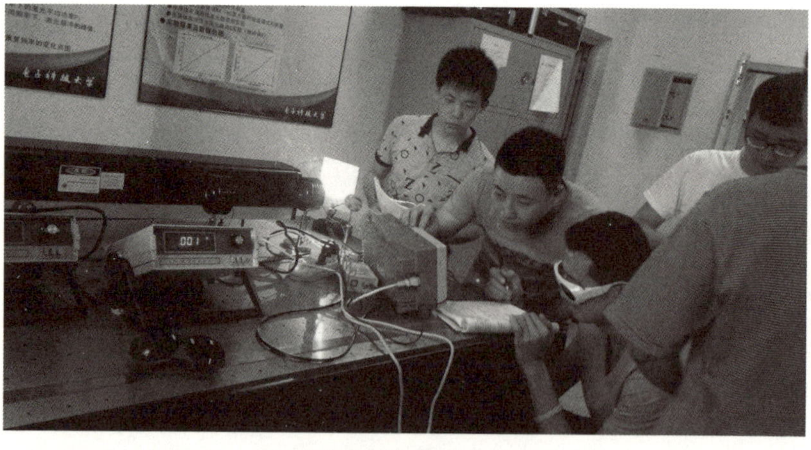

学生在做挑战性实验

3. 开设光源与照明专业优势特色

光源与照明专业以“光电信息+”为载体，直接面向光源新技术及其创新应用，融合光电成像、物联网、光能转换、大数据处理与远程控制、智慧照明等领域的科学研究与工程应用，构建跨学科的专业知识体系，旨在培养智能互联背景下的光源与照明领域集成创新人才。

——光电科学与工程学院教授：饶海波

“菁英班”中科院之行

4 电子信息类（光电集成与光网络）专业学什么

1. 光电信息科学与工程专业学什么

光电信息科学与工程是由光学、光电子、微电子、通信、计算机等多学科交叉结合的专业，涉及光信息的产生、传输、探测以及光电信息的转换、存储、处理与显示等众多的内容，主要应用于宽带接入、移动通信、信息显示、无人驾驶、增强现实、智能制造等重点领域，本科阶段，学生重点学习“应用光学”“量子力学与统计物理”“物理光学”“固体与半导体物理”“光电图像处理”“光电检测技术”“微机原理与嵌入式系统”等核心课程。

——光电科学与工程学院教授：于军胜

“卓工班”挑战性课程

2. 信息工程专业学什么

信息工程专业覆盖了传感器技术、通信技术及计算机技术等信息技术的三大支柱技术，以信息采集的传感器技术为引领，结合信息传输及信息处理技术，培养学生信息采集、信息传输及信息处理等信息工程领域的专业实践能力。信息技术是“物联网+”和“智能感知+”的核心技术，其典型应用成果有自动驾驶系统、车牌自动识别系统、石油管道智能检测系统、倒车雷达、夜视仪、电子眼、智能机器视觉系统等，基于此，学院重点开设“信息导论”“通信原理”“数字信号处理”“通信电路与系统”“信息检测技术”“机器视觉及应用”“无线传感器网络”等核心课程。

——光电科学与工程学院教授、全国优秀老师：蒋亚东

学生操作实验

3. 光源与照明专业学什么

光是人类探索世界的工具，发光是能源技术的重要组成部分。世界电能的20%以上用于照明，发光二极管LED及半导体照明源于半导体光电子技术。LED光源在智能照明、农业光照、光健康、光医疗、可见光通信、可穿戴电子等照明新领域快速拓展，以半导体照明技术为应用背景，学生重点学习“应用光学”“量子力学与统计物理”“物理光学”“固体与半导体物理”“光源与照明驱动技术”“发光材料与发光原理”“光学设计EDA”等核心课程

——光电科学与工程学院教授：饶海波

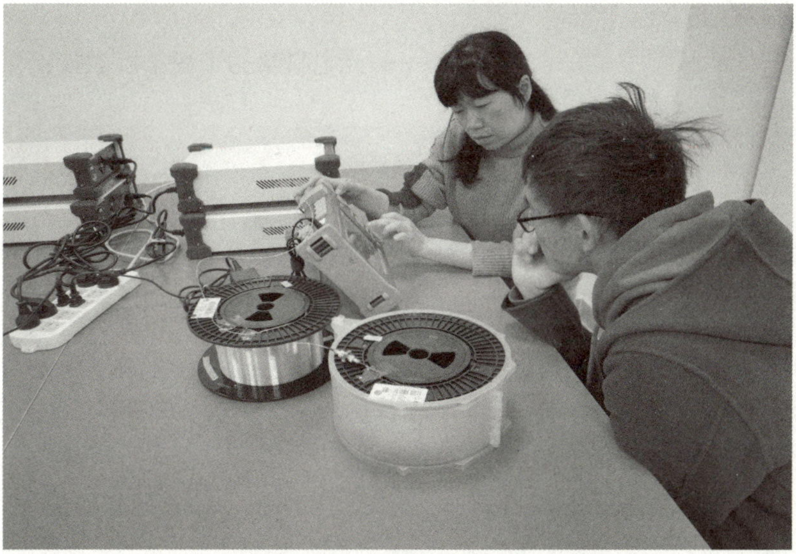

老师指导学生做实验

5 电子信息类（光电集成与光网络）专业能解决社会上哪些问题

1. 光电信息科学与工程专业解决社会上哪些问题

如果说微电子学是现代信息科学的基石，那么在微电子技术蓬勃发展

的今天，如何更好地利用光、电各自的优势来为人类服务，光电子技术的研究走到了前台。由于光子具有电子所不具备的许多特性，在信息获取、信息传输、信息显示等众多领域能够发挥其独特的优势。现代的光学指纹识别已经通过手机、智能门锁走进了千家万户；一根头发丝粗细的光纤就可以传输一亿门电话线路，这是电缆无法比拟的；可折叠的柔性显示屏已经从科幻小说中走进了现实。

在未来，你的手机可能会是透明材料制成的，电脑键盘是激光虚拟的，甚至可以像科幻片里那样在空中用手势操作各种设备……这些梦幻般的技术并不遥远，而实现这些技术离不开光电信息科学与工程专业。有人预言，光电技术将继微电子技术之后再次推动人类科学技术的革命和进步。

——光电科学与工程学院教授：于军胜

光电设计竞赛准备阶段

2. 信息工程专业解决社会上哪些问题

信息工程专业主要解决现代信息社会中信息采集、信息传输及信息处理等信息领域的工程问题，涉及国计民生、国家安全的移动通信、电视、卫星通信、雷达、航空航天测控等方面。

——光电科学与工程学院教授、全国优秀老师：蒋亚东

校企协同育人中科创达周活动

3. 光源与照明专业解决社会上哪些问题

光源与照明不仅点亮我们的生活，因为源于LED技术，具有半导体光电子器件的性能调控与集成优势，现代半导体照明技术应用还涉及智慧城市和智能家居的智能照明、光医疗、植物工厂照明、可见光通信（如比WiFi更快的LiFi）、可穿戴电子等，而且正如半导体技术一样，半导体照明技术始终处在一个持续发展、不断提高的过程中，有大量涉及材料、器件、电源系统集成与控制、照明新理念新应用的研究与突破等待解决。

——光电科学与工程学院教授：饶海波

电子科大——中科创达实训基地授牌

6 电子信息类（光电集成与光网络）专业误区解读

1. 光电信息科学与工程专业误区解读

一提到光学，可能马上会让人想到制造玻璃透镜、光学镀膜、天文望远镜、显微镜等传统光学部件。其实，光电专业研究的领域非常宽阔，既高大上又接地气。可以说现在世界上与人们生活息息相关的很多应用都是由光电技术实现的，如红外、可见光信号探测，人脸、车牌识别，高速的光信号传输，太阳能的光电转换和生活中无处不在的光电显示，以及近年来非常热门的VR和AR技术都跟光电技术息息相关，因此光电技术的紧密结合是光电信息科学与工程专业的显著特点。

——光电科学与工程学院教授：于军胜

师生交流会

2. 信息工程专业误区解读

信息工程很容易让人联想到物联网，其实物联网也确实是信息工程涉及的一个领域，但信息工程比物联网范围更广，是解决信息智能检测、信息传输、信息处理中的关键技术，是电子科学与技术、电气工程、微电子、信息材料及器件、光学工程等学科的交叉融合。

——光电科学与工程学院教授：谢光忠

参加新加坡国立大学交流项目

3. 光源与照明专业误区解读

光源与照明不是“灯泡”专业，现代光源与照明源于半导体（LED）照明技术，解决的是高效节能的LED技术及其应用，是光学工程、电子科学与技术、电气工程以及建筑学、医学、农业生物学的跨学科交叉融合。

——光电科学与工程学院教授：饶海波

中秋团圆会

7 电子信息类（光电集成与光网络）专业学生毕业走向

电子信息类（光电集成与光网络）专业培养具有现代科学意识、理论基础扎实、知识面宽、创新实践能力强，可从事光学工程、光通信、电子学、图像与信息处理等技术领域的科学研究，以及相关领域的产品设计与制造、科技开发与应用、运行管理等工作，能够适应当代信息化社会高速发展需要的人才。

毕业生主要面向互联网企业、通信行业、政府部门等就业，承担IT工程师、产品经理、品质工程师等岗位的工作，大量毕业生发展为企业的技术骨干和管理干部。

该专业毕业生选择继续深造的比例达到了80%以上。其中，约24%的学生选择出国深造，主要高校为哥伦比亚大学、新加坡国立大学、罗格斯大学，等等；约56%的学生选择国内深造，主要高校为清华大学、北京大学、上海交通大学、浙江大学、华中科技大学、电子科技大学，等等。选择就业创业的学生主要去向为中国移动、华为、京东方、华星光电、海康威视等企业。

毕业去向

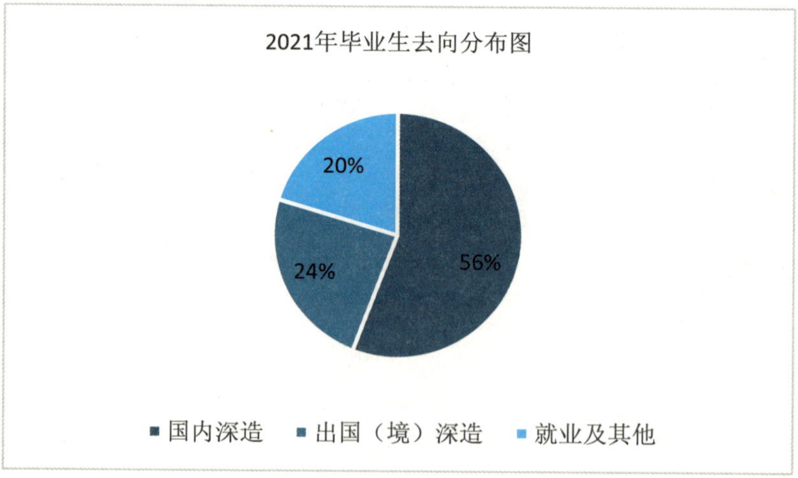

1 国内深造：145人，占比56%

在光电科学与工程学院2021年毕业生中，有136人被世界一流大学建设A类高校录取，有9人被世界一流学科建设高校及科研院所录取。

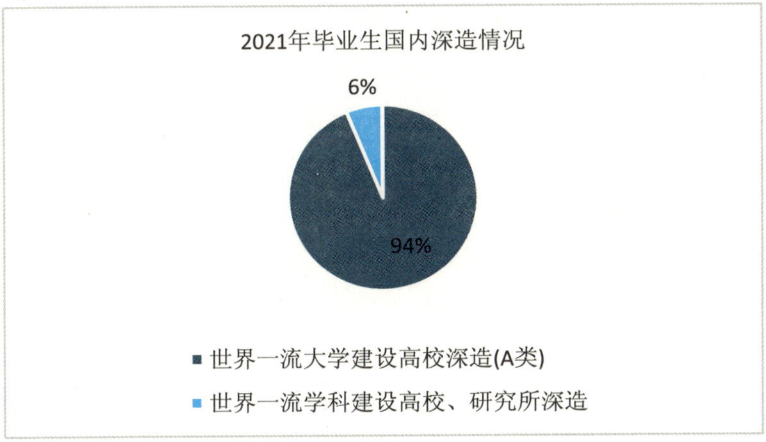

2 出国（境）深造：62人，占比24%

在获得国（境）外知名大学offer的毕业生中，进入QS世界排名1～50大学深造的有31人，QS世界排名51～100大学深造的有12人，其他高校的有19人。

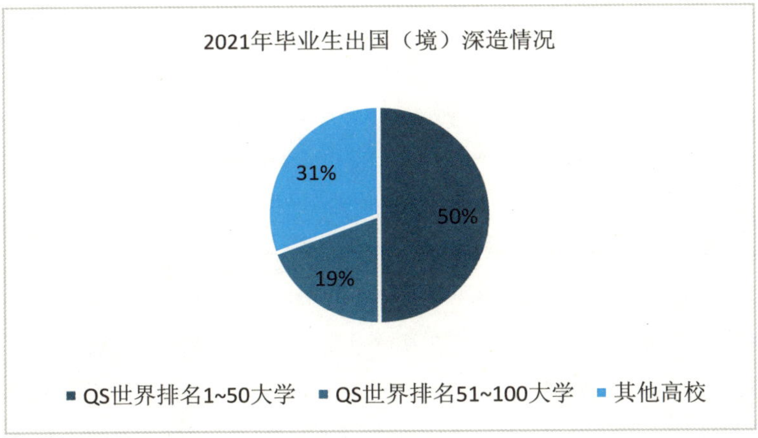

3 就业及其他：53人，占比20%

在就业的毕业生中，3人进入社会保障及管理业，1人进入教育业，1人进入金融业，7人进入制造业，28人进入信息产业。

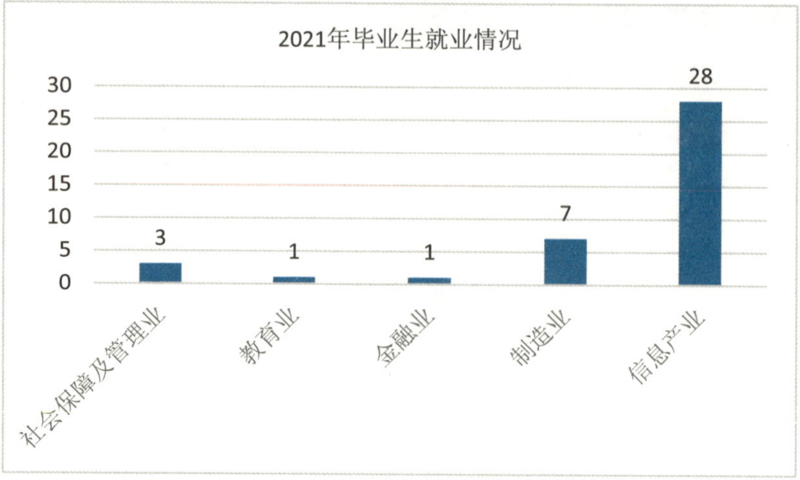

板块二 达人说专业

8 名师说专业

光电学院科研育人班开班典礼——刘爽副院长发言

1. 光电信息科学与工程专业

光电最吸引我的是其可与众多学科的交叉结合及在各领域的应用，是探索未知世界、造福人类的有力武器。如在传统能源对空气污染日益严重的今天，如何提高光电转换效率，开发更高效的太阳能清洁能源；如何利用光电检测技术、光电成像技术实现无人智能驾驶；研究和运用各类光电传感技术实现万物互联、智能家居；研究新型的光电显示技术，研发可卷曲的便携电子显示屏，以及可穿戴的电子设备，等等。所有这些都需要光电与各个学科领域的有机结合，才能实现。

——光电科学与工程学院教授：于军胜

光电结合的光电子技术正极大地改变着我们的生活，并推动科技的进步，这是光电子技术最吸引我的地方。如以光纤通信为骨干的通信网络使得人们可以随时随地进行影像和语音的交流；新型的光电显示技术能够实现可卷曲的便携显示屏，以及可穿戴的电子设备；光学成像及智能处理技术让“刷脸”进行身份识别成为可能；以激光雷达为代表的光电检测技术有望早日实现无人智能驾驶；太阳能发电有望为人们的日常生活提供清洁能源。未来的光电子技术将无处不在，并发挥越来越重要的作用。

——光电科学与工程学院教授：刘永

2. 信息工程专业

信息工程专业是在电子科学与技术专业、传感器技术专业基础上发展起来的一个专业，覆盖了传感器技术、通信技术及计算机技术等信息技术的三大支柱技术。当前80%以上的信息采集用的传感器都是国外进口，所以在信息采集技术方面我国落后于国际水平（部分技术与国际相当），而在信息传输及信息处理技术方面我国水平与国外水平相当。该专业培养“智能感知+”复合型人才。

——光电科学与工程学院教授、全国优秀老师：蒋亚东

蒋亚东院长说专业

3. 光源与照明专业

现代光源与照明立足半导体照明技术，应用拓展到航空、通信、医学、农业等多个领域。2003 年，科技部正式启动“国家半导体照明工程”，经过十多年的迅猛发展（年增长速度超过20%），2018年我国半导体照明行业整体产值已达到7640亿元。当前先进的白光LEDs商业产品已达到150 lm/W，优于任何其他光源，但就其本身的技术潜能而言，仍有进一步提升的空间，其理论极限在325 lm/W以上，涉及的半导体芯片材料、器件、驱动电源、照明新理念以及集成生产技术的大量研发课题有待突破。跨学科的知识集成与融会贯通是专业技术创新的基础。

——光电科学与工程学院教授：饶海波

9 学长说专业

光学工程是将光学理论运用到实际应用的一门工程学科。我校电子信息类（光电集成与光网络）专业主要以光学为核心，同时与信息科学、能源科学、材料科学、空间科学、微电子技术等多学科紧密交叉而又相互渗透，不仅要求我们具备扎实的数学、物理功底，而且着重培养我们的国际视野、原创能力、动手能力以及团队协作能力。依托国家重点实验室/工程中心、省部级实验室等所提供的良好科研平台，我们的科研和实践能力都得到了极大的锻炼与提升，让我们能够切身体会到科学研究与实际应用完美结合的魅力所在。该专业具有较高的技术门槛，是我国未来信息技术发展急需的主流专业之一，因此，该专业就业起步高，发展空间及潜力巨大。

——2015级博士生、成电杰出学生、
“王大珩光学奖-高校学生光学奖”获得者：罗鸿禹
生源地中学：重庆市长寿区长寿中学

光电学科最吸引我的是其可与众多学科交叉结合及在各领域的应用，是探索世界、开拓宇宙的有效手段，是造福于人类的有力武器，如微创治疗和激光刀，等等。

同时，光电技术又和人们的日常生活紧密相关，如相机、照明和显示器，等等。“光”的世界为何如此奇妙？光通信技术改变了世界，光子计算机又会带来怎样的变革？这些都使我对光电技术着迷，让我选择了光电。

光电学院最吸引我的是其良好的学习氛围、丰富的教学资源和雄厚的科研实力，还有那如家般温暖的集体。在这里，你可以听大牛教授、小班授课和学术“大咖”探究前沿科技，与学霸同窗一同奋斗耕耘，与社团达人一同忘我工作；在这里，你不仅可以学到光电的理论和专业知识，还能够动手设计和完成一个实际的光电系统；在这里，你不仅能够通过各种课外活动提升综合能力，还能通过许多社会实践和国际交流项目沉淀心灵、开阔视野。

仰望星空，脚踏实地，光电正是璀璨星空下承载我们理想的沃土，给予我们一个坚实有力的平台，去见世界、逐梦想！

——2015级本科生、保研清华大学：李嘉荣
生源地中学：广东省深圳市深圳中学

10 校友说专业

同学们与老教授交流

光电行业在100年以后还是高科技。我是做智能视觉的，通俗点就是给机器加上眼睛和大脑，是光电伙同应用数学进行跨界“打劫”，这个方向在未来至少10年是黄金期。曾经“火”过的：LED、光纤通信、液晶平板、激光加工；“火”到现在的：光刻、光纤激光、激光雷达、光传感；正在“火”的：3d打印、VR/AR、柔性屏、智能视觉；未来“火”的：光子芯片、超透镜、太赫兹、量子光计算。学光电的从来不用担心没事干，一直都有大浪潮，新东西层出不穷。这个领域集中了那么多的创新，这说明什么呢？说明这个专业非常有趣，就像变魔术一样。如果你没“get”到它的乐趣，说明你眨眼了，走神了，错过了精彩部分。在你40岁之后还能看懂那时最新玩意儿的技术原理，那一定是大学时把基础搞懂了。如果要我总结对光电专业的感悟，那就是：好玩。

——1997级本科生、中科蓝海：谭良

生源地中学：广西壮族自治区北海市北海中学

光电技术是自然科学中最基础，同时也是最前沿的学科。自然界中，从可见到不可见、从有形到无形、从微观到宏观、从已知到未知，都充满了光电不同形式的存在与作用。光电技术是人类在认识自然、探索自然、改变自然过程中创建的最具魅力的学科。现代社会人类的幸福美好生活离不开光电科学与技术的发展和应用。学习该专业，将使同学们对光和电的产生、特性及规律有一个基本的认知，为今后从事光电技术应用研究打好基础。继续学习和研究该专业，将会为同学们未来从事物理、化学、生命科学、信息通信、天文学等许多研究方向铺垫必要的基础知识和方法。更有趣的是，科学家们对微观世界的进一步探究和对浩瀚宇宙未知世界的探索，都依赖于光电科学技术的发展、创新、突破。选择光电技术专业、学好光电技术专业，必将为同学们未来的发展提供更多的选择和空间。

——1979级本科生、兆伏电子创始人：宫龙

生源地中学：安徽省宁国市宁国中学

板块三 数据说专业

（1）光电信息科学与工程专业是国家级一流本科专业建设点、国家级特色专业建设点、教育部“卓越工程师教育”培养计划学科专业、工程教育认证专业，光源与照明专业是省级一流专业建设点。

（2）学院拥有“电子薄膜与集成器件”国家级重点实验室等8个国家级、省部级科研平台，“光电信息技术虚拟仿真实验教学中心”等3个国家级、省部级本科实验教学中心。

（3）学院拥有国家级一流课程2门，国家级精品视频公开课1门，省级一流课程5门。

（4）近三年，学院获国防技术发明二等奖1项，教育部技术发明二等奖1项，四川省技术发明一等奖1项，四川省自然科学三等奖1项。

（5）2018年，学院获第八届高等教育四川省教学成果一等奖、二等奖

各1项。2022年，学院获第九届高等教育四川教学成果一等奖1项。

（6）学院拥有国家级人才22人；省人才计划近40人，全国优秀教师1名，四川省教学名师1名；拥有国家级教学团队1个，省级教学团队1个。

（7）学院本科毕业生深造率保持在80%以上（2020年达82%），居全校前列，其中出国境深造率超过25%，其中50%进入QS世界排名1～50大学。

（8）近三年，本科生发表高水平论文74篇，申请国家发明专利36项，授权发明专利10项，其中本科生金诚以第一作者身份在《Information Fusion》发表论文，IF：12.97。

（9）2021年，学生获第九届全国大学生光电设计竞赛全国一等奖4项、二等奖2项、三等奖1项。一等奖获奖数量位居全国第一。

（10）近三年，学院科研经费创历史新高，达3.39亿元，牵头重大重点项目30余项。

（11）近三年，学院发表SCI论文689篇，申请发明专利584项，授权发明专利347项。

（12）近三年，“显示科学与技术”获评四川省重点实验室优秀，学院新增4个联合研究院。

（13）近三年，出版课程思政、新工科教材10本，发表高水平教研论文37篇。

（14）本科生薛国栋荣获2020年中国大学生自强之星，本科生陈圣坤荣获2020年全国百家心理委员。

板块四 专业焦点

（1）2017年，李世彬教授团队的3篇论文入选2017年ESI高被引论文。

（2）2018年，于军胜教授团队在《今日材料》发表学术论文。

（3）2017年，太惠玲等老师获国家级军队科学技术一等奖。

（4）2017年，王军等老师获教育部技术发明二等奖。

（5）2018年，王军等老师获教育部高校科研优秀成果奖二等奖。

（6）2018年，刘爽等人获第八届高等教育四川省教学成果一等奖。

（7）2018年，李琳等人获第八届高等教育四川省教学成果二等奖。

（8）2018年，蒋亚东团队获四川省技术发明一等奖。

（9）2018年以来，学院获国家级一流课程2门，省级一流课程4门。

（10）2019年，光电信息科学与工程专业入选国家级一流本科专业建设点，通过工程教育认证。

（11）2020年，光源与照明专业入选为四川省级一流专业建设点。

（12）2019年，博士生韩嘉悦在《Advanced Materials》发表内封面文。

（13）2020年，吕坚等老师获得国防技术发明二等奖。

（14）2021年，本科生金诚在《Information Fusion》发表论文，IF：12.97。

（15）本科生薛国栋荣获2020年中国大学生自强之星，本科生陈圣坤荣获2020年全国百家心理委员。

（16）2022年，刘爽等人获第九届高等教育四川省教学成果一等奖。

07 自动化工程学院

板块一 白话说专业

1 专业名称

工科试验班（智能仪器、智能控制）

按大类招生，该专业（类）包含测控技术与仪器（入选国家级一流本科专业建设点、国家级特色专业、入选教育部“卓越工程师教育培养计划”），自动化（入选国家级一流本科专业建设点、四川省特色专业、入选教育部“卓越工程师教育培养计划”）两个专业。学生在大学第二学期进行专业选择。

学生运动会

2 一句话简介

1. 测控技术与仪器专业

打开信息之门，探索未知世界的利器。

2. 自动化专业

解放人类双手，通往智能世界的魅力之门。

——自动化工程学院教授、专业首席：刘震

3 我校开设工科试验班（智能仪器、智能控制）专业的优势和特色

我院学生在第十六届全国大学生智能汽车竞赛中斩获佳绩

1. 测控技术与仪器专业的优势和特色

测控技术与仪器专业是学校创办之初就首批设置的本科专业，我校自动化工程学院是国内测控领域一流的人才培养和科研基地，不仅历史悠久、基础雄厚，而且依托学校在电子信息领域的综合优势，在电子测试技

术、智能精密仪器、新能源系统测控技术等方向形成了显著的学科优势和特色，产生了一批打破国外禁运、具有国际领先水平的重大成果。

——自动化工程学院教授、专业首席：刘震

2. 自动化专业的优势和特色

自动化专业依托学校在电子信息领域的综合优势，以新工科建设为背景，将人工智能技术综合应用于新能源系统控制、机器视觉与模式识别等方向，在多学科交叉、跨行业控制系统分析和设计等方面形成了显著的优势和特色。以助力残奥会的外骨骼机器人为代表的一批优秀科研成果，多次被央视报道，在社会上形成了很大的反响。

——自动化工程学院副教授：李文江

科研竞赛经验分享会

4 工科试验班（智能仪器、智能控制）专业学什么

1. 测控技术与仪器专业学什么

测控技术与仪器专业涉及的核心技术有两个方面：一是“测控”，二是“仪器”，即以“仪器”为手段，以“测量与控制”为目的的一项技术。学生主要学习信息获取与处理、系统控制相关的专业知识，包括电子

测量、信息检测、智能仪器、自动控制、传感技术、电力电子等内容。该专业既具有电子测量与控制方面的专业知识和技能，又有信息技术和自动化的基础知识和基本技能，专业面广，适应性强，是理、工、文、管多学科交叉的宽口径工科专业。

——自动化工程学院教授、专业首席：刘震

2. 自动化专业学什么

自动化专业是以自动控制理论为基础，以电子技术、计算机信息技术、传感器与检测技术等为主要技术手段，利用各种自动化装置分析和设计各类控制系统，为人类生产、生活服务的一门专业。我校的自动化专业与人工智能技术深度融合，在智能机器人、无人机自主导航、无人车自动驾驶、新能源控制系统、医学影像的智能识别等方面取得的一大批丰硕成果正悄悄地改变着我们的生活。

——自动化工程学院副教授：李文江

5 工科试验班（智能仪器、智能控制）专业能解决社会上哪些问题

1. 测控技术与仪器专业能解决社会上哪些问题

“没有测量，就没有科学”，测控技术是现代科学发展的助推器，也是打开信息之门，探索未知世界的一把利器。小到微观世界的物质结构观测，大到火箭、卫星的发射及监控，人类社会到处充满了测控技术与仪器的身影。如卫星或飞船等空间探测器的远距离遥控、飞机的“自动导航”，以及对于宇宙“黑洞”的探测，等等，均离不开测控技术与仪器。测控技术的诞生，帮助人类完成了许多无法完成的事情，并不断推动着人类对未知世界的认识。

——自动化工程学院教授、专业首席：刘震

暑期社会实践结业典礼

2. 自动化专业能解决社会上哪些问题

自动化的一个重要社会功能是促进机器（智能装备）替代人的工作。智能装备能克服人的局限性即生理阈值。如智能装备完成作业的一致性与重复性要高于人，使产品质量大幅提高；人的视觉、手无法完成高精确动作，而集成电路制作必须采用高精尖的智能装备；人无法在窄小空间中作业，而各种管道内的检修需要各种管道机器人；人无法承受高温、高压、深水、核等环境下的工作，而各种智能化设备或机器人则可以承受，等等。这都是我们自动化专业可以去做的事情。

——自动化工程学院副教授：郑宏

竞赛指导

6 工科试验班（智能仪器、智能控制）专业误区解读

1. 测控技术与仪器专业误区解读

许多人认为测控技术就是用复杂的几何丈量工具或机械类工具、仪器等进行的枯燥的测量，其实这是一种误解。实际上，测控技术与仪器专业涉及了国防及民用领域多种高、精、尖技术，已成为“机（机械）、光（光学）、电（电子）、算（计算机）、信（通信）、智（人工智能）”等多学科相互渗透的一门高新技术密集型综合专业，知识面涵盖了计算机、电子、通信、机械这几大工科领域，因此，毕业生不仅可以进入电力、铁道、化工、航空、航天等传统领域，从事相关技术工作，还可以进入智能化仪器、新能源汽车、智能电网等新兴领域相关的科研院所，从事科学研究、技术开发、技术支持、项目管理等工作，成为本领域宽口径高素质精英人才。

——自动化工程学院教授、专业首席：刘震

2. 自动化专业误区解读

有人说，自动化专业就是一个“万金油”专业，什么都学点，什么都不精。它是“万金油”专业，但它却支撑起了整个现代化的世界。正是它的“强（电）弱（电）并重、软（件）硬（件）兼施、控（制）管（理）结合”，才使得人们能够充分利用现有的设备与技术，去感知人所能够感知和不能感知的世界，去处理人所能够处理和不能处理的信息，去完成人所能够完成和不能完成的工作，去预测人所能够预测和不能预测的部分未来事物。

——自动化工程学院副教授：郑宏

7 工科试验班（智能仪器、智能控制）专业学生毕业走向

该专业（类）毕业生攻读硕士研究生及出国（境）深造比例较高，其余毕业生会选择进入测控系统、智能仪器、机器人、人工智能、导航制导、自动化环境监控、电力系统分析与控制等领域相关的科研院所等，从

事科学研究、技术开发、技术支持、项目管理等工作，进而成为本领域的高级技术精英人才。

“教授沙龙”——“激光超声在材料检测中的应用”交流会

1. 测控技术与仪器专业学生毕业走向

测控技术与仪器专业2021届本科毕业生110人，其中75人继续深造，深造率68.2%。出国（境）深造人数25人，出国（境）深造率22.7%，包括英国伯明翰大学、华盛顿大学、中国香港科技大学等世界一流大学；去往985高校深造的人数为36人，占深造总人数的48%，包括北京大学、复旦大学、浙江大学等国内著名高校，其中多名同学选择了直接攻读博士学位；就业人数35人，就业率100%。

2. 自动化专业学生毕业走向

自动化专业2021届本科毕业生164人，其中133人继续深造，深造率81.1%。出国（境）深造人数25人，出国（境）深造率15.2%，包括波士顿大学、新加坡国立大学、中国香港大学等多所QS前50著名高校；去往985高校深造的人数为86人，占深造总人数的64.7%，包括清华大学、北京大学、浙江大学等C9高校；就业人数30人，就业率96.8%，就业单位包括华为、小米、中兴等行业顶级公司，大部分同学斩获高薪offer。

参加法国合作院校交流营

板块二 达人说专业

8 教授寄语

1. 测控技术与仪器专业

“工欲善其事，必先利其器。”在人类进化和社会发展的历史长河中，仪器是直接扩展人类感知、操作能力的工具，为人类认识世界和改造世界，建立和发展科学研究、扩展生产规模创造了有利条件。我国著名科学家钱学森明确指出：发展高新技术，信息技术是关键，信息技术包括测量技术、计算机技术和通信技术，测量技术是关键和基础。

进入21世纪以来，随着计算机网络技术、软件技术、微纳米技术的发展，测量技术与测量仪器出现了智能化、虚拟化、远程化和微型化的发展趋势。作为测量和测试技术集中体现的测控技术与仪器专业，是研究信息的获取和预处理，以及对相关要素进行控制的理论与技术；是集光、机、电、自动控制技术、计算机技术与信息技术多学科相互融合和渗透而形成的一门高新技术密集型综合专业，在当今我国国民经济和科学技术发展中的作用日益明显。

本专业秉承“求实、求真，大气、大为”的成电精神，旨在为国家和民族培养基础知识厚、专业能力强、综合素质高，具备“电（电子）、机（机械）、光（光学）、算（计算机）”等多学科交叉融合、知识综合与集成创新能力，具有家国情怀和全球素养的创新型精英人才。

——自动化工程学院研究员、博士生导师、
教学副院长：刘科

“攀登计划”开班典礼

2. 自动化专业

自动化专业是集控制科学、计算机与检测技术、电子与信息工程为一体的综合性学科专业，以控制论、系统论、信息论为基础，研究控制的理论、方法、技术及其工程应用，是部件与系统集成技术创新的支撑与基础学科。学科核心课程和系统建模—分析—设计—论证的科研实践能培养学生的创新意识与科学的系统思维方法，拓展学生的视野，使学生多维度了解事物的本质及多层次相互耦合关系。

自动化技术已经深入人们的衣食住行，从复杂的工业化全自动生产到智能驾驶、从人脸识别到无人商场运营，控制理论与技术的成功应用，极大地提高了社会生产效率与产品质量，降低了能源与原材料消耗，时刻在改善我们的生活水平。随着以智能制造为主导的第四次工业革命以及信息时代的到来，各行业对具有“控制与管理结合、强电与弱电并重，软件与硬件兼施”多学科交叉的自动化毕业生有着强大的社会需求。毕业学生既可以选择在高科技公司、科研院所、金融系统、政府管理部门、国民经济骨干企业从事科学研究、技术开发、教学与管理、工程设计，也可以继续在国内外学习深造、自主创业，为国家创新发展贡献自己的力量。

——自动化工程学院教授、博士生导师、自动化领域专家：汤浩

中国工程院院士柴天佑一行来院指导

9 学长感悟

1. 测控技术与仪器专业

著名科学家门捷列夫说过：科学是从测量开始的。作为测量和测试技术集中体现的仪器科学和技术学科，其在当今信息科学技术发展中的作用日益明显。在仪器专业学习中，我们得到了全面和扎实的理论基础学习，

同时大量的项目开发经历对我们的创造力、团队合作能力以及解决问题的能力都有了良好的训练。无论将来去公司发展，还是继续从事科研工作，我坚信每一位仪器学子都会感恩自己的仪器学习生涯！

——自动化工程学院、2016级博士生、国家奖学金获得者：李浩
生源地中学：山西省吕梁市文水县文水中学

俄国作家别林斯基曾说：人的生活像广阔的海洋一样深，在它未经丈量的深度中，保存着无数的奇迹。在我看来，科学中的未知也如深海一般，而用测量来发现科学中的未知是最美妙的奇迹！作为测控专业的学子，走在科学的前沿，不断攻克难关、精益求精、奋勇创新是我们义不容辞的责任。在本科学习中，老师们组成教学精英团队，尽职尽责、尽心尽力，紧随学科建设的步伐，在所承担科学研究的相互促进下，对“电子测量”等基础课程不断改进，取得丰硕成果，培养了我们扎实的专业基础与对学科的浓厚兴趣。在未来，测控技术与仪器专业必将迎来更多的机遇、更大的挑战与更广阔的发展！

——自动化工程学院、2015级本科生、保送清华大学：叶惠民
生源地中学：安徽省合肥市第八中学

2. 自动化专业

控制科学与工程是研究控制的理论、方法、技术及其工程应用的学科。控制科学与工程专业旨在培养学生具有较强的控制工程基础理论知识，具有较好的工程技术基本素质和综合能力。作为博士生，研究是我们主要的工作，想要取得满意的结果，我们所要做的就是倍加努力，汲取现有的知识，在新的领域开拓新的研究道路，积极探索，永不止步。

——自动化工程学院、2015级博士生、国家奖学金获得者：武艳芝
生源地中学：山西省吕梁市临县一中

作为支撑起整个现代化世界的自动化专业，是多学科交叉的宽口径工科专业，综合性非常强，核心知识是自动控制原理，同时以电子技术、传感技术、计算机为主要工具，面向各个部门、各个行业、各个领域。在自

动化专业学习中，我们获得了扎实的控制学科理论基础，同时有许多面向自动化专业的科研竞赛向我们敞开怀抱，如飞思卡尔智能车竞赛，不仅能让我们了解专业最新前沿发展，还能极大锻炼我们的创新、团队协作以及工程实践能力。“格物致知，宁静致远”，我相信，自动化专业四年学习之旅让每位自动化学子都受益匪浅。

——自动化工程学院2015级本科生、第十三届全国大学生智能汽车竞赛、信标对抗组全国第二名获得者：朱航

生源地中学：四川省绵阳市南山中学

我院学子篮球赛荣获冠军

10 校友感言

1. 测控技术与仪器专业

测控技术与仪器专业属于国家级本科一流专业建设点，具有充分的师资和教学资源。本科在读期间，首先在专业课程设置上，学院根据同学们的发展需求与综合能力设定培养计划，充分将理论与实践融合起来，让我们能在实际操作过程中掌握科学知识、提高实践能力；其次在科研资源投入上，学院也尽可能地给同学们提供丰富的科研机会，设立“院雄鹰班”，开展“实验室开放日”活动，使我们能够从本科开始近距离地接触科研、了解科研、参与科研，与此同时，我们也能在课堂上使用到最先进

的仪器仪表，开展实验研究，获取最快、最新的实验数据。此外，学院还为同学们提供了众多的竞赛参与机会，如恩智浦智能汽车竞赛，该比赛是以智能汽车为竞赛平台的多学科交叉的创意性科技竞赛，竞赛以“立足培养，重在参与，鼓励探索，追求卓越”为指导思想，充分提升同学们的创新创业能力。在就业方面，我们大部分同学均能斩获若干满意的求职offer，既有投身国家科学研究的，也有前往信息行业就业的同学，就业方向丰富，有很好的就业发展前景。

——测控技术与仪器专业2015级本科生、
成电杰出学生、保送清华大学：赖宜贵
生源地中学：福建省龙岩第一中学

学生智能车竞赛

2. 自动化专业

很多自动化专业的学生毕业之后进入机器人和智能硬件领域。这几年我们看到大疆的无人机已经很好地实现智能化飞行，谷歌的自动驾驶出行服务已经在局部范围内进行试运营，波士顿动力的Atlas机器人一个漂亮的后空翻让多数业内人士为之惊叹，AR/VR技术也在定义新的人机交互方式。在有生之年能够进入一个处于上升期的行业是非常幸运的事情。自动化是一个软硬件结合很强的专业，不仅会学习模拟/数字电路、数字EDA等硬件课程，也会学习编程、控制与信号处理等软件算法的课程，使得自动化专业出身的同学在相关领域具备很强的综合能力。观察周围自动化专业出身并且积极参与科技竞赛的同学和朋友，目前很多都活跃在大公司或独角兽企业，从事无人机、自动驾驶以及AR/VR技术研发。

——自动化专业2011级本科生、主任工程师（算法研究）、
就职于上海市蔚来汽车有限公司：游振兴
生源地中学：河南省周口市太康县第一高级中学

板块三 数据说专业

（1）2019年，学院获批国家级一流专业建设点2个（测控技术与仪器、自动化），实现专业100%全覆盖。

（2）2019年，全日制硕士生为A类一流大学或A类学科的占比为63.14%（全校前三）。

（3）2019年，学院获批教育部工程研究中心1个（全校唯一），获批省发改委工程研究中心1个。

（4）2019年，学院获批自然科学基金项目13项（重点1项，面上7项），立项数位居全校前列，资助经费近千万。

（5）2020年，学院入选四川省首批“三全育人”综合改革试点院（全校唯一）。

（6）2020年，学院获校“三全育人”工作优秀单位称号（全校2个）。

（7）2020年，本科毕业生连续3年深造率超过75%（全校3个）。

（8）2020年，获“西门子杯”中国智能制造挑战赛国家级特等奖1个（全校首次），大学生数学建模全国竞赛一等奖2项（全校4项），大学生智能汽车全国竞赛一等奖4项（历史最佳）。

（9）2020年，学院获省级“课程思政”示范专业（全校唯一），首批省级“课程思政”示范课1门（全校5门）。

（10）2020年，年度科研经费到款1.33亿元，再创新高，测控技术与仪器团队年度科研经费到款金额位居全校团队第一。

（11）2020年，学院新增国家重大/重点项目18项，含自然科学基金重大仪器专项、重点基金各1项。

（12）2020年，学院新增“2**”GF重大工程项目27项（合同经费1.6亿），在全国承研单位中排名第二，高校排名第一。

（13）2020年，学院获教育部高等学校科学研究优秀成果奖一等奖1项。

（14）2020年，学院在《IEEE》会刊、《仪器仪表学报》等高水平期刊发表论文172篇，二区及以上占比56.4%；

（15）2021年6月，中国工程教育专业认证协会发布“关于公布305个专业认证结论的通知”，我院自动化专业通过工程认证，这标志着我院测控技术与仪器、自动化这2个专业均已通过教育部工程教育专业认证，实现专业100%全覆盖。

板块四 专业焦点

1. 测控技术与仪器专业

（1）2018年6月，学院“立足拔尖创新人才培养，构建适应测控技术与仪器专业核心课程群建设的研究型教学模式”等9个项目获批2018年高等学校仪器类专业新工科建设项目。

（2）2018年8月，叶芃教授入选四川省学术和技术带头人。

（3）2018年11月，研究生苏世熙团队的“高精度与超稳定农业智慧云系统”项目获得“创青春”国赛金奖。

（4）2019年1月，“基于电磁辐射场成像的***检测方法与装置”（程玉华、叶芃、王厚军、田书林、刘震、黄建国）荣获国家技术发明二等奖。

（5）2019年11月，程玉华教授入选2019年四川省“天府万人计划”天府创新领军人才项目。

（6）2019年12月，“测控技术与仪器”专业入选国家级一流本科专业建设点。

（7）2020年1月，学院“电子测量原理”课程获得2019年高等学校省级“课程思政”示范课程。

（8）2020年6月，教育部高等教育教学评估中心公布2019年度工程教育认证专业通过名单，学院测控技术与仪器专业获得通过，有条件6年。

（9）2020年7月，学院叶芃教授被授予“有突出贡献中青年专家”荣誉称号。

（10）2020年7月，学院仪器科学学科跻身2020年软科世界一流学科排名全球前100名，位列第19位。

（11）2020年12月，中国仪器仪表学会实验室仪器分会换届会议在江苏召开，学院童玲教授当选新一届实验室仪器分会副理事长，程玉华与刘科当选分会理事，刘科同时当选中国仪器仪表学会教育工作委员会第六届委员会委员。

（12）2020年12月，“******综合测试技术与应用”（王厚军、田雨、蒋俊、郭连平、刘科、谭峰）荣获高等学校科学研究优秀成果奖（科学技术）技术发明奖一等奖。

（13）2021年4月，学院入选“CJ学者”特聘教授1名。

2. 自动化专业

（1）2017年7月，“自动控制原理”课程获批四川省精品在线开放课程。

（2）2018年1月，姜书艳教授负责的“数字逻辑设计及应用”课程获批国家精品在线开放课程。

（3）2018年8月，程洪教授团队的外骨骼机器人亮相央视《机智过人》节目。

（4）2018年8月，汤浩教授入选四川省学术和技术带头人，邹见效、程洪2位教授获得四川省有突出贡献优秀专家称号。

（5）2018年9月，汤浩教授获得四川省政府颁发的“天府友谊奖”（该奖项是四川省对做出杰出贡献的外籍专家的最高荣誉奖励，2018年共5人获得）。

（6）2019年4月，陈东义教授受聘担任香山科学会议执行主席。

（7）2019年11月，邹见效教授入选2019年四川省“天府万人计划”天府科技精英项目。

（8）2019年12月，“自动化”专业入选国家级一流本科专业建设点。

（9）2019年12月，学院汤浩教授入选成都市“蓉漂计划”。

（10）2019年12月，学院获得我国自动化领域重要学术会议-技术过程的故障诊断与安全性学术会议（CAA）2021年主办权。

（11）2020年6月，教育部高等教育司关于2019年第二批产学合作协同育人项目立项名单，学院“‘人工智能应用及思考’核心通识课程建设”的3个项目获批立项。

（12）2020年7月，学院控制学科跻身2020年软科世界一流学科排名全球前100名，位列前75位。

（13）2020年8月，2020年CIMC“西门子杯”中国智能制造挑战赛全国决赛斩获国家级特等奖1个和一等奖1个。

（14）2021年6月，中国工程教育专业认证协会发布“关于公布305个专业认证结论的通知”，我院自动化专业通过工程认证，有条件6年。

（15）2021年8月，我院学子斩获2021年全国大学生冰壶人工智能挑战赛冠军。

08 资源与环境学院

板块一 白话说专业

1 专业名称

工科试验班（电子信息与地球科学复合培养）

按大类招生，该专业（类）包含地球信息科学与技术（以下简称地信）、遥感科学与技术（以下简称遥感）2个专业。

2 一句话简介

1. 地球信息科学与技术

感受电子信息技术探索地球未知世界的魅力。

2. 遥感科学与技术

卫星互联网时代的信息感知科学。

——国家青年人才、资源与环境学院教授：于瀚雯

3 我校开设工科试验班（电子信息与地球科学复合培养）专业的优势和特色

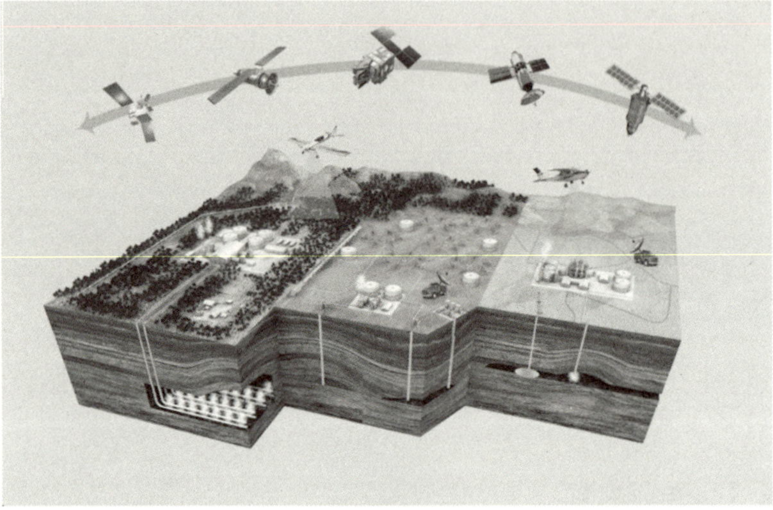

对地观测系统

1. 开设地球信息科学与技术专业的优势和特色

现如今电子信息对地球科学及其相关行业发展的支撑作用越来越大，具有不可替代性，地球信息科学与技术深度融合电子信息技术和地球科学相关理论基础，培养学生在地球科学领域从事电子信息、系统设计、信息处理和软硬件开发的能力，重点培养学生解决电子信息+地球科学交叉融合问题的能力，提高学生的跨学科综合素质与工程技术专业技能。

——资源与环境学院教授：胡光岷

2. 遥感科学与技术专业的优势和特色

遥感科学与技术，是测绘科学、空间科学、电子信息、计算机等学科交叉渗透、相互融合的基础上发展起来的一门新兴交叉学科，已成为世界强国战略必争的综合性高新技术领域。该学科在现代国防、数字地球、数字中国、智慧城市等国家重大需求中均伴扮演着无以伦比的角色。作为“中国电子信息排头兵”，我校遥感科学与技术专业将充分发挥我校电子信息优势学科群的辐射作用，结合我院遥感学科良好的科学研究能力和学科影响力（2021软科世界一流学科排名中，我校遥感技术位列全球38位），突出遥感遥测与电子信息交叉融合特色。

——资源与环境学院教授：许文波

4 工科试验班(电子信息与地球科学复合培养)专业学什么

我院学子获第五届"互联网+"中国大学生创新创业大赛全国银奖

1. 地球信息科学与技术专业学什么

地球信息科学与技术就是学习如何利用电子与通信、智能信息处理、大数据分析与可视化、人工智能等技术和方法解决地球科学领域相关问题（如资源勘探与开发、自然灾害监测、环境保护和治理，等等）。学习的内容可涵盖地球科学的各个领域，掌握的技术包括智能信息采集、传输和处理等诸多方法技术。本专业学习的内容以"电子信息+地球科学"跨学科课程体系为支撑，其内涵丰富、特色鲜明，符合资源环境领域需求的电子信息拔尖创新人才的培养要求。

——资源与环境学院教授：赵青

2. 遥感科学与技术专业学什么

遥感科学与技术属于新兴交叉学科专业，它基于物理学的原理，数学的方法，电子信息、计算机和测绘的手段，以及信息科学和地学的分析，解决"天空地一体化"遥感信息获取-处理-分析-应用的科学理论和实际应用问题，满足国防、IT、智慧城市、国土资源、自然灾害等国家重大领域对遥感专业人才的迫切需求。该专业系统培养学生具有遥感科学、电子信息等基础理论知识，具备运用现代信息技术（卫星遥感技术、电子与通信技术、智能信息处理技术等）进行空间信息获取、处理、分析和解决复杂工程问题的能力。

——资源与环境学院教授：何彬彬

5 工科试验班（电子信息与地球科学复合培养）专业能解决社会上哪些问题

中科院黑河遥感试验站生产实习合影留念

1. 地球信息科学与技术专业能解决社会上哪些问题

该专业跟社会生活各个方面都密切关联，以国家油气战略、“一带一路”倡议、国防重大需求和应急管理为机遇，聚焦资源环境领域的主流问题，探索创新电子信息手段，服务国家重大战略需求，具有很强的产业和应用背景，如石油、天然气勘探和开发，地质矿产资源勘察，滑坡、塌方、泥石流等地质灾害预测，水利、交通和建筑工程等重大工程建设的前期勘测和后期监测，地下文物考古调查，国防定位与侦查，通信领域信号处理等都需要本专业做技术支撑。

——资源与环境学院教授：余刚

2. 遥感科学与技术专业能解决社会上哪些问题

从19世纪摄影的诞生、第二次世界大战时期航空遥感体系的建立，到20世纪中后期卫星遥感的大力发展，再到“手机-传感网-无人机-飞机-空间站-卫星”等遥感平台日新月异的蓬勃发展，遥感一直展现出强大的能力和良好的前景。当前经济社会高速发展，具有远距离、不接触、全方位感知信息优势和与大数据、人工智能伴生特点的遥感，比以往任何时候都凸显宝贵价值。例如，在太空探索中，遥感可以对地外行星进行前期探测，为人类着陆地外行星提供数据和信息支撑，辅助着陆器的路径规划；不同轨道的遥感卫星可以对地球进行全方位、立体、不间断的监测，从太空掌握不同国家的情况，做到“知己知彼”，增强国防能力，服务国家战略；面向重大灾害，遥感可以开展预警、监测、评估和应急，为政府提供决策支持，保障人民生命财产安全。遥感也早已“飞入寻常百姓家”：智慧城市、公安边防、珍稀动物保护追踪、电力巡线、农业保险、出行导航、土地确权等，无一能离开遥感。如何实现遥感信息的采集、传输和分析应用，这正是本专业要着重学习的知识和技能。

——国家青年人才、资源与环境学院教授：周纪

6 工科试验班（电子信息与地球科学复合培养）专业误区解读

中国青年遥感辩论赛

1. 地球信息科学与技术专业误区解读

很多的家长认为与地球相关的专业都要常去野外考察，跋山涉水，翻山越岭，不仅艰辛，还会很危险。而我们培养的学生是在地球科学领域从事电子信息技术的创新人才，现在很多信息采集都是通过高精度的电子仪器（卫星、航空器、无人机，等等）自动获取，并通过物联网技术、无线传输技术等传输到处理和分析中心，大部分工作都是在室内完成的。即使需要野外考察，其工作状况也比“驴友”轻松，并且在学习和工作之余还能领略当地的风土人情，欣赏自然美景。

——资源与环境学院教授：王华

2. 遥感科学与技术专业误区解读

有人认为遥感科学与技术就是利用遥感数据（图像）开展农业、林业、国土等资源调查或灾害、环境监测。其实，这只是遥感应用的一小部分。遥感科学与技术包括遥感信息的获取（采集、传输），处理（分析）和应用。其中，遥感信息的获取涉及遥感器的设计与研制、遥感信息的无线通信传输等，遥感信息处理（分析）又包括信号处理、目标识别、信息挖掘等。同时，遥感在现代国防、智慧城市、IT等领域均有非常广阔的应用。在国防，遥感就是敌我侦察的利器；在智慧城市领域，遥感是获取城市多维信息的主要手段；在IT领域，如智能驾驶，遥感已成为（无人）驾驶汽车的“眼睛”；此外，遥感还可以应用在保险等国民经济的各个行业。遥感科学与技术是教育部新设的为数不多的交叉学科之一，支撑了中国高分辨率对地观测系统、地球大数据、实景三维中国建设等国家重大建设项目，具有非常好的发展前景。我校遥感科学与技术专业以“电子信息+”为特色，研究方向齐全，具有雄厚的师资力量。著名的“布鞋”院士李小文教授就是我校遥感科学与技术学科的奠基人。

——资源与环境学院教授：李世华

7 工科试验班（电子信息与地球科学复合培养）专业学生毕业走向

1. 地球信息科学与技术专业学生毕业走向

该专业的行业背景宽广，毕业生主要在国内外继续攻读地球科学相关学科和电子信息领域部分学科的硕士/博士学位。工作内容主要是在地球科学领域从事电子信息相关的科学研究、工程设计或管理工作，以及从事电子信息与地球科学交叉的相关工作。职业的种类既有从事“电子信息+地球科学”领域的理论和方法研究的科学家，也有从事相关信息采集、处理和分析的工程师，还有在交叉领域从事高科技企业的创业者。就业的方向包括四大类型：一是大型国有企业，如中石油、中石化、中海油等涉及自然资源勘探与开发的企业；二是政府部门，如自然资源部、地质调查局、海洋局、应急管理部，以及交通、水利、国防等部门；三是与信息通信、IT相关的企业，如移动、联通和电信等与信息平台有关的通信公司，以及百度、阿里巴巴、腾讯等与IT有关的公司；四是在科研院所和高等学校从事教学与科研。

2. 遥感科学与技术专业毕业走向

本专业毕业生可到航天航空、国防、互联网、国土资源、城市规划、测绘等领域从事科研、工程技术及管理工作。同时，多数毕业生考取了遥感科学与技术、信号与信息处理、电子科学与技术、计算机科学与技术等专业的国内外名校的研究生，继续深造。

——资源与环境学院副教授：杨桃丽

毕业去向

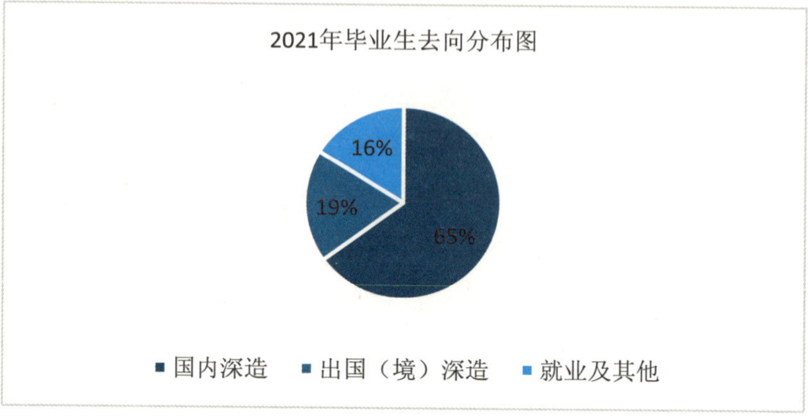

① 国内深造：48人，占比65%

在资源与环境学院2021年毕业生中，有98%的人被世界一流大学建设高校A类录取。

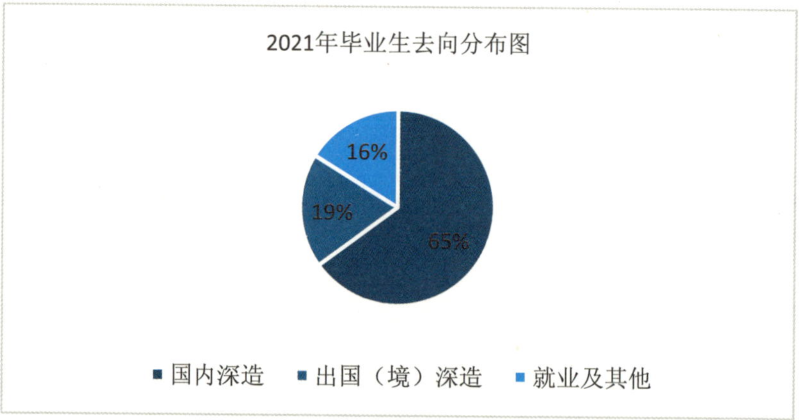

② 出国（境）深造：14人，占比19%

在国（境）外知名大学offer的毕业生中，进入QS世界排名1～100大学深造10人，QS世界排名101～200大学深造4人。

学生选择留学的国家主要是新加坡、日本和美国，去过一年里，主要是新加坡国立大学、南洋理工大学、东京大学和马里兰大学等知名学校。

3 就业及其他：12人，占比16%

在就业的毕业生中，90%的同学选择进入信息产业，10%的同学选择进入制造业。

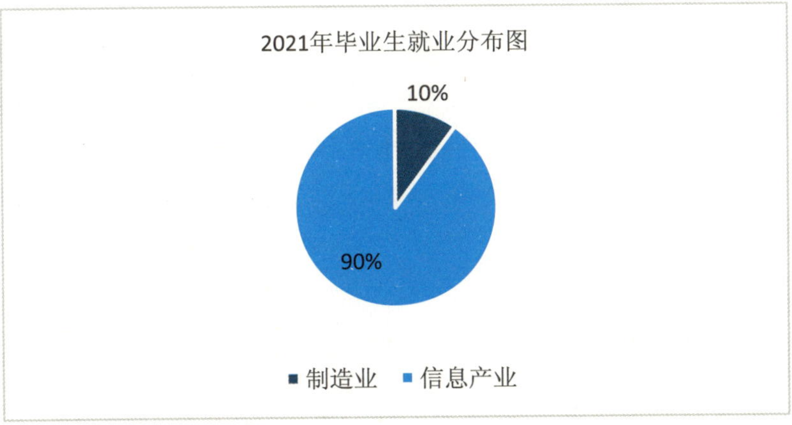

板块二 达人说专业

8 教授寄语

1. 地球信息科学与技术专业

地信专业的学生既要学习先进的对地观测技术——用卫星遥感技术从太空看地球表面，也要学习用地震仪、探地雷达、电法仪、磁法仪等技术看地球内部，获取一系列地球内外观测数据和信号。将这些数据整合起来，学习用先进的数据处理技术——大数据技术、人工智能技术进行分析整合，既能获取地球的“外在”，又能认清地球的“内在”。地信专业强调将人工智能、电子电路等信息技术应用于解决地学问题，提高人类对地球资源与环境的认识水平，获取更多的资源，供人类生存和发展。与其他院校的同类专业相比，我们更强调与电子信息科学与地球科学的融合。加入地信专业，你能修炼发现地下宝藏的“分金定学术”，也能探测星空的“千里眼”，同时你还能修炼“电子信息”这个“北冥神功”。拥有此等神功，可使你纵横江湖，所向披靡，快来我们这修炼吧！

——资源与环境学院教授：陈怀新

2. 遥感科学与技术专业

随着计算机、网络、电子和航天科技的不断发展，遥感进入一个能快速提供多种对地观测动态海量数据的新阶段及交叉应用研究日益广泛的新领域，成为人类认知地球家园的不可或缺的核心科学与技术。国防、航空航天、国土、智慧城市、IT等领域急需该方面的复合型科技人才。

与其他院校的类似专业相比，我校更强调与电子信息科学的融合，即你将具备遥感专业的理论基础和技能，同时拥有电子信息、通信、计算机和人工智能专业的优势。加入我校的你，更具有发展“钱图”。“Z”（是英文最后一个字母）是本周期的“沉淀（成电）”。希望“Z 世代”的你“玩”遥感到“Next Level”。

——国家级特聘专家、资源与环境学院教授：王勇

9 学长感悟

1. 地球信息科学与技术专业

初入电子科技大学资源与环境学院，我充满了对大学生活的迷茫、对自己方向的摇摆，但学校和学院为我们提供了无限的机会：学术讲座、科研训练、竞赛培训，更重要的是成电充满了一群优秀并不断追求卓越的同学，拥有浓郁的学风。胡光岷院长曾说过，每个人在大学会做出不同的选择，但最不能做出的选择就是停止努力。而成电正是一所能不断推动你、督促你变得优秀的学校，成电的校训“求实求真、大气大为”则最好地诠释了这所大学的朴实和伟大。在大学几近过半时，我也对自己的方向有了更为明确的认识，未来希望能在信息地学领域有所贡献，同时也希望学弟学妹能在成电变得优秀，找到自己的方向。

——2017级本科生：胡浩炀

生源地中学：河南省郑州市郑州外国语学校

2. 遥感科学与技术专业

用三个词来总结自己的大学四年，我能想到的是专业、亲切和丰富。感受最深的是专业，教学专业。无论是基础课、通识课，还是专业课，每一堂课都会让我有所收获，有所启发，从矩阵的行列变换到麦克斯韦方程组的电磁转换，再到卫星图像的识别与应用，我感慨于知识之海的浩瀚，更欣喜于获得知识的快乐。“卫星感知地球”，这是我从课上学到的，也是我觉得对所学专业最好的总结。触动最深的是亲切，老师亲切。无论是平时交流最多的辅导员老师，还是授课老师，甚至是院长和书记，相处起来都只觉亲切。外乡人在异地有了归属感，有了家的感觉，老师更像是兄长，谆谆教诲如和风细雨般让人从内心生发出前进的力量。体验最深的是丰富，生活丰富。不再是单纯的死读书，读死书，竞赛、科研、创业、体

育运动、实践活动、学生组织，只要敢想，就有舞台，大学给了我们追逐梦想的更多的选择与机会。我爱遥感，我爱成电！

——资源与环境学院2018级本科生、保送电子科技大学：赵东琳

资环学院的四年是我人生充满快乐和收获的四年，体会到了丰富多彩的校园生活，在社团活动中充分发挥了自己的价值，收获了理想中的大学生活；通过课堂学习、实践实习和科研竞赛，了解到了以遥感为核心技术的空间信息专业广阔的发展和应用前景，形成了学科交叉创新与实践意识。我们既有遥感、测绘、导航等空间信息类专业课程，也学习了信息与系统、电子电路、数字图像处理等电子信息类的核心课程，感受到电子信息与遥感遥测深度融合带来的魅力和优势。面对未来，我依然坚定地选择了遥感方向，乘着遥感的发展势头服务国家重大战略需求，响应总书记的号召，把论文写在祖国大地上。

——资源与环境学院2018级本科生、保送北京大学：李雪

10 校友感言

学生时代，我印象最为深刻的是在资环学院的求学时光，因为这里挥洒了我最美好的七年青春，留下了我成长的足迹。作为2012年资环学院成立的第一批资环人，我感受了学院成立时欣欣向荣与朝气蓬勃，并与学院一起成长至今。在这个过程中，我不仅结识了诸多同学、朋友、师门，更感受到了来自学院老师们的鼓励与指导。这些点滴过往，时至今日，仍如春风化雨沐浴着我。在学业上，资环学院遥感科学与技术专业的培养模式独具特色，简单来讲有两点：一是重视基础理论与实践的结合，避免纸上谈兵。这常使我学有所获、学有所感，明白自己所学知识可如何服务于国家和社会的发展；二是“电子信息+遥控遥测”的特色人才培养模式，软硬件结合，贯穿遥感信息获取、处理和应用全过程，使我们的学生有别于国内同专业其他高校培养的学生。

现在作为资源与环境学院的一名教师，我会将学生时代所接受的关怀与教学理念，在课堂中传承给学生们：扩展学生遥感科学与技术专业的知

识面，增强培养学生工程实践能力，引导学生建立理论如何与实践紧密联系的感性认识，并通过挑战性实验环节引导学生独立思考与解决交叉学科问题的思维模式与能力。

——资源与环境学院2013级博士生、副教授：全兴文

板块三 数据说专业

（1）2022年，ESI地球科学进入前1%。

（2）2021年，ESI环境与生态学进入前1%。

（3）深造率连续五年高位求进，2021届深造率为81.58%（全校第二），获得深造工作特别奖。

（4）学院为全体学生一对一配备学业导师，覆盖率为100%，并开展优秀本科生进教研室和科研育人计划。

（5）近三年，20%左右的学生选择去海外名校深造学习。

（6）近三年，研究生就业率均在97%以上，2021年的就业率为100%，去重点单位的就业率为73.61%，去国防重点单位的就业率为25%。

（7）近三年，本科生发表高水平论文26篇，申请发明专利12项，授权1项。本科生尤航凯以第一作者身份在遥感领域权威SCI期刊发表论文，获美国威斯康星麦迪孙分校全奖博士生资助。

（8）近三年，52名本科生到新加坡国立大学、南洋理工大学、帝国理工、伦敦大学学院、东京大学和马里兰大学等世界名校深造。

（9）学院获国家级一流课程2门，省一流课程8门，校教学改革示范课认定3门，省级教改项目10项。

（10）近三年，新增杰出人才5人，其中国家级青年人才3人，全球高被引科学家2人。

（11）2021年，学院获学校“脱贫攻坚突出贡献奖”（全校共3个）。“森防科技：守护绿水青山，开启生态宜居乡村新篇章”项目入选教育部

直属高校第六届精准帮扶典型项目。

（12）2021年，学院在《Science》正刊发表论文。

（13）近三年，学院科研经费到款1.02亿元（人均科研经费居学校前列）。

（14）近三年，学院获批四川省工程（技术）研究中心2个，四川省国际科技合作基地1个。

（15）近三年，学院新增国家级重点项目3项，获批国家自然基金14项（重点2项），科技部基地与人才专项1项。

（16）近三年，学院获得省部级及协会科技奖10项。

板块四 专业焦点

（1）2016年，樊晓港同学获第十五届全国大学生机器人大赛全国一等奖。

（2）2016年，张宏国、徐锐、赖耕科、余其文同学获全国大学生GIS应用技能大赛特等奖。

（3）2018年6月，学院获国家重点研发计划课题（重点项目）。

（4）2018年11月，小文班获十佳立人班。

（5）2018年12月，董惟琛获“成电杰出学生”。

（6）2018年12月，“测量学”课程获国家精品在线开放课程。

（7）2019年，空间信息与数字技术专业入选四川省首批一流本科专业建设名单。

（8）2019年，学院学生获第五届“互联网+”全国总决赛银奖。

（9）2019年，森林火灾风险遥感预警监测成果入选科技部《全球生态环境遥感监测2019年度报告》，面向全球发布。

（10）2020年，学院获国家自然科学基金重点项目支持。

（11）2020年，学院获四川省科技进步二等奖。

（12）2020年，“现代测量学”课程获国家线上线下混合式一流课程。

（13）2020年，李雪、石佼玉、赵东琳、何金鹏同学荣获第九届全国大学生GIS应用技能大赛“特等奖”。

（14）2021年，张明芳教授第一作者在《Science》正刊发表论文。

（15）2021年，学院获国家自然科学基金重点项目支持。

（16）2021年，“森防科技：守护绿水青山，开启生态宜居乡村新篇章”项目成功入选第六届直属高校精准帮扶十大典型项目。

（17）2021年，尤航凯同学以第一作者身份在遥感领域权威期刊《Remote Sensing》发表学术论文。

09 计算机科学与工程学院

板块一 白话说专业

1 专业名称

1. 计算机科学与技术（国家“珠峰计划”拔尖人才实验班）
2. 计算机科学与技术（智能金融与区块链金融“双A”联合学位实验班）
3. 人工智能
4. 计算机科学与技术（入选国家级一流本科专业建设点）
5. 网络空间安全（入选国家级一流本科专业建设点）
6. 数字媒体技术
7. 数据科学与大数据技术

2 一句话简介

1. 计算机科学与技术（国家“珠峰计划”拔尖人才实验班）

“珠峰计划”致力于培养具有强烈社会责任感、热爱科学、基础扎实、勇于创新、具有国际竞争力的计算机科学领域未来一流科学家。

——计算机科学与工程学院（网络空间安全学院）院长、教授：申恒涛

2. 计算机科学与技术（智能金融与区块链金融“双A”联合学位实验班）

“新工科”＋“新商科”，计算机科学与现代金融深度交叉融合，跨界创新的科技精英。

——计算机科学与工程学院（网络空间安全学院）院长、教授：申恒涛

3. 人工智能专业

用计算机模拟和延伸人类智能，让计算机像人类一样听说读写和思考。

4. 计算机科学与技术专业

计出万全，算无遗策，机深智远。

5. 网络空间安全专业

网罗天下之事，安为万事之先。

6. 数字媒体技术专业

用最前沿的计算机技术创意最炫的未来媒体。

7. 数据科学与大数据技术专业

大数据是新时代的“石油”，如何从大数据中提炼出价值是关键。

第一届大学生网络安全能力大赛获奖颁奖现场

3 我校开设人工智能、计算机科学与技术、网络空间安全、数字媒体技术和数据科学与大数据技术专业的优势和特色

1. 开设计算机科学与技术（国家“珠峰计划”拔尖人才实验班）的优势和特色

作为首批12个国家级计算机科学拔尖学生培养基地之一，电子科技大学于2021年设立计算机科学与技术（国家“珠峰计划”拔尖人才实验班）。依托电子科技大学计算机科学与技术一级学科，该专业以小班制教学为特色，每年由电子科技大学招办根据高考表现在部分省份择优录取不超过20名学生。采用书院制、导师制、学分制和国家化培养模式，整个培养体系注重研究性学习能力和大师引领、国际视野和学术研究能力的培养，使得拔尖学生获得持久而强烈的好奇心、具备巅峰思维能力。该专业的学生符合培养方案要求，且品行优良的，全部具有推免研究生资格，即享受保研资格。

——计算机科学与工程学院（网络空间安全学院）教授：李文

2. 开设计算机科学与技术（智能金融与区块链金融“双A”联合学位实验班）的优势和特色

该专业面向国家在金融科技和区块链领域的重大战略需求，依托电子科技大学在计算机科学技术与人工智能等信息科技方面，以及西南财经大学在金融方面的学科专业优势，充分整合两校的优质教育资源，以计算机科学与技术为载体，采用“新工科+新商科”的创新教育模式，共同培养既掌握计算机、大数据、人工智能、区块链等核心技术，又通晓金融理论，信息科技与现代金融深度交叉融合，对未来金融业务场景具有深刻理解，具有跨界创新能力的创新型金融科技精英。

——计算机科学与工程学院（网络空间安全学院）教授：田玲

3. 开设人工智能专业的优势和特色

人工智能专业面向国家重大建设需要和海量人工智能人才需求，面向

全球科技最前沿，依托我校电子信息学科和人工智能领域学术优势，突显计算机科学、自动控制、电子信息、机器学习、统计学、数学、脑与认知科学等多学科交叉融合。该专业为学生构建优质的创新实践平台，创造丰富的科研实习和企业实训机会，注重提升学生的基础理论学习、技术应用和源头创新三个方面的能力，培养具备现代人工智能理论基础、核心技术与应用创新的复合型高端人才。

——计算机科学与工程学院（网络空间安全学院）教授：蒲晓蓉

4. 开设计算机科学与技术专业的优势和特色

电子科技大学计算机专业（时称解算装置专业）始创于1956年，60多年以来，发展稳健、成就卓然。学院现有计算机科学与技术、网络空间安全一级学科博士学位授予权，其中计算机科学与技术一级学科具有博士后流动站。计算机科学与技术一级学科2017年国务院学科评估入选A类学科，ESI学科排名从4.7‰（2015）逐步提升至0.379‰（2021）跃居全球第22位，软科世界一流学科排名列第12名（2021）。

广义上的计算机科学与技术包含计算机科学、计算机工程、软件工程、信息系统、信息技术等几个方向。该专业已经两次通过教育部工程教育专业认证，专业实力，西南第一。得天独厚的学科专业优势，也使得全社会对我们的毕业生充满赞誉。电子科技大学计算机科学与技术专业已经进入全国一流专业的行列。我们有信心让毕业生在激烈的竞争中脱颖而出，成为行业精英、社会栋梁。

——计算机科学与工程学院（网络空间安全学院）教授：陈文宇

5. 开设网络空间安全专业的优势和特色

网络空间安全前身为信息安全，电子科技大学是全国最早建立信息安全专业的院校之一，是首批国家级特色专业建设点。该专业拥有国家级网络安全虚拟仿真实验教学中心和西南地区唯一的国家级计算机实验教学示范中心。专业教育实施“拔尖人才培养计划”。2016—2018年，该专业的本科学生参加全国大学生信息安全竞赛，一等奖获奖数连续三年位居全国第一，其中2017年还荣获了全国总冠军。

——计算机科学与工程学院（网络空间安全学院）教授：李洪伟

6. 开设数字媒体技术专业的优势和特色

数字媒体行业是融合计算机、媒体与艺术设计为一体的多学科交叉应用领域。作为现代媒体行业的支撑技术，数字媒体技术是计算机领域最活跃与最前沿的分支。依托计算机科学与技术A类学科实力、国防科研与国家重大工程的突出优势，以及学院在数字媒体技术方向良好的师资队伍与科研团队基础，本专业提供一流的教学师资，一流的科学研究与工程训练环境，旨在培养学生成长，成为学术精英、行业精英和创业精英人才。

——计算机科学与工程学院（网络空间安全学院）副教授：晏华

7. 开设数据科学与大数据技术专业的优势和特色

紧密结合国家建设需要和大数据人才急需要求，数据科学与大数据技术专业体现了计算机软件、互联网+和统计数学等多个学术领域交叉融合的特点，以科研促教学，用教学助科研。校内依托于大数据研究中心，校外依托于阿里巴巴、百度、腾讯等公司建立校企联合实训基地，引导学生积极参与科学研究，为学生创造实践环境和平台，增强学生大数据分析与应用能力，培养学生创新实践精神，使之成为能从事大数据技术基础理论、应用基础理论和新技术的研究与开发，从事大数据分析、应用与创新实践的优秀人才。

——计算机科学与工程学院（网络空间安全学院）教授：陈端兵

申恒涛教授为同学们做“人工智能”前沿专题报告分享会

4 人工智能、计算机科学与技术、网络空间安全、数字媒体技术和数据科学与大数据技术专业学什么

1. 计算机科学与技术（国家“珠峰计划”拔尖人才实验班）学什么

充分发挥电子科技大学在计算机科学领域的学科优势，该专业设置面向国家重大需求，注重通识、数理和计算机科学基础，提升学生的创新能力。每位学生配备三位导师，在导师指导下量身定制个性化课程修读及科研训练，并与研究生培养衔接。锻炼学生的获取知识能力、应用知识能力和创新能力，使之成为能从事计算机理论研究、应用与创新实践的创新引领性人才。

——计算机科学与工程学院（网络空间安全学院）教授：李文

2. 计算机科学与技术（智能金融与区块链金融“双A”联合学位实验班）学什么

以未来金融科技与金融行业发展趋势为引领，电子科技大学和西南财经大学共同建设计算机科学技术与人工智能、智能金融、区块链金融相关的系列跨学科课程，强调基于项目的创新实践学习，形成在国内具有广泛影响的“信息科技+现代金融”深度交叉融合的课程体系。采用小班教学，研讨式、案例式教学方法，注重科创实践。为每位学生配备学业、科研、行业三名导师，强调综合素质培养，实现学生的知识结构、学科素养与综合能力的全面提升。

——计算机科学与工程学院（网络空间安全学院）教授：田玲

3. 人工智能专业学什么

人工智能呈现复合型新兴多学科交叉融合的特点，该专业涵盖计算机科学、机器学习、数学、电子信息、脑科学等多个领域。要学习程序设计与算法类课程，尝试做一个贪吃蛇游戏吧；要学习脑科学类课程，想象一下大脑是如何处理信息的吧；要学习计算机视觉课程，自主设计一个车牌自动识别系统吧；要学习自然语言处理课程，实现一个同声传译App吧；要学习大数据类课程，提交一份数据驱动的精准营销方案吧；要学习强化学习课程，设计人机对弈AlphaGo吧。

——计算机科学与工程学院（网络空间安全学院）教授：邵俊明

4. 计算机科学与技术专业学什么

计算机科学与技术专业主要针对计算机科学和计算机工程两个方向的知识体系。这两个方向也已经基本涵盖了过去几十年以来计算机发展历程的方方面面。计算机科学与技术专业属于工学门类计算机类的开门专业，是计算机大类中的主干。该专业的学生学习计算机科学与技术的基本理论知识，接受从事研究与应用计算机的基本训练，培养具有研究和开发计算机系统的能力。专业课程分为三大系列：数学与自然科学类课程、工程基础和专业基础类课程、计算机专业类课程。计算机科学与技术是一门实践性很强的专业，培养过程中安排了大量的实习环节、课程设计、实验课程和企业实习实训等相应的实践环节。毕业生系统地掌握自然科学基础知识、计算机科学理论、计算机软件、硬件系统及应用、计算机网络、软件工程、信息系统和系统集成的知识，具备分析、解决本领域问题的能力，拥有良好的实践技能和外语运用能力。

——计算机科学与工程学院（网络空间安全学院）教授：陈文宇

5. 网络空间安全专业学什么

从课程体系来看，首先，学习计算机最基本的理论，只有掌握扎实的理论，在解决问题时才能做到游刃有余；其次，数学也是极其重要的，对于网络空间安全专业的同学来说，密码学、信息论与编码等知识都是跟数学紧密相关的；再其次，学习网络信息系统攻防一体化的知识，计算机病毒原理、网络与系统攻击技术、计算机系统与网络安全等课程；最后，参加各种安全类竞赛，在竞赛中学以致用，成为名副其实的“白帽子”。

——计算机科学与工程学院（网络空间安全学院）教授：李洪伟

6. 数字媒体技术专业学什么

数字媒体技术专业培养以与数字媒体相关的计算机技术为主，以艺术为辅的人才，重点培养多学科交叉领域的专业人才。在课程体系设置上，该专业分为三个层面，首先是计算机科学与技术核心课程群，学习计算机最基本的软/硬件基础知识和理论；其次是计算机图形学、数字图像处理、计算机视觉、音视频处理等课程，学习图形图像、音视频相关理论知识；最后是游戏动漫设计、数字媒体创意设计、摄影原理等课程，学习设计与制作数字作品。数字媒体技术专业培养既掌握与数字媒体相关的计算机基本理论与方法，又具备较高艺术修养，并能综合运用所学知识与技能去分析和解决数字媒体行业实际问题的高级复合型人才。

——计算机科学与工程学院（网络空间安全学院）副教授：晏华

7. 数据科学与大数据技术专业学什么

数据科学的核心是以数据为驱动来解决现实存在的问题，如何进行数据分析和数据建模是专业教育的关键。利用大数据方法解决问题的基本过程为：数据采集→数据预处理→数据存储与管理→数据分析与数据建模→分析结果的可视化呈现。数据科学与大数据技术专业一方面需要学习大数据，分析相关的基础理论课程：如概率论、统计数学等数学基础课程，算法设计、并行计算等方面的课程，大数据挖掘与建模等方面的课程。另一方面还需要在真实环境条件下，以真实问题为驱动，学习大数据创新实践类的课程，学习如何使用大数据技术解决实际问题。

——计算机科学与工程学院（网络空间安全学院）教授：陈端兵

我院学生参加IEEEXtreme 13.0全球极限编程大赛

5 人工智能、计算机科学与技术、网络空间安全、数字媒体技术和数据科学与大数据技术专业能解决社会上哪些问题

1. 计算机科学与技术（国家“珠峰计划”拔尖人才实验班）能解决社会上哪些问题

“珠峰班”致力于培养学生极为强烈的科学奉献和钻研精神，以解决核心和重大的计算机科学问题为主要科学价值观，引导学生思考“为人类幸福和民族复兴做科研”的理念，敢于挑战科研难题和基础理论研究，有学术大师情怀，有鸿鹄之志，也有求实求真的学习方式。同时注重学生对国际前沿问题的研究兴趣，要求学生进行海外研习，匹配国际上顶尖的研究平台和科研团队，开拓前沿视野，增强国际竞争的意识和使命感。旨在培养热爱国家、热爱科学、勇于攀登、具有国际视野的计算机一流人才。

——计算机科学与工程学院（网络空间安全学院）教授：李文

2. 计算机科学与技术（智能金融与区块链金融“双A”联合学位实验班）能解决社会上哪些问题

科学技术和互联网的发展，人工智能、大数据等信息技术的融合，将为经济、金融等领域赋能，并推动行业领域技术应用的智能化，人工智能和区块链将重塑未来金融形态。该专业面向国家在区块链领域和金融科技的重大战略需求，培养智能金融与区块链金融复合型精英，精通专业金融知识，掌握区块链、人工智能、大数据技术，具备观察分析、沟通管理、终身学习、创新及行业引领能力。

——计算机科学与工程学院（网络空间安全学院）教授：田玲

3. 人工智能专业能解决社会上哪些问题

人工智能技术已经融入我们生活的各个角落，在自动驾驶、精准医疗、智慧营销、智能家居、同声传译等领域取得了广泛应用，如根据用户浏览和购买记录，利用数据挖掘在淘宝上准确地推送用户想买的东西；通过机器学习对大脑核磁共振图像进行分析，实现老年痴呆症或神经疾病等的早期诊断；通过传感器、计算机视觉等技术解放人的双手和感知，实现无人驾驶；设计工业机器人，代替工人在危险场所完成工作，在流水线上高效完成重复工作，设计陪伴机器人，帮助孩子和老人；利用计算机视觉技术和大数据分析犯罪嫌疑人生活轨迹及可能出现的场所；利用语音识别、自然语言处理等技术打造智能客服。

——计算机科学与工程学院（网络空间安全学院）教授：邵俊明

4. 计算机科学与技术专业能解决社会上哪些问题

计算机领域的发展速度惊人，新的技术和研究方向层出不穷。从事计算机行业及相关领域的专业人才，需要狠练内功，提高核心竞争力。社会急需计算机科学与技术专业人才，而且需求量很大。计算机已经成为继数理化生之后，第五个基础学科。计算机技术作为重要的高新技术，已经得到了十分广泛的应用。计算机科学与技术专业类人才包括计算机系统硬件、软件系统研究开发、信息系统构建、信息系统运维、应用软件开发、嵌入式系统开发、软件外包等人才。计算机科学与技术专业的毕业生被

IBM、微软、Intel、华为、中兴、阿里巴巴、腾讯、百度等国际国内一流企业聘用，并获得“踏实、肯干”的社会评价。

——计算机科学与工程学院（网络空间安全学院）教授：陈文宇

5. 网络空间安全专业能解决社会上哪些问题

网络空间安全专业能解决的问题太多了！大到国防科技，小到一般生活中常用的密码锁，我们几乎每天都生活在网络安全的包围之中。举例来说，利用高大上的密码技术，国家可以防止不法分子对军事设备如导弹、航母、轰炸机进行远程控制。从社会生活上说，它可以像保护罩一样保证每个人上网、购物以及微信聊天等信息不被任何人窃取；保证微信、支付宝以及银行卡中的财产安全。除此之外，网络安全技术还可以做很多更复杂、有趣的事情，如它可以生成游戏中的虚拟货币，甚至可以用来立遗嘱、做公证。新近发展起来的区块链技术已经列入我国重要的发展战略当中。总之，网络空间安全的宗旨就是维护一个安全的网络空间环境。

——计算机科学与工程学院（网络空间安全学院）教授：李洪伟

6. 数字媒体技术专业能解决社会上哪些问题

数字媒体技术把最先进的计算机研究成果广泛地应用于各行各业，大到航空航天领域的飞行模拟、地面汽车的自动驾驶，小到停车场的车牌识别、手机百度地图的语音识别，都需要使用图形图像、音视频处理技术。尤其在数字娱乐媒体行业，数字媒体技术广泛支撑影视、动漫、游戏、数字教育、数字展示等各类数字作品的研究、设计与制作。如好莱坞大片的后期特效制作，计算机图形算法用于生成壮观、奇幻的画面。再如，游戏制作、游戏画面的生成和游戏过程的控制都需要用到图形图像技术和音视频技术。

——计算机科学与工程学院（网络空间安全学院）副教授：晏华

7. 数据科学与大数据技术专业能解决社会上哪些问题

数据科学与大数据技术就是采用先进的技术手段，让数据说话，实现“大海捞针”的工作，揭示数据背后隐藏的各种复杂关联。如识别各种欺诈，通过大数据技术识别医疗保险公司的欺诈、浪费和滥用；信用卡欺诈检测以毫秒为单位帮助金融服务公司，保护他们的客户的安全，同时减少欺诈造成的损失；可以快速进行辅助诊断，利用大数据分析手段，快速对医疗图片进行分析，只需要几分钟就可以完成医疗专家一天才能完成的事情，并且诊断准确率更高；可以快速地利用城市天网数据，发现、锁定并追踪犯罪嫌疑人，让犯罪分子无所遁形；可以优化工业生产线，提升整个生产线的效率，减少次品。

——计算机科学与工程学院（网络空间安全学院）教授：陈端兵

第三届电子科技大学“互联网+”本科教育高峰论坛

6 人工智能、计算机科学与技术、网络空间安全、数字媒体技术和数据科学与大数据技术专业误区解读

1. 计算机科学与技术（国家“珠峰计划”拔尖人才实验班）专业误区解读

计算机科学与技术（国家“珠峰计划”拔尖人才实验班）依托计算机科学与技术专业设立，为学生定制小班教学、个性化课程修读及科研训练，更加侧重研究性学习能力和大师引领、国际视野和学术研究能力的培养。毕业时符合培养方案要求，达到授位标准的，毕业证书和学位证书授予与计算机科学技术专业一致。

——计算机科学与工程学院（网络空间安全学院）教授：李文

2. 计算机科学与技术（智能金融与区块链金融“双A”联合学位实验班）专业误区解读

计算机科学与技术（智能金融与区块链金融“双A”联合学位实验班）是跨校培养，毕业时符合培养方案要求，达到授位标准的，授予联合学位证书和毕业证书各一本，学位证书写明“工学-经济学”联合学士学位，并加盖有两所学校学位公章，而不是获得两所学校的学位。

3. 人工智能专业误区解读

误区1：人工智能就是研究机器人。人工智能是研究、开发用于模拟、延伸和扩展人的智能的理论、方法、技术及应用系统的一门交叉学科。它企图了解智能的实质，并生产出一种新的能以人类智能相似的方式做出反应的智能机器。该领域的研究包括机器学习、机器人、语言识别、图像识别、自然语言处理，等等。机器人既可以接受人类指挥，又可以运行预先编排的程序，也可以根据人工智能技术制定的原则纲领行动。人工智能研究领域包括了机器人，机器人属于人工智能的一个细分研究领域。

误区2：人工智能是一个新兴方向，目前尚不是一级学科，对此专业人才的培养方式和出路，很多人存在疑虑。目前，全国共有35所高校的人工智能专业获批，主要包括上海交通大学、浙江大学、电子科技大学等985高校；美国卡内基梅隆大学2018年开始招收人工智能专业的本科生，麻省理工学院强调以人工智能为基础，改善其他所有学科。可以说人工智能是当前信息领域最前沿、最热门的专业，在产业界得到了极大的应用。国内外都对该专业人才有巨大需求量，从业岗位也日趋精细。

——计算机科学与工程学院（网络空间安全学院）教授：邵俊明

4. 计算机科学与技术专业误区解读

“学计算机的都会修电脑”这是长期以来社会对计算机科学与技术专业学生的误解。计算机的学习和电脑维修是两种概念，会修电脑的确实不一定是学计算机专业的。所谓的修电脑应该指软件维护、重装系统，硬件的基本故障判断，机箱内的硬件识别，更换硬件。学计算机专业是从计算机内部结构学起的，研究的是计算机的机制原理，以及很多上层的知识。一个合格的计算机专业的学生，应当是能够解决一般的电脑问题（大部分软件问题）的。对于计算机专业的人，电脑是其创造生产力的工具，仅仅能够使用这一工具是不够的，还应该在一定程度上维护它，以保证工作的效率。

——计算机科学与工程学院（网络空间安全学院）教授：陈文宇

5. 网络空间安全专业误区解读

一提到网络空间安全，大多数人的脑海中都会浮现“hacker”这个词，而且很多人也是通过诸如《黑客帝国》这样的影视作品才知道这个专业的。但网络空间安全并不是培养搞各种破坏的黑客，而是培养具有正能量的“白帽子”，他们与各种黑客做斗争，保护国家、人民和企业的安全。

网络空间安全的领域十分广阔，你可以在安全攻防中学会如何与黑客做较量，可以在一个个系统中做一个漏洞挖掘者，也可以在密码学中学习到如何设计难以攻破的算法……这个领域的学习就是一个不断探索的过程。你不觉得不断探索未知，修补起一个个漏洞，是一件很有趣同时也是一件极具挑战性的事情吗？加入我们，一起来进行这场创新与智慧的较量吧。

——计算机科学与工程学院（网络空间安全学院）教授：李发根

6. 数字媒体技术专业误区解读

误区：以为数字媒体技术专业就是学习动漫设计、游戏制作、数字广告制作，等等。

实际情况：电子科技大学的数字媒体技术专业学生的计算机理论基础知识扎实，精通图形图像、音视频理论和技术，本科毕业后既可以继续在计算机领域深造，也可以在计算机相关的各行各业就业，尤其适合数字娱乐媒体行业。

——计算机科学与工程学院（网络空间安全学院）副教授：晏华

我院学子参加宾夕法尼亚大学数字健康国际暑期学校活动

7. 数据科学与大数据技术专业误区解读

大数据技术很强大，但不是包打天下的万能技术，它能解决很多问题，但不能解决所有问题。大数据能减轻人类的很多劳动，但不能完全替代人的劳动。用大数据解决问题，不是有一堆数据就可以，还需要对数据进行大量的先期处理：去掉噪声，去掉冗余，适当补充缺失的数据，对数据进行各种标注。

——计算机科学与工程学院（网络空间安全学院）教授：陈端兵

7 人工智能、计算机科学与技术、网络空间安全、数字媒体技术和数据科学与大数据技术专业学生毕业走向

1. 人工智能专业学生毕业走向

毕业生可从事计算机、互联网络、能源交通、证券金融等行业的算法工程师、技术研究、运营与管理等工作，具备成为专业技术领导、骨干或成功创业人士的潜力。毕业生以勤奋踏实、专业知识扎实、实践能力强、后劲足等鲜明特点受到了社会各界和用人单位的普遍赞誉，主要就业于谷歌、微软、阿里、腾讯、华为、百度等著名科技公司，研究所、高校、政府与国防部门等各类企事业单位，或在国内外继续研究生学习与深造。

——计算机科学与工程学院（网络空间安全学院）教授：邵俊明

2. 计算机科学与技术专业学生毕业走向

计算机专业的应用范围几乎涉及我们所能想到的任何领域，毕业生可以在社会的各行各业各尽其才。计算机科学与技术专业本科毕业生人数平均每年200余人。连续三年就业率均在95%左右。毕业生深造率比例突破60%，直博比例和赴耶鲁大学、卡耐基梅隆大学、清华大学、北京大学等国内外名校比例逐年提升。该专业毕业生主要在高新技术企业、科研院所、政府部门等行业，从事计算机科学与工程相关领域的研究、设计、开发及管理等工作。

——计算机科学与工程学院（网络空间安全学院）教授：陈文宇

3. 网络空间安全专业学生毕业走向

随着计算机技术的发展，个人信息泄露问题日益严重，受到国家越来越多的重视。国家对安全人才的需求很大，据腾讯安全发布的“2017年上半年互联网安全报告”，2017年网络安全人才需求达70万人，而高校培养的人才仅3万余人，缺口达95%，2020年相关人才需求将增至140万人。

网络空间安全应用广泛，毕业生前景广阔，可以从事信息安全的科学研究、技术开发、安全规划、运行维护、安全防御等相关的工作，也可以在政府机关、国家安全部门、银行、金融、证券、通信领域从事各类信息安全系统、计算机安全系统的研究、设计、开发和管理工作，还可以在IT领域从事计算机应用工作，如奇虎360、绿盟科技、启明星辰等知名信息安全企业或者阿里巴巴、腾讯、百度等知名互联网企业的安全部门。毕业生的国内外读研深造比例超过60%，学生国际化视野逐渐提升，远赴美国宾夕法尼亚大学、新加坡国立大学、日本早稻田大学等名校读研的同学比例逐年提升。

——计算机科学与工程学院（网络空间安全学院）教授：李发根

4. 数字媒体技术专业学生毕业走向

电子科技大学数字媒体技术专业自2015年首届招生，到2019年7月第一届学生毕业，国内外深造率比例高达58%，近1/3同学赴美国、英国、法国和澳大利亚留学深造。

——计算机科学与工程学院（网络空间安全学院）副教授：晏华

5. 数据科学与大数据技术专业学生毕业走向

大数据技术相关的人才在各个行业都非常紧缺，需求量非常大。毕业后可在高新技术企业、科研院所、国防工业、政府部门等行业，从事数据科学、大数据技术及相关领域的研究、设计、开发及管理等工作。

——计算机科学与工程学院（网络空间安全学院）教授：陈端兵

毕业去向

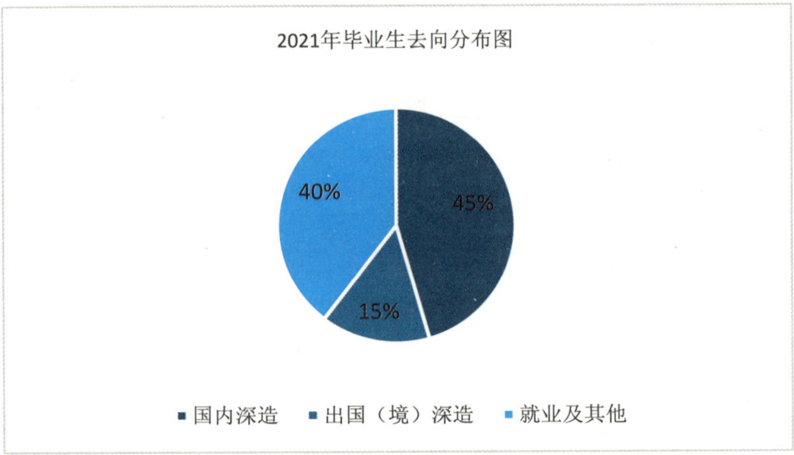

1 国内深造：190人，占比45%

在计算机科学与工程学院（网络空间安全学院）2021年毕业生中，有183人进入世界一流大学建设高校（A类）读研深造，有5人进入世界一流学科建设高校及科研院所深造，有2人进入其他机构读研深造。

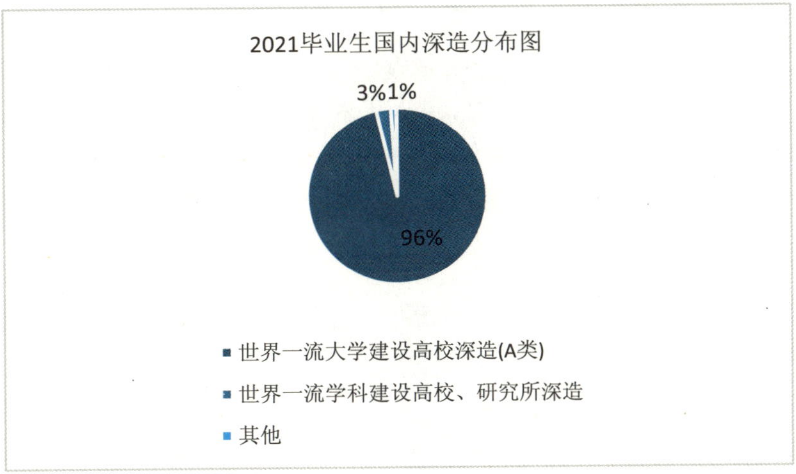

在选择国内深造的190人中，选择本校读研的有122人，占比64%；选择外校读研的有68人，占比36%。

2 出国（境）深造：62人，占比15%

在国（境）外知名大学offer的毕业生中，进入QS世界排名1～100大学深造的有40人，进入QS世界排名101～200大学深造的有4人。

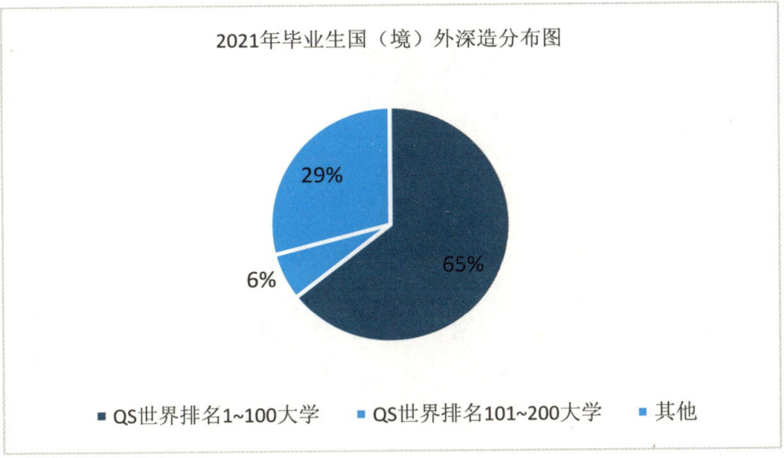

3 就业及其他：165人，占比40%

从就业情况来看，107人选择直接就业，3人进入生产、供应业，5人进入公共管理，1人进入教育业，4人进入金融业，1人进入文化产业，11人进入制造业，67人进入信息产业，15人进入其他行业。

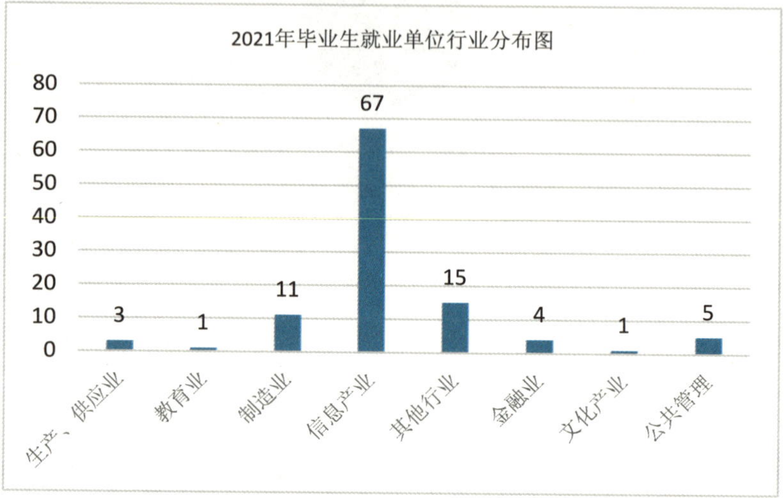

板块二 达人说专业

8 教授寄语

1. 计算机科学与技术（国家“珠峰计划”拔尖人才实验班）

“珠峰计划 ”每年招收不超过20名学生，优中选优。

来这里，你可以感受“三对一”“导师制度，国家级人才作为学业导师、全国高校模范辅导员作为成长导师，国内外院士、ACM Fellow等大师级教授作为学术导师，为你量身定制学习规划。

来这里，你可以享受为期3～6个月的海外科研训练计划，感受异国元素与科研、美食、文化碰撞带来的火花；

来这里，你可以驰骋科研的疆场，参与国家重大重点项目，为祖国的建设献出自己的力量；

来这里，我们希望你能成为一个懂理论，会实践，敢创新的未来一流科学家！

——计算机科学与工程学院（网络空间安全学院）教授：李文

2. 计算机科学与技术（智能金融与区块链金融“双A”联合学位实验班）

作为首个跨校联合学士学位专业，“双A”是面向国家在金融科技和区块链领域的重大战略需求而建立的。我们建设了“信息科技+现代金融”深度交叉融合的课程体系，首次开设了“区块链与数字资产”“智能合约平台搭建与实践”“DApps综合应用”等多门课程，也设计了具有创新性、引领性、进阶式的区块链综合实验I、II、III。在实习实训阶段，也将组织同学们到国际知名金融企业实习锻炼，并聘请国际知名金融企业精英担任导师进行实务指导。期望你们对理论的学习是深入的，对技术的研究是全面的，对创新的理解是立体的。计算报国，金融兴国。欢迎大家加入成电“双A”班大家庭。

——计算机科学与工程学院（网络空间安全学院）教授：田玲

3. 人工智能专业

人工智能专业是研究和开发用于模拟、延伸和扩展人的智能的理论、方法、技术及应用系统的一门新的技术学科。它是一门综合性和应用性很强的学科，也是目前世界上最热门的专业，毕业生供不应求。

人工智能专业通过机器学习、计算机视觉、自然语言理解、模式识别、计算机科学、脑与认知科学、统计学、数学、自动控制、机器人等多学科的交叉融合，培养具备人工智能基础理论、核心技术与应用创新的复合型高端人才。

由于这一专业涉及十分广泛的领域，因此，在不同类型的院校，专业侧重点会有所不同。例如，美国卡内基梅隆大学的人工智能本科专业要求在通识教育部分必须修7门人类学和艺术课程，必须选认知科学或者认知心理学，注重科学伦理、数学基础、计算机基础、人工智能基础的综合；电子科技大学的人工智能本科专业的定位是紧密结合全球科技发展趋势和国家经济建设需要，充分发挥电子科技大学在人工智能领域的研究优势，体现计算机科学、自动控制、电子信息、统计学、数学、脑与认知科学等多学科融合的特点，以科研促教学，用教学助科研，积极引导学生参加学科竞赛，大三进入实验室参与科研，为学生构建创新实践环境和平台，增强学生人工智能理论与技术的研究与应用能力，提升学生创新实践能力。

面向未来科技、社会的发展，人工智能专业将培养一大批迎合全球科技发展趋势、符合国家建设需要的毕业生。他们能够在高新技术企业、科研院所、政府部门等企事业单位，从事人工智能理论和技术研究、行业交叉创新、系统研发以及工程管理和教育等工作。

——计算机科学与工程学院（网络空间安全学院）教授：邵俊明

作为一门连接人工智能、计算机视觉、自然语言处理、语音识别、VR/AR等多种技术的跨学科方向，多媒体智能在国计民生、安全、经济等领域已经取得了长足的进步和巨大的应用成果。同时，受益于手持数字设备以及移动互联网的普及，互联网上的多媒体数据（如照片、短视频、音乐等）爆炸式增长，如何高效地对如此海量的多媒体数据进行存储、处理以及分析变得尤为重要。据统计，拥有超过13亿用户的全球最大视频网站YouTube，平均每分钟有超过300小时的视频数据被全球各地的用户上传至其服务器，同时这些内容平均每天被点击播放超过50亿次。存储如此海量且与日俱增的多媒体数据，精准服务数以亿计的用户，多媒体理解及语义分析技术展现出极大的优势。而多媒体数据天然具有跨语言、跨文化理解无障碍的优点，因此成为当今计算机科学和人工智能等学科的核心研究方向。诚邀你加入多媒体大家庭，成就自己，服务社会，放眼未来。

——计算机科学与工程学院（网络空间安全学院）教授：杨阳

AlphaGo通过人类指导学习，击败职业围棋世界冠军；AlphaZero自学成才，以100：0的成绩打败了哥哥AlphaGo。人机大战，还是人机共生？人工智能新浪潮已汹涌澎湃！螳螂当车必自毁，顺应潮流当俊杰！未来已来，拥抱AI！诚邀优秀的你，趁青春启程，怀揣诗和远方，相约电子科技大学，赴科技盛宴，创精彩未来！

——计算机科学与工程学院（网络空间安全学院）教授：蒲晓蓉

4. 计算机科学与技术专业

计算机领域的发展速度惊人，新的技术和研究方向层出不穷。从事计算机行业及相关领域的专业人才，需要狠练内功，提高核心竞争力。不仅如此，普渡大学工程系主任Kah Jamieson认为，世界正以多种方式变化，未来的工程师需要多种技能，如创造力、灵活性、领导能力以及商业才智等品质。美国《培养2020的工程师：为新世纪变革工程教育》提出未来工程师应该具备的品质，包括很强的分析能力，实践才能，创新意识和创新能力，较高的伦理道德标准以及职业素养，动态、机敏、具有弹性、灵活地更新并应用知识的能力，良好的沟通能力，商务与管理技能，领导才能，终身学习能力。学院以培养具有计算机观、系统观和工程观的计算机工程人才以及具有协作力的计算机工程创新人才为目标，正是为了适应这样的社会和时代需求，同学们在大学学习计算机科学与技术专业期间必须时时刻刻严格要求自己，才能在未来成为时代的弄潮儿。当然，具备国际视野和国际竞争力也是当代人才的必备素质，所以熟练掌握外语也将为同学们的发展提供有力的支撑。

——计算机科学与工程学院（网络空间安全学院）教授：陈文宇

5. 网络空间安全专业

近年来，信息技术在爆发式的发展，物联网、云计算、大数据、人工智能、区块链等新技术不断涌现，吸引了全社会的广泛关注，但是，不解决其中的安全问题，所有新的信息技术都将是昙花一现。可以说，安全是信息技术发展的永远主题，信息技术发展到哪里，安全就走到哪里。网络空间安全是互联网时代信息技术安全的核心，“没有网络安全就没有国家安全”已经是全社会的共识，也是国家的重要发展战略。然而全球网络安全人才非常紧缺，就在今年5月2日，美国总统签署了网络安全行政令，鼓励政府积极培养、留住网络安全人才，以保障美国的国家安全和优势地位。我国目前的网络安全人才缺口多达百万，这是一片广阔的知识和技术的蓝海，融合了数学、计算机、通信、软件等各学科的内容，还在不断发展，非常值得大家一起来探索与追求。

——网络空间安全研究院院长：张小松

6. 数字媒体技术专业

数字媒体技术是支撑国家战略性新兴产业中数字内容服务和数字创意产业的核心技术。作为计算机专业中最具时代感和交叉性的子学科，数字媒体技术是将计算机技术、创意设计艺术和新型媒体理论三者结合在一起的专业。它是支撑大家熟知的网络新媒体、互动娱乐、影视特效、动画动漫、军民融合虚拟现实等新一代数字媒体的核心专业。

数字媒体技术专业面向国家新一代人工智能、网络强国战略的需要，旨在培养面向智能时代兼具数字媒体技术、信息传播理论和设计管理能力，能够将创意设计、媒体技术与计算机技术完美结合并付诸智能系统实现的高素质复合新型人才。电子科技大学在数字媒体有不可替代的优势，立足计算机学院，交叉融合本校电子信息、通信、光电、机械等学科，打造虚实融合、软硬件一体机的电子信息+数字媒体技术特色。我们着力培养学生探索创新、创意设计、技术研发、团队协作、试错迭代等能力。随着社会对网络新媒体、人工智能系统和互动体验的需求扩大，该专业学生读研深造、就业前景广阔。

——计算机科学与工程学院（网络空间安全学院）副教授：谢宁

7. 数据科学与大数据技术专业

大数据所代表的是当今社会所独有的一种新型的能力——以一种前所未有的方式，通过对海量数据进行分析，获得有巨大价值的产品和服务，或深刻的洞见。它会给我们的决策流程、商业模式、科学范式、生活方式，甚至观念形态都带来颠覆性的变化。工业文明时代，我们谈基础设施，是公路厂房；数字文明时代，我们谈基础设施，是计算能力、存储能力、传输能力、分析能力和数据本身。未来的社会经济毫无疑问是构建在大数据和人工智能基础之上的，只有在这个专业方向上起步，才更容易在科技发展出现重大转折和跳跃时抓住机会。

——计算机学院大数据研究中心主任：周涛

越来越多的企业将“数字”视为核心资源、资产和财富，纷纷选择数字化转型，以抢占新的制高点。据调研机构IDC针对2000位跨国企业CEO调查表明，到2018年，全球1000强企业中的67%、中国1000强企业中的50%都将把数字化转型作为企业的战略核心。展望未来，数字化转型将是传统企业尤其是中小企业必须跨越的生死关隘。“数化万物，智在融合”，构建良好的大数据产业生态，需要多维度做好大数据产业的融合。随着社会各界对大数据融合发展的认识越来越深化，大数据的开发与利用已经在医疗服务、零售业、金融业、制造业、物流、电信等行业广泛展开，并产生了巨大的社会价值和产业空间。倘若能够更有效地组织和使用这些数据，人们将得到更多的机会，发挥科学技术对社会发展的巨大推动作用。

——计算机科学与工程学院（网络空间安全学院）教授：高辉

9 学长感悟

学生与青年教师分享成长感悟

1. 计算机科学与技术（国家“珠峰计划”拔尖人才实验班）

计算机科学与技术（国家“珠峰计划”拔尖人才实验班）是隶属于教育部拔尖计划2.0基地而建设的新专业。“珠峰班”设立的目的是“培养世界一流科学家”。作为首届“珠峰班”的同学，我最大的感受是学校、学院对于“珠峰计划”的重视。这种重视体现在课程设置、特色活动、导师制度、眼界拓展上。

“珠峰班”的课程与其他班有所不同，体现在对于基础学科的要求较高，所配备的资源更好，这是为攀登珠峰打下坚实的基础。同时，“珠峰班”也开设了许多班级特色的活动，如每两周一次的论文分享活动，不仅有助于同学们拓宽眼界、了解前沿科学，也对同学们做报告的能力有一定的提升；而参加去年十月份的ACM Multimedia顶级会议更拓宽了同学们的眼界。导师制度下，“珠峰班”的同学们都有专门的科研导师指引，为同学们未来从事科研工作给到了很好的实践经验积累。

——2021级本科生：孙权恩

2. 智能金融与区块链金融“双A”联合学位实验班

智能金融与区块链金融主要学习计算机科学与技术、金融学相关知识，并运用两个学科的知识去进行智能金融与区块链金融相关方向的研究。伴随着2008年的一篇名为《比特币：一种点对点式的电子现金系统》的论文，人们对区块链方向的研究越来越感兴趣，区块链本质上是一种基于分布式账本、共识算法、非对称加密、智能合约等核心技术的数据结构，它不仅可以运用在金融领域，也在物联网、国防安全、医疗服务等许多领域发挥着重大作用。

通过近两年的学习，我对于本专业的认识逐渐清晰。我们不仅学习了离散数学、程序设计基础、数据结构与算法、计算机网络、计算机组成与原理、数据库原理等计算机专业基础知识，也学习了微观经济学、宏观经济学、会计学等经济学与金融学专业基础知识，我们还学习了密码学等区块链先修知识，同时开展了智能合约平台搭建与实践、智能合约与Dapps开发、智能金融与区块链金融综合实验等实验课程以提高我们的实践能力。随着深入学习，增强了我对本专业的热爱，让我找到了未来的发展方向。

区块链技术问世十余年，已经受到全球范围内的重视，我国也将“区块链”相关研究列入国家重点研发计划。作为一门新兴学科，区块链综合运用了多个学科知识，目前仍处于初步研究阶段，在未来依旧有着巨大的发展潜力，对于区块链的相关研究还在路上。

——2020级本科生：屈展

3. 人工智能专业

人工智能专业，作为计算机科学的重要组成部分，致力于探究人类智慧所蕴含的伟大科学实质，开拓智能机器的广泛应用场景。在这个数据无处不在、算力飞速攀升的信息时代，学习人工智能专业不仅能让我们通过数据结构、计算机组成原理、计算机操作系统等核心课程掌握计算机精巧的工作原理与深厚的理论基础，还能通过最优化算法、机器学习、深度学习、强化学习等专业课程吸收前沿的智能算法技术，深入“AI”背后无奇不有的精彩世界，成为理论和应用能力卓越的电子信息行业拔尖人才。

学习人工智能专业，我们将具备丰富的软硬件专业知识，并将它与数据挖掘、自然语言处理、计算机视觉等多种领域融会贯通。在丰富全面的专业课程中，可以动手用C++、Python等语言编写推荐系统、训练翻译软件、识别手写字体、处理医学图像……在学习计算机的同时，也教会计算机在生活与工作的方方面面如何“学习”我们。

——2019级本科生：余恒甫

4. 计算机科学与技术专业

计算机科学与技术，顾名思义，是学习计算机相关的科学原理和专业技术的一门学科。计算机科学与技术专业的学习可笼统的分为计算机-硬件和计算机-软件，学校分别从这两条主线推进本科的学习，一方面需要我们去学习计算机科学与技术专业领域的理论知识，就如计算机组成原理、操作系统、计算机系统结构、编译原理等，同时也要求我们学习C++、Java等编程语言 。为了巩固理论学习，学校为我们设置了多门实验课，理论与实践结合，培养我们利用计算机解决问题的能力。

本科的学习虽然可以让我们很容易写出一段程序，实现一个软件，但是永远不能低估计算机底层理论的学习，因为非计算机专业的人同样也可以很容易地写一段程序，我们之间的区别在于我们有机会掌握计算机底层理论。科学意味着研究，意味着我们需要多思考，在学习生活中多一点思考多一点总结一定会让我们的人生不断进步。

——2017级本科生：梁慧军

5. 网络空间安全专业

网络空间安全专业，致力于培养信息时代能够支撑和引领国家网络空间安全领域的具有较强的工程实践能力，系统掌握网络空间安全的基本理论和关键技术，具有强烈的社会责任感和使命感、宽广的国际视野、勇于探索的创新精神和实践能力的拔尖创新人才和行业高级工程人才。

在本科期间的专业学习中，全面且科学的课程设计让我对网络空间安全有了更加深入的理解：密码学奠定了坚实的理论基础；计算机系统与网络安全技术构建了知识体系；信息安全实验将理论化为实践。这些都是宝贵的理论实践知识，并在各类专业竞赛的催化下，变成了我们对网络空间安全行业的广泛认知和丰富经验。区块链安全、人工智能安全、软件安全、网络安全、隐私安全以及安全协议等等，都是网络空间安全中充满挑战与魅力的内容，等待着你我这一代又一代学子的不断探索。

——2017级本科生：巩嘉诚

6. 数字媒体技术专业

数字媒体技术专业，围绕现代计算机技术，侧重于计算机图形学，图像处理，音视频处理等方面的基础理论知识及技术应用，培养数理基础扎实、精通数字媒体技术，兼具科学研究、技术开发和设计管理的高级复合型人才。一方面，本专业的培养方案由计算机科学与技术专业培养方案演变而来，要掌握计算机组成原理、数据结构与算法等现代计算机基础理论和扎实的C++编程能力；另一方面，本专业更侧重于图形学、图像处理等软件层面的技术知识，弱化了底层硬件知识的地位。

媒体是信息的承载，我们每天都在接触大量的数字化媒体，数字化音频、图像、视频以及游戏，都属于这一范畴，通过本科的学习，我们可以了解这些数字媒体是如何在计算机中生成、存储、改变和显示的。而随着学习的深入我认识到，数字媒体不仅是人与人之间交流的信息媒介，也是人与计算机交互的媒介：想让计算机执行我们的命令，这就要求我们拥有扎实的编程能力；想要计算机理解一幅图片，这就需要数字图像处理和计算机视觉，这些都是我们这个专业学习的东西。此外，与同学一起制作一段视频，开发一款游戏，这些丰富有趣的课程设计也在青春韶华里留下了欢声笑语的一笔。

——2017级本科生：展一帆

7. 数据科学与大数据技术专业

很多人还没搞清楚PC互联网，移动互联网来了；很多人还没有搞清楚移动互联网，大数据时代来了！数据科学与大数据技术专业的兴起，是时代的召唤，更是我们紧追前沿的绝好时机。该专业依托大数据研究中心的雄厚资源，为有志于投身大数据领域的我们提供了最专业的发展平台。专业核心课均以小班研讨形式展开，我们交流与思辨，研究与实践，每一步都走得踏实且坚定。大数据技术为几乎所有传统与新兴行业融入革命性的血液，给予每一位大数据人众多的选择方向，它正像是一把万能钥匙，在未来广阔的数据天地，给有梦想的我们打开渴望投身领域的一扇门，领略别样的风景。

——2017级本科生、成电杰出学生：李冀鹏

8. 计算机科学与技术（“互联网+”复合型精英人才培养实验班）

成电是我国首批建立计算机专业的高校之一，计算机科学与技术一级学科在2017年全国第四轮学科评估中评为A，在2020 U.S.News全球计算机学科排名为26位，在成电计算机，你将遇到志同道合的同学与和蔼可亲的老师，自由地去探索计算机世界的无限可能。

“互联网+”复合型精英人才双学位培养计划作为校级人才培养计划，为我提供了梦寐以求的学习体验与成长视野，在该计划的支持下，我学习了多个专业的课程，收获了计算机-金融双学位，在课余时间，我还通过专项出国交流，专项实习计划以及专项社会实践获得了更加宽广的视野，提

升了我的综合能力。成电已经为你们搭建起一个宽阔的人生舞台，希望你们每个人都可以以梦为马，不负韶华，在成电遇见更好的自己！

——2017级本科生：孙浩

10 校友感言

1. 计算机科学与技术（国家“珠峰计划”拔尖人才实验班）

该专业是2021年教育部批准第一批设立的新专业，暂无毕业生。

2. 智能金融与区块链金融“双A”联合学位实验班

该专业是2020年教育部批准第一批设立的新专业，暂无毕业生。

3. 人工智能专业

该专业是2019年教育部批准第一批设立的新专业，暂无毕业生。

4. 计算机科学与技术专业

在计算机科学与技术专业的四年学习过程中，我对计算机的工作原理有了比较清晰的认识和理解，也正是因为这些知识，在毕业后的工作中，我受益匪浅，做事情更快，更高效，也更稳健。在这四年里，感受最深的是提供的机会和平台。

对于机会，如果你想在未来科研道路上大展宏图，学院的URP（人才培养计划）让你提前进入实验室，进行学习和科学研究；如果你想在未来出国深造，学院会提供很多的出国交流机会，让你提前感受国外的教学和科研氛围；如果你想在未来直接步入职场，学院有很多出色的工作室，让你跟着学长学姐一起学习和积累项目经验；如果你想在未来多积累动手、竞赛经验，“银杏黄”让你直接接触企业项目，“ACM”让你走向算法大神之路，“数学建模”让你将数学应用于生活场景，等等。除此之外，还有很多机会，只要你善于发现并且把握它，你就会有所收获。

对于平台，作为双一流的高校，这本身就是极好的平台，除此之外，学校还有可以进行VR体验、3D打印、弹奏钢琴、观看电影、可借阅300万册书籍的图书馆，可以与各行各业的顶尖人才零距离接触的“成电讲坛”系列讲座，提高自己社交能力的丰富多彩的社团组织和学生会……

这一切，在成电你都能够拥有。也相信，在大学的四年中，大家能够把握机会，打造更好的自己。

——2014级本科生、就职于北京字节跳动网络技术有限公司：王宁

5. 网络空间安全专业

信息安全专业是计算机科学、通信技术、密码学等学科的交叉学科。在电子科技大学有着这个专业辛苦耕耘又有着很高建树的老师，能够通俗易懂得传授你理论知识，还能让你通过实践来发现其中的奥秘。选择信息安全专业，你不仅能学到计算机科学专业的基础知识，掌握软件工程开发的生命周期，还能在软件信息安全方面了解很多。学校能够提供你许多实践的机会，你可以根据自己的喜好，参与许多有意思的项目，丰富自己的经历。学校还有很多合作的企业，如华为、腾讯的openday等，只要自己愿意，你都能参与到这些企业举办的实践活动中，并且有机会进入企业实习。从未来发展来说，选择信息安全专业，你能以本科为基础，在软件开发、漏洞挖掘、渗透测试方向继续延伸。大学时光也是一个人成长最快的一段实践机会，希望同学们把握机会，在四年里丰富经历，成为更好的自己！

——2017级本科生、腾讯科技（深圳）有限公司：罗俊杰

6. 数字媒体技术专业

数字媒体技术专业是融合了计算机、媒体与艺术设计的多学科交叉应用领域，是AR、VR等前沿炫酷技术的重要支撑。学科既重视理论，又与实践密切联系。在专业学习过程中，我们不仅能学习不可见的计算机底层硬件和工作原理，还可以直观地看到图形学、游戏设计、数媒创意设计等课程的实践成果。

四年的学习极大地扩展了我的知识视野，培养了我的动手能力和创新思维，为将来的工作和学习打下坚实的基础。

在成电这个大平台里，有许许多多的资源和机会可以去把握。学院的URP计划，各种出国交流计划和各种比赛（如数学建模、ACM），以及项

目和工作室让人应接不暇，只要下定决心，无论目标如何，总能找到适合自己的资源和机会。

除专业学习外，感受最深的就是成电讲坛和成电舞台，这是提高人文素养的有效途径。借助成电讲坛和成电舞台，我们可以与诺贝尔奖得主、各行各业的顶尖人才交流，也可以聆听古典音乐会，陶冶情操，放松身心，是不可多得的生活调味剂！

——2017级本科生、中山大学硕士在读：聂宇翔

7. 数据科学与大数据技术专业

数据科学与大数据技术专业是成电2017年首次开设的新专业，很荣幸作为大数据专业的一员，在成电学习了四年。

数据科学与大数据技术专业聚焦于时代科技前沿，将大数据作为研究对象，通过学习如何对大数据进行存储，如何对大数据进行分析，以及如何通过人工智能等方式从大数据中学习有用的知识，培养学生大数据思维与能力，在以后无论是工业界中遇到的挑战，抑或是面对学术界的难题，都能从新的大数据视角分析问题，解决问题。此外，成电开设此专业的优势更是可圈可点。首先，从教学方面，计算机学院的老师都有丰富的教学实践经验，其中不乏工业界、学术界的大咖，专业教学本领毋庸置疑。其次，学院积极推动的本科生科研计划URP，更是可以让本科生提前一步接触科研，走进科研，发掘感兴趣的领域，提前为以后的深造打下基础，更有不少本科生通过URP计划发表论文。最后，不得不提的是成电的人文关怀培养，科大达人秀，校园艺术节，各种各样的兴趣社团供你选择，让你做一名有文艺气息的理工科学生。

回到2017年那个暑假，再给我一次重新选择专业的机会，我还是会毅然决然地选择数据科学与大数据技术专业。

——2017级本科生、电子科技大学研究生在读：肖廷松

8. 计算机科学与技术（“互联网+”复合型精英人才培养实验班）

“互联网+”培养计划更注重学生的自学能力培养和综合素质提升，在科学囊括多方向课程的同时，鼓励我们通过小组合作学习、相互帮助激励

的方式掌握知识并付诸实践，从而能够更灵活地把握学科要领，进而体会专业课程如何一步步从抽象的数学理论发展到解决实际问题的前沿算法和代码实现上。更重要的是，“互联网+”还积极培养了我们的工作能力与国际视野，一方面从本科二年级开始落实学生的企业实习任务，另一方面带领学生前往其他国家感受不同文化背景下的计算机学习氛围，这使得我们不断调整学习时的目的和心态，最后也成功让首届毕业生在各自喜爱的方向有所成就。

——2016级本科生、卡耐基梅隆大学深造：陈思宇

板块三 数据说专业

学科建设方面：

（1）计算机学科ESI排名从2018年初的全球前2.211‰进入2021年度的前0.379‰，全球排名第22位。

（2）计算机学科在软科世界一流学科排名从2018年初101～150位到2021年度上升至第12位。

教研项目建设方面：

（1）获得教育部第二批新工科研究与实践项目立项3项（国家级教研项目）。

（2）中国高等教育学教改会项目立项2项。

（3）省部级教改项目立项4项。

专业建设方面：

（1）2020年计算机科学拔尖学生培养基地入选首批国家“基础学科拔尖学生培养计划2.0基地”。

（2）2021年，依托此前入选的“计算机学科拔尖学生培养计划2.0基地”，首届国家“珠峰计划”拔尖人才实验班在四川、重庆、山西、安徽和江苏5个省市共招收了14名学生，开展本硕贯通精英人才学术培养新模

式。

（3）2020年与西南财大联合培养的智能金融与区块链金融“双A”联合学位实验班的首批招生，在国内首创了跨校专业特色人才培养新模式。

（4）计算机科学与技术专业入选2019年度国家级一流本科专业建设点名单。

（5）网络空间安全专业入选2020年度国家级一流本科专业建设点名单。

（6）结合2016年的“互联网+”复合型精英人才双学位培养计划实验班的首批招生，在国内率先开展了跨“理工管”专业大类、双学位人才培养模式改革。

（7）2019年新增人工智能专业，为教育部批准的第一批人工智能专业，并首批招生60名学生。

（8）数据科学与大数据技术入选2020年度省级一流本科专业建设点名单。

课程建设方面：

2020年11月，学院共有6门课程获得第一批国家级一流本科课程认定。

（1）2020年11月，“计算机组成原理”被认定为线上一流课程。

（2）2020年11月，“数据结构与算法”被认定为线上一流课程。

（3）2020年11月，“计算机组成原理”被认定为线上线下混合式一流课程。

（4）2020年11月，“汇编语言程序设计”被认定为线上一流课程。

（5）2020年11月，“离散数学”被认定为线上一流课程。

（6）2020年11月，“程序设计基础(C&C++)”被认定为线上一流课程。

教材建设方面：

2021年10月12日，在“首届全国教材建设奖”中，电子科技大学计算机科学与工程学院（网络空间安全学院）获得“全国教材建设先进集体”奖励称号。

名师培育方面：

2019年，张小松教授荣获首批“四川省教书育人名师”称号。

实验室建设方面：

（1）2021年，学院人工智能实验教学中心入选“省级实验教学示范中心建设项目”。

（2）“青少年编程教学虚拟仿真实验”被认定省级虚拟仿真实验教学一流课程。

（3）教育部产学合作协同育人项目共有63项。

板块四 专业焦点

（1）教育部发文公布了首批国家基础学科拔尖学生培养计划2.0基地遴选结果。经过学校认真准备，我校申报的“计算机科学拔尖学生培养基地”成功入选，成为首批12个国家级计算机科学拔尖学生培养基地之一。

（2）2021年10月21日，由我校主办的多媒体领域顶级国际会议——第29届ACM国际多媒体会议（ACM International Conference on Multimedia 2021）在成都开幕。四川省科技厅厅长刘东、副校长熊彩东在开幕式上致辞，大会主席、计算机科学与工程学院院长申恒涛教授主持开幕式。

（3）2021年，全球最大的计算机领域专业性学术组织ACM公布了2020年新入选的ACM Fellow名单。我校计算机（网安）学院申恒涛教授当选，ACM官方公布的当选理由为表彰申恒涛教授在大媒体内容理解、索引和搜索方面做出的科学贡献。本次中国大陆高校有4位学者当选，是中国西部首次有学者入选。

（4）2020年5月30日是第四个“全国科技工作者日”，第二届全国创新争先奖表彰奖励大会在北京隆重举行。我院张小松教授继2020年1月获得国家科技进步一等奖后，再获第二届全国创新争先奖。

（5）近日，电子科技大学计算机科学与工程学院鲁力教授所在团队撰写的论文《Internet-of-Microchips: Direct Radio-to-Bus Communication with SPI Backscatter》在MobiCom第26届移动计算和网络国际会议（The 26th Annual International Conference on Mobile Computing and Networking）上发

表。这是我校首次在该会议发表学术论文，实现了零的突破。

（6）第31届国际万维网大会WWW（International World Wide Web Conference 2022）放榜，我校计算机科学与工程学院（网络空间安全学院）2019级本科生王正仁第一作撰写的关于松弛团枚举问题的论文《Listing Maximal k-Plexes in Large Real-World Graphs》被接收，届时该学生将在会议上展示成果并进行学术报告。论文在电子科技大学算法与逻辑团队老师的共同指导下完成，王正仁为论文第一作者，周毅副教授为通讯作者，肖鸣宇教授和Bakh Khoussainov教授分别为第三和第四作者。

（7）首届全国人工智能创新应用大赛全国总决赛落幕。我院段翰聪教授与李林副教授共同指导的两支队伍分获大赛总决赛全国一等奖与全国二等奖，段立新教授指导的队伍获得总决赛三等奖。

（8）我院2021级硕士研究生潘尔林的论文“Multi-view Contrastive Graph Clustering”被第35届神经信息处理系统大会（Conference on Neural Information Processing Systems，NeurIPS）成功录用。潘尔林为论文第一作者，其导师康昭副教授为通讯作者。NeurIPS会议每年举办一次，作为公认的人工智能、机器学习领域国际顶级会议，也是中国计算机学会（CCF）推荐A类会议，具有广泛而深远的国际影响力，受到来自学术界和工业界的广泛关注。

（9）2020年9月28日，由电子科技大学和西南财经大学联合主办、智谷星图承办、蚂蚁链协办的2020中国区块链金融人才培养与产业应用高峰论坛在电子科技大学清水河校区圆满举办。超过百位来自全国各大高校教师代表出席了本次论坛，共同探讨中国区块链金融人才培养、区块链金融工程专业建设、区块链产教融合等方面的机遇与挑战。智谷星图合伙人周熙涵为2020级智能金融与区块链金融“双A”联合学位实验班的十名优秀同学颁发奖学金，以鼓励这些同学们在未来创新的道路上继续突破自我。

10 信息与软件工程学院

板块一 白话说专业

1 专业名称

软件工程（Software Engineering，国家示范性软件学院）是国家级特色专业，入选教育部“卓越工程师教育培养计划”。所在学院入选首批特色化示范性软件学院。

2 一句话简介

信息通达天下，软件兼容世界。

3 我校开设软件工程（国家示范性软件学院）专业的优势和特色

作为全国第一批36所软件工程专业院校之一，多届以来，软件学院毕业生的走向和反馈都非常好。我们学院长期积淀下来的理论优势让同学们具有深厚的计算机体系理论，我们的“卓越工程师计划”对于培养同学们的工程能力，提升同学们的国际视野非常有帮助，所以软件工程专业的毕业生不仅具有很强的动手实践能力，还能对接国际，如常有国外知名教授前来讲学，我院学子赴外交流等，都对同学们今后的发展非常有利。

——信息与软件工程学院教授：张凤荔

卡耐基梅隆大学的教授Bill William Nace给同学们讲授课程

国际精英班开班

4 软件工程（国家示范性软件学院）专业学什么

从课程体系来看，首先，学习计算机最基本的理论，只有掌握扎实的理论，在解决问题时才能做到游刃有余；其次，数学也是极其重要的，对于计算机专业的学生来说，算法分析、数据结构等知识都是跟数学紧密相关的；再其次，解决复杂工程的能力，软件工程专业不同于其他的培训机构，我们的学生不是仅仅写一个网站，做一个程序，而是要对内部机理、业务逻辑有很清晰的认识；最后，解决复杂问题，一定要学会合作，所以沟通协作的能力，也非常重要。

——信息与软件工程学院教授：张凤荔

我院学子喜获iGEM世界总决赛金牌

5 软件工程（国家示范性软件学院）专业能解决社会上哪些问题

软件现在应用得太广泛了，从航空航天到科考巡航，从天空到海洋，无一不需要软件来发挥作用，如交通的控制、管理，航天的模拟，汽车的自动驾驶，等等。最后汇总出来都是数据，但靠人来处理肯定是不现实的，所以就需要软件来执行。大到国家，小到个人，各行各业，只要有信息出现的地方。都要靠软件去进行数据采集、汇总、处理，最后通过合理地控制来服务于大家。

——信息与软件工程学院教授：张凤荔

比利时实训

6 软件工程（国家示范性软件学院）专业误区解读

很多人认为，软件工程的毕业生就是编写程序，但是实际上软件作为一种服务工具，一直以来在不断更新换代。到今天为止，软件常常需要有智能化、自学习等功能。毫无疑问，软件已经发展成了一种系统工程，其复杂程度不是简简单单的程序可以比拟的。比方说最开始的数据是靠人工来处理的，到后来发展到文件系统，再到现在的数据库，新的技术、新的理论不断产生，也给软件带来了很大的变化，而软件也逐渐从面向技术开始向面向服务发展。但是各行各业所接触到的软件的复杂程度不同，所以导致了不同的人对于软件的认知出现了不一样的偏差。不是本专业的人员，很有可能对于软件工程学科和专业产生这样的误解。

——信息与软件工程学院教授：张凤荔

学院与企业合作座谈

7 软件工程（国家示范性软件学院）专业学生毕业走向

软件学院2021届正常毕业学生人数为620人。在毕业生中，出国深造96人，出国深造率达到15.48%，其中多人被国外顶尖知名高校录取——6人被卡耐基梅隆大学录取，4人被加州大学录取，1人被帝国理工学院录取，3人被新加坡国立大学录取；国内读研196人（保研111人、考研85人），国内读研率为31.2%，在读研学生中，全部为“211”高校或各类研究所；直接签约就业301人，签约率为48.5%，在签约学生中，从事软件相关行业296人，就业专业对口度达到98.3%，签约学生平均初始年薪水平达到19万元。

综合深造和就业情况，学院总体就业率为95.65%。

毕业去向

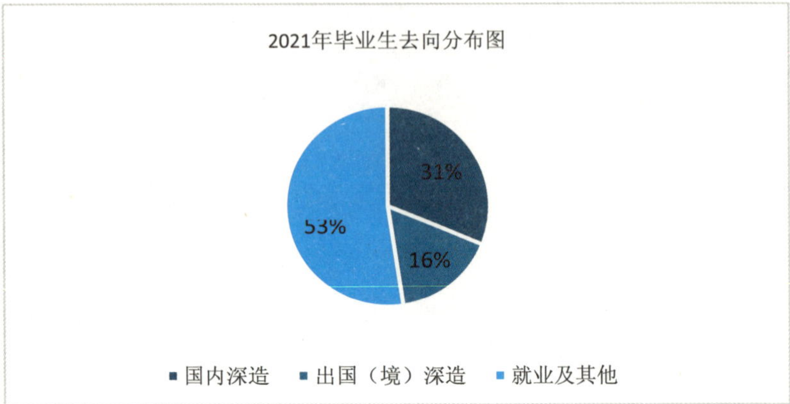

1 国内深造：210人，占比31%

在信息与软件工程学院2021年毕业生中，有196人进入世界一流大学建设高校（A类）读研深造，有12人进入世界一流学科建设高校读研深造，有2人进入其他高校读研深造。

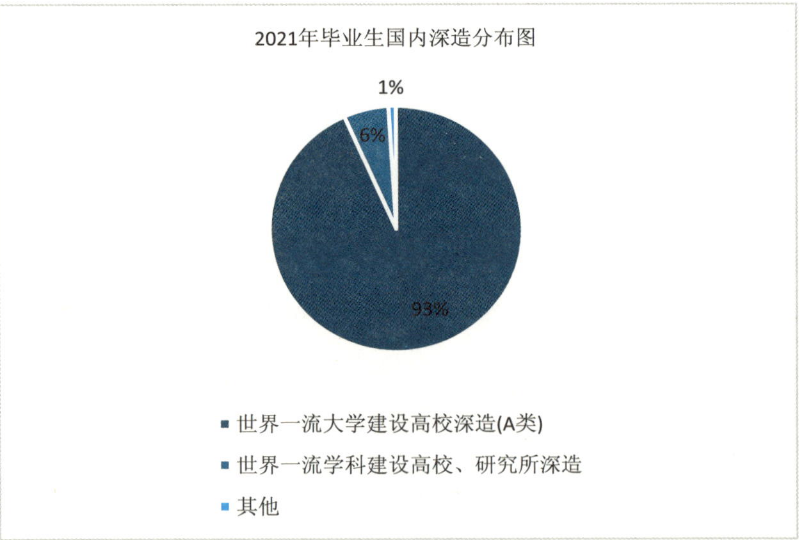

② 出国（境）深造：110人，占比16%

在毕业生中，在国（境）外知名大学offer的毕业生中，进入QS世界排名1～100大学深造的有97人，QS世界排名101～200大学深造的有13人。

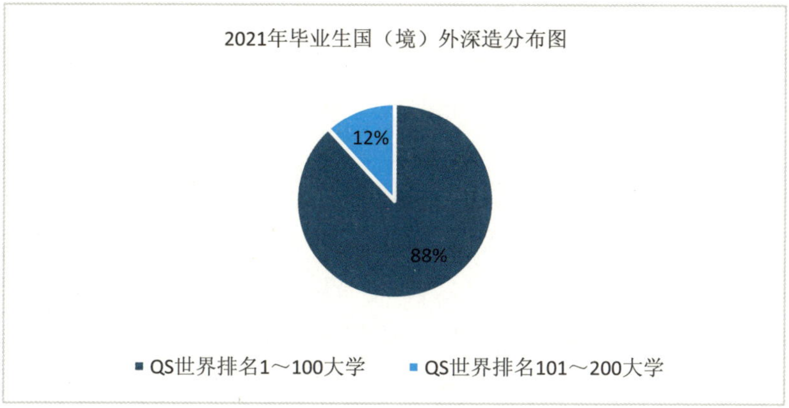

③ 就业及其他：352人，占比53%

从就业情况来看，3人进入生产、供应业，3人进入公共管理，1人进入教育业，44人进入金融业，2人进入批发零售业，10人进入制造业，221人进入信息产业，4人进入交通物流业。

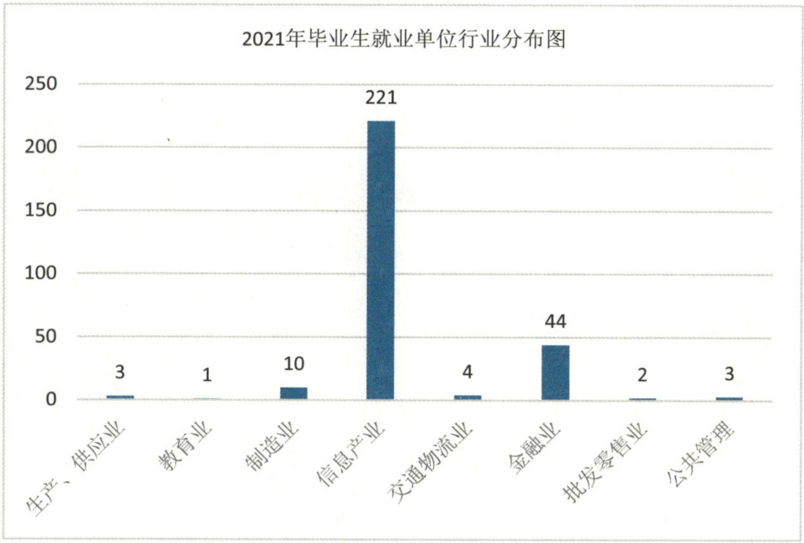

板块二 达人说专业

8 教授寄语

软件工程专业为国家级特色专业，该领域和学科方向在未来30年都有长足的发展空间。智能机器、工业智能化、大数据时代等能解决社会需求的计算机硬件与软件整体科技已成为必备的智能基础设施。软件工程学科通过完善的培养体系和团队合作，让学生具备构建复杂、大型软件的能力，这将非常有益于毕业生在软件产业中占据领导地位；学校着力打造“互联网+”平台，注重工程培养，在大一、大二、大三期间把学生安排在各个企业去实习。经过了系统化体系培训的软件人才更容易走向国际化，也更受国内外大中型规模软件公司的欢迎。

——信息与软件工程学院教：张凤荔

软件学院教授罗光春获何梁何利青年创新奖

9 学长感悟

在本科四年的学习中，不仅注重积累基础知识，还延伸和培养兴趣。软件学院在资源利用方面一点都不吝啬，各个方面的必修课能让你充分了解软件工程到底是什么样的学科，“琳琅满目”的选修课能让你充分探索自己喜欢的领域，形形色色的社团能实现你对所有爱好的一切幻想。于是本科四年我先后学会了各种球类运动，还学会了游泳、吉他等。学院乃至学校有各种各样的组织，能够充分锻炼你的领导和管理才能，如学生会、公管会等。我曾在公寓会当了几年主席，受益颇多。本科四年是你开疆扩土的四年，是你大刀阔斧改变自己的四年，也是突飞猛进变化最大的四年。这四年可以成就一个人，也可以毁灭一个人。充充实实地度过这四年，培养一两个兴趣，学会一两个技能，多交一两个朋友，少玩一两个游戏，我想，在软件学院的本科四年一定会是一生中最难忘的四年。

研究生学习不同于本科学习，本科学习更注重一些学习观念，还有兴趣的培养，而作为培养高级专业人才的研究生教育，关乎国家的未来，也对接受这种教育的个人一生的发展至为关键。研究生阶段的学习是一个将理论学习转化为实践的过程，其表现即为对科研的重视，脚踏实地，将学习和科研二者紧密结合。

研究生课程有很多，“Linux内核”分享了“一切皆文件”这一核心思想，将我们带到Linux系统内部的世界，不管是体系结构，还是内核源码都一览无遗，令人流连忘返；“高级计算机结构”剖析了计算机底层硬件运行机理，从8086到酷睿等各个处理器的讲解独树一帜，让人觉得深刻且有趣。像这样的课程及优秀的教师还有很多，他们渊博的理论知识和深厚的技术底蕴满足了大多数学生对知识的渴求和一切好奇，于是我们研一就深深陷入在这些课程及老师的魅力中，我也是其中一名“中毒”的学生。

研究生期间会碰见各种事情交杂在一起的情况，让人焦头烂额，让人想要去回避。所以我读研究生的第一个收获就是懂得磨炼自己，第二个收获就是保持一个阳光心态。如果一件事情让你觉得头大难做，让你觉得想要逃避，让你觉得心态爆炸，那么这件事多半是对你有益的。所以，当某一天你遇到让你觉得棘手的事情，首先想到的不是逃避，而是怎么保持阳光的心态去做，并且能够与现在的事情进行协调和解决时，那么今后你一定可以比别人走得更远。我第三个收获就是树立对人对事态度，对知识保持渴求，对老师保持尊敬，对朋友保持友善。懂得磨炼自己，懂得改变心态，懂得树立态度，这三种领悟，不仅是我研究生期间得到的最宝贵的经验，也是我今后成长之路的“约法三章”。

——2017级研究生、优秀研究生、优秀班干部：吴东元

党的十八大以来，习近平总书记深刻把握信息化发展大势，高度关注新时代下的网络安全挑战，多次在不同场合就网络安全发表一系列重要论述，把我们党对网络安全的认识提升到了新的高度和境界。学习网络安全，既是为了掌握这柄进攻的长矛，又是化为防守的坚盾。

在学习一段时间网络安全后，我略有些感悟和体会，希望与大家一起交流和探讨。

学习网络安全，就像评书，只有通读整体，把握宏观，同时对细节能有很好地把控，才能发挥得自然、潇洒。学习网络安全，我认为需要从“微”去学习、钻研。

第一层“微”，即“微”言大意。许多网络安全的漏洞并不是很高深的知识，诸多产生重大威胁的安全问题的来源也都是很普通的场景，但是一个没有注意的编程细节，或许就是软件中的安全隐患；一句网上随意的交谈，或许就是信息泄露的突破口。网络安全并不总是高深的计算机知识，厉害的网络安全专家也不总是计算机功力深厚的大师。能从简简单单的细节中发现的安全问题往往是最致命的安全问题。

第二层“微”，是积“微”成塔。如同凡事无法一蹴而就，网络安全的学习也无法一步登天，网络安全的学习就像是捡芝麻，每学会一个知识点就拾得一粒，只有不断地积累，才能引起质变。只有在各个方面的长期积累和沉淀，才能在具体应用场景下，如数家珍，得心应手。

第三层“微”，须见“微”知著。于我所认为，“脚本小子”和“白帽黑客”之间的区别便在于能否见“微”知著。若只是单纯的重复，见一是一，见二是二，那水平必然相对于能够由点入面、知一得二的学习者会有

较大的水平差距。而这种差距的产生，需要前期脚踏实地，夯实基础。

网络安全是一门艺术，也是一个钻空子的游戏。攻击方需要考虑怎么样从别人制定的“游戏规则”中突破、去进攻。而防守方需要提前去考虑“游戏规则”有什么漏洞，别人会怎么进攻，并且提前去修正或者事发后及时修复。但这个“游戏”没有游戏指引、没有NPC，需要我们自行去发现、去探索。所以除了专业学习，日常中，我们也需要刻意培养自己发现问题、提出问题的能力，强化自己的“另类”思维。

随着信息技术和网络的快速发展，网络安全已经和国家安全、社会安全直接挂钩，甚至随着诸多电子设备、物联网设备的普及，网络安全与民众也已经产生了直接的联系。有人说，搞网络安全不都是叫“黑客”吗，是“搞破坏”的。实则非也，学习网络安全不是为了去破坏，而是为了去保护，去防止少数别有用心的人去恶意地破坏。但不知攻，安知防？网络安全，是为长枪，亦为坚盾。

——2018级本科生：王滨

10 校友感言

回忆大学时光，最幸运的事情就是选择了电子科技大学，一所求实求真的大学。在信息与软件工程学院，我体验到了多元化的培养方案，获得了交流访问的经验，并且在校企合作中体验到了不同的学习方式。

在信息与软件工程学院中，我们有着不同的培养方案。我的方向是数字动漫方向，这个方向设有计算机图形学、计算机动画学和人机交互等专业课。专业课根据不同的方向而定，多元化的培养方案使我们更加专注于感兴趣的相关领域。

在校期间，我最感激的就是学院和企业之间密切的合作。无论是对于计划工作的同学，还是深造的同学，都是一段珍贵的经历。在企业实习期间，我真正地将知识应用于实际当中，在实践中学习和成长。实习的经历填补了本科生对企业的认识和了解，使得我们在规划未来时有明确的目标。

在校期间，学院提供了大量的国际交流的机会，如新加坡国立大学暑期项目、美国罗格斯大学暑期实训，等等。这些难得的机会让我们走出校门，去感受不同的学习氛围和科研项目，提升我们的国际化视角，也有助于计划出国深造的同学提前了解目标学校。

青春数漫，在这里，我不悔初心。

——2014级本科生、国家奖学金获得者、四川省优秀毕业生、现就读于新加坡国立大学：常红燕

板块三 数据说专业

（1）2018年11月，信软学院教授罗光春获何梁何利青年创新奖。

（2）2019年2月，“云操作系统研发与应用国家地方联合工程研究中心”获批国家级科研平台1个。

（3）2019年7和8月，学院获省部级科研平台2个。

（4）2019年9月，周世杰荣获首批“四川省教书育人名师”称号。

（5）2019年10月，省级MOOC立项4门。

（6）2020年1月，“信息安全导论”获省级课程思政立项。

（7）2020年7月，学院特聘国外专家Buyya Rajkumar。

（8）2020年11月，首批国家级一流课程立项3门。

（9）2021年4月，廖勇老师获省教学创新大赛（正高组）一等奖。

（10）2021年7月，廖勇老师获国家教学创新大赛（正高组）二等奖。

板块四 专业焦点

（1）2019年12月，软件工程专业获批国家级一流本科专业建设点。

（2）2018年8月，杨雨沛、胡枭等4组同学获第十一届全国大学生信息安全竞赛全国一等奖，王瑞锦老师获“优秀指导教师奖”，电子科技大

学荣获“优秀组织奖”。

（3）2019年9月，时涵之、龙俊霖等同学荣获中国大学生计算机设计大赛（物联网应用和数媒动漫游戏类）全国一等奖，何明耘老师获“优秀指导教师奖”。

（4）2020年6月，教育部高等教育教学评估中心公布了2019年工程认证专业通过名单，软件工程专业通过第二轮工程认证，有条件6年。

（5）2020年9月，罗嗣达、姜人楷等同学荣获中国大学生计算机设计大赛国家级一等奖。

中国大学生计算机设计大赛

（6）2020年10月，孙一淼、陈子明等同学荣获中国“互联网+”大学生创新创业大赛四川省金奖/全国铜奖，是我院首次在该竞赛取得的国家级奖项。

（7）2020年10月，刘昊、黄健波、吴天等同学荣获“中国软件杯”大学生软件设计大赛国家级一等奖，我校荣获“最佳学校组织奖”。

（8）2020年12月，“四川省智能软件与系统工程技术研究中心”获省部级科研平台。

（9）2021年4月，省级一流课程立项4门。

（10）2021年8月，王问骁、郑博文等同学获中国大学生服务外包创新创业大赛全国一等奖，王瑞锦等老师获“优秀指导教师奖”。

（11）2021年12月，学院获首批特色化示范性软件学院。

信软开放实验室

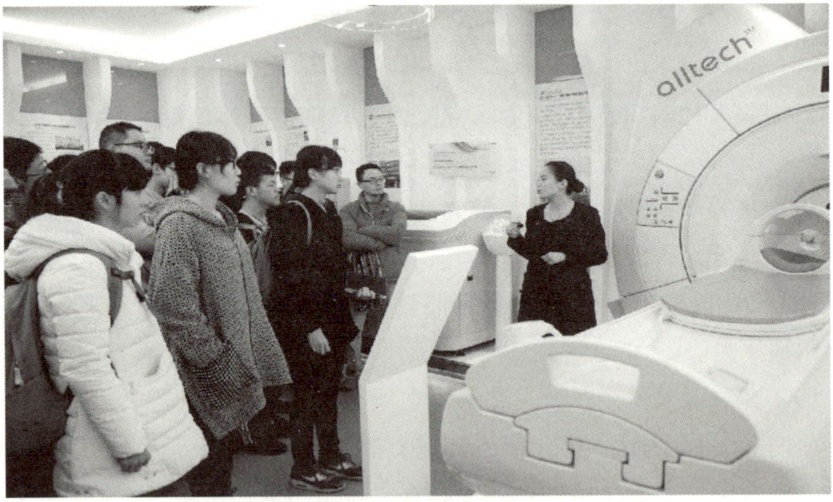

同学参观澳新银行

学生支教

英国游戏设计大赛

11 航空航天学院

板块一 白话说专业

1 专业名称

航空航天类（飞行器控制信息、空天智能设计制造、无人机）专业

按大类招生，该类包括航空航天工程、探测制导与控制技术（省级一流本科专业建设点）、无人驾驶航空器系统工程和飞行器控制与信息工程4个专业。

2 一句话简介

锻铸大国重器，开拓空天疆域。探测是五官，制导是向导，控制是大脑，信息是神经。空天融合，无人崛起，多机协同、智能为王。

——航空航天学院教授、院长：李辉

获第十六届“挑战杯”全国大学生课外学术科技作品竞赛全国银奖

◯ 3 我校开设航空航天类（飞行器控制信息、空天智能设计制造、无人机）专业的优势和特色

我校的航空航天类专业是“电子信息+航空航天”的智能航宇学科专业，它根植于电子科技大学雄厚的电子信息学科群，依托飞行器集群智能感知与协同控制四川省重点实验室。该专业是为了满足“电子信息+航空航天”交叉融合的新航空航天类人才需求而设立的，主要培养智能飞行器、数字化设计、智能制造、测控通信、导航制导、探测控制、多飞行器集群智能感知、多飞行器协同控制等关键技术领域的精英人才。

——航空航天学院专业首席教授：徐利梅

4 航空航天类（飞行器控制信息、空天智能设计制造、无人机）专业学什么

该专业遵循厚基础、宽口径的培养思路。从课程体系来看，首先学习的是数理自然科学基础知识；其次学习电子信息领域最基本、最核心的课程，如电路分析、信号系统、数字逻辑、嵌入式等课程；最后学习各专业方向的核心特色课程。

1. 航空航天工程专业学什么

该专业的核心特色课程有 飞行器总体设计、飞行器数字化设计与仿真、飞行器智能制造基础、飞行控制原理、飞行器智能感知技术、探空火箭设计与制作实验、多智能飞行器协同综合创新实验，等等

——航空航天学院教授：李波

2. 探测制导与控制技术专业学什么

该专业的核心特色课程有现代传感与探测技术、通信原理、电磁场与微波技术、导航原理基础、飞行控制原理、多智能飞行器协同综合创新实验。

——航空航天学院教授：李滚

3. 无人驾驶航空器系统工程专业学什么

该专业的核心特色课程有无人驾驶系统基础、电磁场与微波技术、无人系统通信原理与通信网络、飞行控制原理、无人机群智能技术基础、多智能飞行器协同综合创新实验。

——航空航天学院教授：张天良

4. 飞行器控制与信息工程专业学什么

该专业的核心特色课程有通信原理、飞行控制原理、飞行器总体设计、导航原理基础、飞行器测控通信原理、多智能飞行器协同综合创新实验。

——航空航天学院教授：羊恺

美国罗格斯大学暑期交流

阿布扎比国际机器人竞赛晋级全球总决赛

5 航空航天类（飞行器控制信息、空天智能设计制造、无人机）专业能解决社会上哪些问题

1. 航空航天工程专业能解决社会上哪些问题

无论是国家各类航空航天飞行器，还是各类工业产品，都离不开设计、制造与运行维护，电子科技大学航空航天工程专业就是解决设计、制

造与运行维护环节中的数字化、信息化和智能化问题。首先，解决飞行器设计中如何运用最新人工智能技术、计算机软件技术进行数字化和智能化设计的问题；其次，解决飞行器制造中如何运用最新的智能感知与电子信息技术、计算机技术、网络通信技术进行信息化、智能化制造和工业大数据分析的问题；最后，解决飞行器运行维护中如何运用最新的数字孪生与混合现实技术进行信息化和智能化的问题。航空航天工程专业所学的电子信息、智能科学与计算机网络知识，不仅能解决上述飞行器设计、制造与运行维护的数字化、信息化和智能化问题，还能解决其他非航空航天领域的制造产品的数字化、信息化和智能化问题，更能扩展到其他非制造领域（如银行、保险等）的数字化、信息化、智能化问题！

——航空航天学院教授：李波

2. 探测制导与控制技术专业能解决社会上哪些问题

假如你乘坐一艘飞船到遥远的火星，从离开地球摇篮到到达火星家园，你须臾都离不开导航、制导与控制这三种技术。你可以想象，你的飞船就是一只特殊的风筝，它装载了各种价值连城的高精尖设备（如导航设备、测控通信设备、星载计算机，等等）。巡天遥看一千河，那么，地面所有的科学家就是放风筝的人，在飞船和地面之间有一条看不见的信息流，你的平安，须臾也离不开这三项技术。实际上，探测制导与控制设备是我们常见的各类飞机、卫星、火箭、导弹、制导武器、汽车和各类航行器的最低“标配”。你可以形象地理解，探测就是通过声、光、电、磁等手段发现和识别飞行器目标，制导就是通过导引和控制使飞行器按一定规律飞向目标或预定轨道的方法，这期间，控制技术就是飞行器的大脑！

——航空航天学院教授：郭亮

3. 无人驾驶航空器系统工程专业能解决社会上哪些问题

无人机，新时代的宠儿，全天候活跃送快递、抢险、拯救生命、农业生产、海洋监测等领域。无人机以极高的性价比、强大的生存能力和机动性优势，已担起“空中飞人”的重要角色，成为人类最“忠实”的战友。尤其是环境极度恶劣、人类望尘莫及的地方，无人机都能作为先锋，第一时间冲到最前线，自主完成复杂艰巨的任务。

“无人驾驶技术”和“多机协同控制技术”有机融合的群体智能也已经成为新一代人工智能的重要方向，正牵引着汽车自动驾驶、地面车联网、空中智慧交通、水下自主航行等科技新领域的发展。

——航空航天学院教授：张天良

4. 飞行器控制与信息工程专业能解决社会上哪些问题

飞行器控制与信息工程已经成为现代航天航空智能飞行器系统的核心组成部分之一，也是空天技术领域的核心技术，是未来航空航天学科的主要发展方向，尤其在航天测控系统、航天综合电子与信息系统、高自主性航空飞行控制系统等的设计与应用中发挥着越来越重要的作用。因此该专业主要面向航天器、航空器和导弹等飞行器，重点培养能够在智能感知、飞行控制、协同控制、测控通信、智能航电等领域开展科学研究、工程设计、系统集成和管理等工作的能力。

——航空航天学院研究员：陈德华

6 航空航天类（飞行器控制信息、空天智能设计制造、无人机）专业误区解读

随着新型电子技术和功能材料的迅速发展，及其在航天航空领域的广泛应用，“智能化”“自主化”已成为未来飞行器的重要特征。电子信息将在未来飞行器的设计中扮着更为重要的角色，是智能宇航领域中面临的重大技术难题。电子科技大学的航空航天类专业应运而生，依托学校强大的电子信息学科群，在智能飞行器设计、智能制造、探测控制、导航制导、多飞行器集群智能感知、多飞行器协同控制等关键技术领域开展研究，并培养航空航天领域的“电子信息”顶尖人才。

电子科技大学的航空航天类专业人才培养是基于宽口径、厚基础的培养，为学生的深造和就业打下了厚实宽广的基础。从近三年的深造率和就业率来看，70%以上的学生选择到国内外知名高校攻读硕士/博士学位，其余学生选择到中国航空工业集团、中国航天科技集团、中国电子科技集

团、中国民航或知名企业等就业，就业率100%。

——航空航天学院教授：刘强

7 航空航天类（飞行器控制信息、空天智能设计制造、无人机）专业学生毕业走向

该专业毕业生具备较高的科研能力和人文素养，创新实践能力强。70%以上的学生选择到国内外知名高校攻读硕士/博士学位，其余学生选择到中国航空工业集团、中国航天科技集团、中国电子科技集团、中国民航或知名企业等就业。

毕业去向

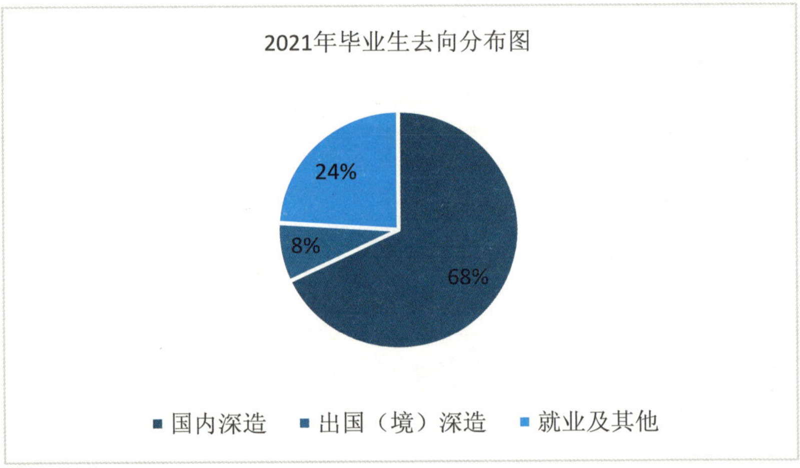

1 国内深造：51人，占比68%

在航空航天学院2021年毕业生中，有50人被世界一流大学A类建设高校录取，有1人被中国兵器集团下属研究所录取。

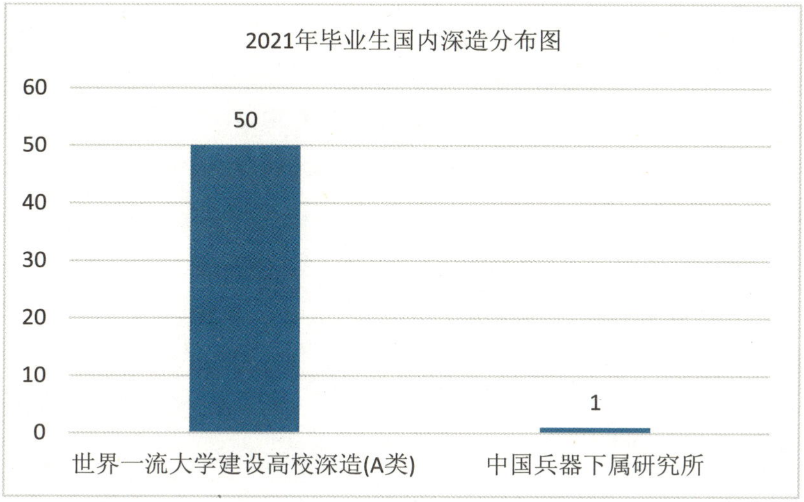

② 出国（境）深造：6人，占比8%

在国（境）外知名大学offer的毕业生中，进入QS世界排名1～100大学深造的有4人，QS世界排名100以外大学深造的有2人。

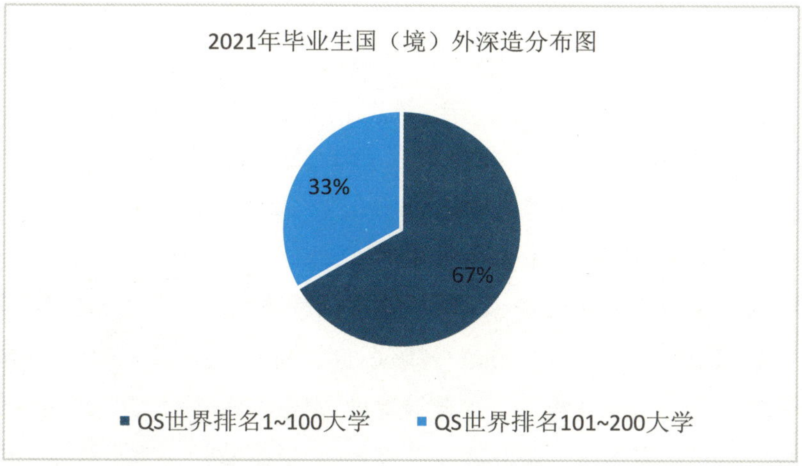

③ 就业及其他：18人，占比24%

在就业的毕业生中，6人继续攻读第二学士学位，3人进入航空航天相关知名科研院所，14人进入信息产业。

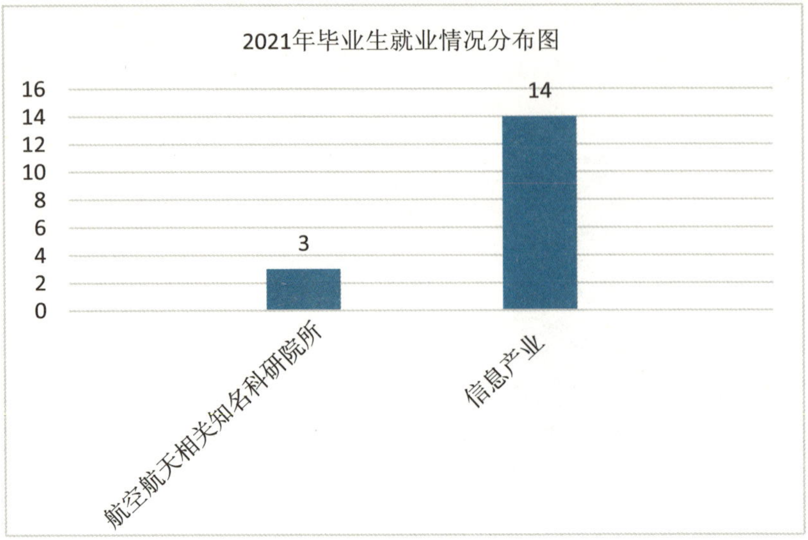

板块二 达人说专业

8 教授寄语

1. 探测制导与控制技术专业

我国空天技术发展战略、空间科学发展战略、自主无人系统发展战略和人工智能战略的实施，必将进一步促进世界各国竞相发展新一代智能飞行器系统技术的研发及应用，因此该专业发展前景十分广阔，国家对该技术领域专业人才需求也非常旺盛。本专业以“探测技术+制导技术+控制技术+信息技术+人工智能技术+飞行器技术”为主要技术内涵，融合了我校电子科学与技术、信息与通信工程、计算机科学与技术、控制科学与工程、航空宇航科学与技术等强势学科的专业核心基础知识。依托电子科技大学航空航天学院“飞行器集群智能感知与协同控制”四川省重点实验室，该专业必将为青年学子提供广阔的科学技术历练舞台和成就梦想的天地。

——航空航天学院教授、四川省学术和技术带头人：秦开宇

2. 航空航天工程专业

航空航天是战略高科技，是世界大国角逐的主战场；航空航天产业具有极强的科技和经济带动作用。航空航天工程专业所学知识涵盖多个领域，具有挑战性。本校的航空航天专业根植于学校通信、电子类优势学科群，以信息的获取、变换、处理、传输、施能为主线，应用于航空宇航系统，是支撑新一代航空航天器及系统设计、制造、集成、试验的基础性专业。

——航空航天学院教授：吴谦

3. 无人驾驶航空器系统工程专业

该专业面向国家重大科技需求，适应航空航天技术发展趋势和无人驾驶航空器系统行业人才需求，充分发挥电子科技大学在电子信息学科群的整体优势，依托“飞行器集群智能感知与协同控制”四川省重点实验室，实现“航空航天”与“电子信息”的有机结合，以“智能感知+数据融合+安全通信+协同控制”为核心，培养解决智能无人驾驶航空器系统的设计、运用、适航和管理等复杂工程问题，面向“无人驾驶飞行器+电子信息”交叉学科领域的学术、技术和创业精英人才。

——航空航天学院教授：文红

4. 飞行器控制与信息工程专业

航空航天技术的飞速发展，必将为人类拓展活动空间、开发空间资源提供强大的手段与条件，并将对整个科学技术与国民经济发展做出更大的贡献。航空航天高科技工业与国家战略安全紧密相连，世界上各个大国都高度重视，并投入大量人力、物力、财力，进行新技术研发，极具发展前景。随着我国载人航天、新一代卫星导航系统、月球探测工程、高分辨率对地观测系统、大飞机、火星探测工程等一大批重大工程进一步推进，工

业部门对航空航天领域专业人才的需求会持续旺盛，迫切需要大量掌握飞行器技术、控制与信息技术的高素质复合型专业人才。

——航空航天学院教授：聂海涛

9 学长感悟

探测制导与控制技术是一门综合性比较强的学科，注重课程学习与科学研究的结合。在本专业的学习中，老师们会通过一些工程实例来激发我们的学习热情、启发创造性思维，并且多次的小组课程设计作业逐步培养了我们的团队协作能力与沟通交流的能力。在打牢专业知识的同时，我们还可以通过参加数学建模比赛、航模设计大赛、电子设计比赛等课外活动来扩展我们的知识结构，增强知识实用技能，做到学以致用。四年的学习时光，我们不仅学到了知识，更提升了自己的能力和综合素质，这些收获将成为我们在今后学习和工作中实现创新、创业、成才的基石。

——2017级本科生（中科院空天信息研究院直博）：张力夫

生源地中学：西安市铁一中学

航空航天工程专业具有很强的综合性，这体现在学习的过程中，我们专业学习中有很多挑战性课程和探究式小班研讨课。这些课程不仅要求我们把基础知识学扎实，还要触类旁通，了解相关学科的各类知识技能，并加以灵活运用。这就对于我们查阅资料、阅读文献、整理知识体系有较好的促进作用，也对我们入门科研奠定了非常好的基础。系统的课程学习可以帮助我们掌握系统性思维，从而更好地站在全局角度思考问题，进而解决问题。这大大增强了我们分析、思考和解决问题的能力。

——2018级本科生（中山大学深造）：杨梓霄

生源地中学：保定市第一中学

探测制导与控制技术专业具备明显的国防特色，我们主要学习微处理器系统结构与嵌入式系统、临近空间飞行器技术、临近空间测控通信技术、飞行控制系统、飞行力学基础、导航原理等专业课程。为了让我们对所学的知识有更深入地理解，这些课程往往设有相关的同步实验操作，真正做到学以致用。作为探测制导与控制技术专业的学生，这份强烈的专业使命感与民族自豪感会让你心怀梦想，可上九天揽月，奋勇创新，敢为天下先。

——2015级本科生（电子科技大学航空航天学院深造）：刘雍煌

生源地中学：山西怀仁市第一中学

10 校友感言

近年来，我国航天员成功进驻“天宫”空间站，“嫦娥”五号成功登月并采集月壤返回，国产大飞机C919正式签署订单，等等，每一则消息都振奋人心。取得这些成就离不开“特别能攻关”的航空航天专业人才。习近平总书记曾强调，“航空航天科技发展必将为人类带来更多福祉”，因此，为了实现中华民族伟大复兴，国家未来更加需要一批基础知识扎实，专业技能熟练，具备创新能力、领导能力的复合型空天人才。依托学校电子信息强势学科，学院始终走在高水平、高层次航空航天科技人才培养的前列，并开设航空航天工程、探测制导与控制技术、无人驾驶航空器系统工程和飞行器控制与信息工程四个特色专业。在校学习的四年时光，航空航天学院不仅帮助我夯实了专业基础，开拓了国际视野，更提供了我参加各类学科竞赛的机会。四旋翼飞行器设计、自平衡车研究等极大地锻炼了我的动手实践能力，为以后的职业发展铺平道路。星空浩瀚无比，探索永无止境，电子科技大学航空航天学院欢迎有梦想的你加入！

—— 2012级本科生（中航工业成都飞机设计研究所）：胡汉麟

生源地中学：成都树德中学（光华校区）

2012年本科生：胡汉麟

板块三 数据说专业

（1）学院获省部级及以上科研奖项9项。

（2）学院教师主持省级教研教改项目4项。

（3）学院教师参与教育部“新工科”研究与实践项目4项。

（4）学院改革各类课程44门次。

（5）1个教学团队被认定为省级“课程思政”示范团队；2门课程被认

定为省级“课程思政”示范课；4门课程认定为省级一流本科课程。

（6）教师获各类教学奖励或者荣誉20余人次。

（7）杰出人才净增3人，新增海外院士工作站1个，省市级人才入选12人次。

（8）本科生深造率70%以上（2021年达76.00%），研究生就业率100%，赴国家重点单位比例达63.98%。

板块四 专业焦点

（1）2018年8月，秦开宇教授入选四川省学术和技术带头人。

（2）2018年12月，“飞行器集群智能感知与协同控制四川省重点实验”获批。

（3）2018年12月，戴跃洪教授入选四川省“天府万人计划”天府创业领军人才项目。

（4）2018年12月，“面向航空航天创新型人才培养的工程教育改革与实践”案例入选四川省教育改革创新典型案例。

（5）2019年3月，文红教授获四川省科学技术奖二等奖。

（6）2019年10月，“高超声速导弹飞行原理与突防作战视景仿真实验”入选四川省虚拟仿真实验教学项目。

（7）2019年11月，戴跃洪教授入选2019年“蓉漂计划”创新创业人才。

（8）2019年12月，探测制导与控制技术专业入选省级一流本科专业建设点。

（9）2019年12月，“挑战杯”全国大学生课外学术科技作品竞赛全国二等奖。

（10）2020年12月，“工程创新与设计”课程被认定为四川省一流本科课程。

（11）2020年1月，“航空航天概论”课程被评为省级“课程思政”示范课程。

（12）2021年3月，“软件技术基础”课程被评为省级“课程思政”示范课程。

（13）2021年3月，航空航天类专业课程教学团队被评为省级“课程思政”示范教学团队。

（14）2021年4月，刘民岷老师获首届四川省高校教师教学创新大赛三等奖&首届四川省高校教师教学创新大赛教学学术创新奖。

（15）2021年11月，“航空航天概论”和“软件技术基础”被认定为省级一流本科课程。

12 数学科学学院

板块一 白话说专业

1 专业名称

数学类（数学与应用数学、信息与计算科学、数据科学与大数据技术）

按大类招生，该专业（类）包含数学与应用数学（入选国家级一流本科专业建设点）、信息与计算科学和数据科学与大数据技术三个专业。其中，数学与应用数学为国家级特色专业，信息与计算科学为四川省特色专业。

2 一句话简介

数学是人类思想的训练场，也是一切应用科技的基础。

——概率统计系教授：陈绍刚

数学是所有学科之母，是打开未来世界的钥匙。

——概率统计系教授：王定成

第44届国际大学生程序设计竞赛亚洲区域赛

3 我校开设数学类（数学与应用数学、信息与计算科学、数据科学与大数据技术）专业的优势和特色

ACM-ICPC国际大学生程序设计竞赛部分金奖证书

数学既是一门艺术，也是一门科学。它是研究自然科学、工程、医学和社会科学等诸多领域的重要工具，并且在一定程度上推动了一些全新学科的发展。

根据实际应用和前沿导向，学院开设了数学和应用数学、信息与计算科学和数据科学与大数据技术三个专业。在系统学习数学基础理论和基本方法后，学生分别进行数学模型、计算机和数学软件、信息科学和计算科学，以及数据建模、分析与处理和统计学推断等基本训练。这样，学院能培养出在科技、教育、经济部门等行业从事应用实际、开发研究和管理工作，以及数据分析与挖掘算法研究和大数据系统开发的研究型和技术型人才。

——基础数学系教授：窦芳芳

4 数学类（数学与应用数学、信息与计算科学、数据科学与大数据技术）专业学什么

数学是一门“研究数量关系与空间形式”的学科，它具有知识、方法、艺术和乐趣的功能，数学的基本特征是高度的抽象性、严密的逻辑性、描述的精确性和应用的广泛性。数学研究有两个方面，一方面是为了发展数学自身的理论，另一方面是利用数学解决各种具体的实际问题。学好了数学有助于理性、抽象、严密、逻辑的思维，有助于摒弃冗余的信息、把握问题的本质，有助于提炼观点、结论、思路和方法。

——应用数学系教授：钟守铭

“数山有路　学海无涯”素质拓展

5 数学类（数学与应用数学、信息与计算科学、数据科学与大数据技术）专业能解决社会上哪些问题

人工智能、大数据、深度学习、无人驾驶等都是当下科技前沿与社会生活中最热门和时髦的话题。它们的发展日新月异，已经影响人们生活的方方面面，渗透到国民经济发展的各个领域，甚至上升到国家战略。事实上，它们都是数学不同形态的呈现，因为他们背后的基础都是算法，而算法就是数学、概率论、统计学等各种数学理论的体现。以AlphaGo为代表的人工智能，彻底地战胜了人类的围棋大师，震撼了全世界，背后的科技支撑就是数学中的简单原理——贝叶斯公式。

——基础数学系教授：向昭银

第十七届中国研究生数学建模竞赛

6 数学类（数学与应用数学、信息与计算科学、数据科学与大数据技术）专业误区解读

误区：许多人认为数学专业抽象，工作不好找。

解读：事实并非如此，数学是所有学科之母，是打开未来世界的钥

匙。一方面，每一门学科都离不开数学，学好数学有益于你在其他学科获得打开未来的钥匙。很多学科都欢迎数学专业毕业的学生来继续深造。

另一方面，数学专业的学生在人才市场上很受欢迎。据U.S. News & World Report调查揭示，数学家在2019年最好的商务工作中排名第二。如数学家能在企业从事商业数据分析、参与市场调查、建立适当数学模型并进行分析等工作。数学专业的学生能在金融机构从事金融建模、数据分析、风险管理等工作。尤其是在大数据人工智能时代，数据分析和算法显得尤为重要，而这些都离不开数学专业毕业的学生。

——概率统计系教授：王定成

误区：许多人承认学习数学很重要，但认为毕业之后不好找工作。

解读：大学是人生的真正起点，凭借大学四年时间就能找一份好工作的日子已一去不复返。从金融、保险到计算机、人工智能，从通信、自动化到生物医学……这些领域脱离数学都寸步难行，也都非常喜欢有数学背景的本科生去攻读硕士和博士学位，而且具有数学背景的硕士和博士生在找工作的时候都是被优先考虑的对象。因而在本科阶段选择数学，在四年期间打下扎实的数学功底，到硕士或博士阶段再决定选择什么专业对很多同学来说是一个很好的选择。即使本科四年之后直接找工作，也可以在IT类企业、研究院所、证券与银行等从事数据分析、信息处理和数据挖掘等工作。

——应用数学系教授：张晓军

部分参加数学建模竞赛国赛同学合影

7 数学类（数学与应用数学、信息与计算科学、数据科学与大数据技术）专业学生毕业走向

数学类专业毕业生深受国家重要部门和单位、IT和互联网企业、金融企事业单位、著名高校和科研院所的欢迎和赞扬，已有优秀校友在知名企业、科研院所和高校成长为相应领域的领军人物和中坚力量。

同时，学院高度重视本科生和研究生的多元化培养，建有注重科技创新能力培养的拔尖创新班和注重个人领导力培养的立人班，每年本科生深造率保持在60%以上，优秀本科和硕士毕业生前往牛津大学、中国科学院、北京大学等国内外著名高校和科研院所深造，优秀博士研究生赴英国帝国理工学院、杜克大学等顶尖大学深造。

毕业去向

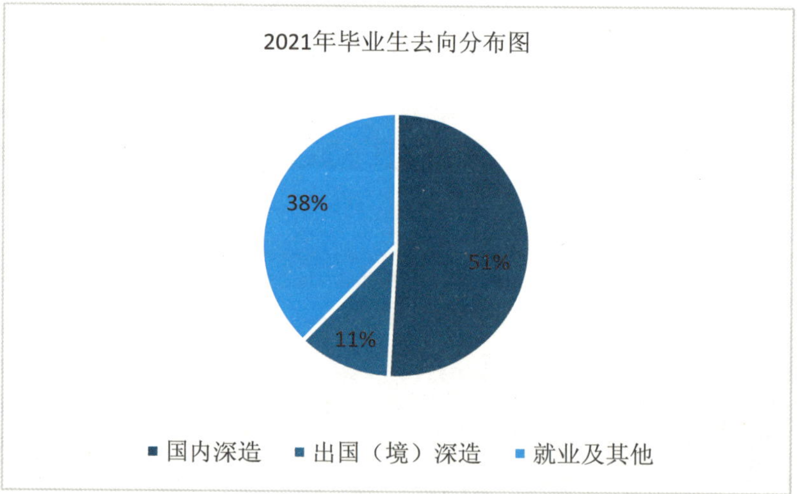

1 国内深造：63人，占比51%

在数学科学学院2021年毕业生中，有59人被世界一流大学A类建设高校录取，有4人被世界一流学科建设高校及科研院所录取。

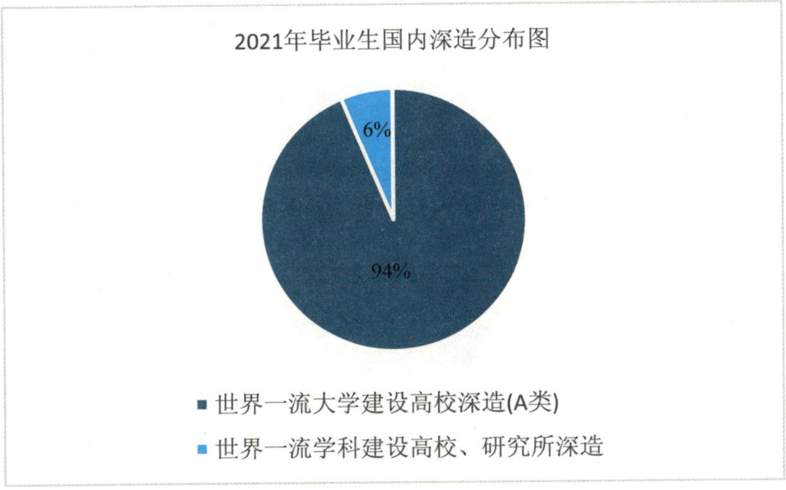

2 出国（境）深造：14人，占比11%

在国（境）外知名大学offer的毕业生中，进入QS世界排名1～100大学深造的有10人，QS世界排名101～200大学深造的有2人。

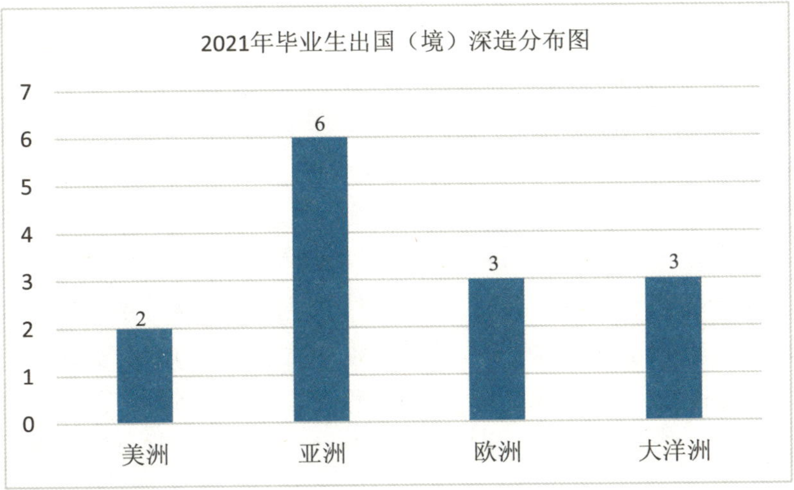

3 就业及其他：47人，占比38%

在就业的毕业生中，6人进入教育业，2人进入金融业，20人进入信息产业，8人进入其他行业。

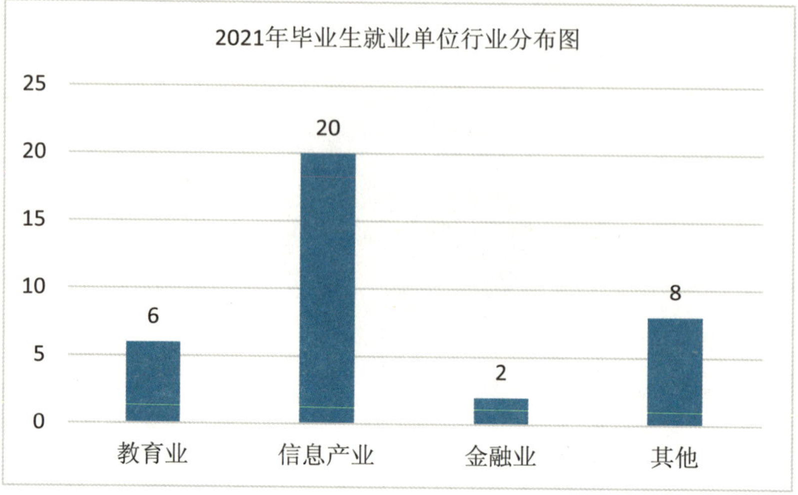

板块二 达人说专业

8 教授寄语

每个人对数学的理解都不尽相同，它既是一门最基础、最悠久的自然科学，如代数学、几何、分析等学科；又是一门在若干新兴学科中占有举足轻重地位的学科，如数字信号、计算科学、数据科学等学科。进入大学后，数学类专业的同学们将会在数学思维、数学方法以及与其他学科相结合等方面得到长足的培养和提升。同学们可以看到，世界上任何一所优秀的大学都有数学系，都有学数学的优秀学生，毕业后一部分同学会选择继续学习数学，也有很多同学选择从事其他工作，他们身上都有一个共同的烙印，那就是大学四年数学科学的学习让他们受益终生，这同时也是我们的目标，更是我们对同学们的期望。

——计算科学系教授：徐立伟

迈普企业参观学习

9 学长感悟

自2012年进入成电，我已在数字科学学院学习了十年。通过在学院的学习，我不仅掌握了扎实的数学知识功底，也锻炼了自己的逻辑思维和思考方式。这种锻炼使我在研究问题时，能够从数学角度出发，提出不同角度的见解，同时也可以熟练运用数学知识和工具解决问题。

在经过系统的科学研究后，我发现目前许多热门问题及研究工具都可以通过精炼的数学语言表达，具有简洁的数学美。例如，图像复原问题，在数学中可以理解为从降质的观测数据中估计原始清晰图像的反问题；现在最热门的神经网络，从数学上讲就是矩阵与向量的线性运算及激活函数作用的非线性运算，等等。

因此，许多实际问题可以归结为数学问题，而这种归纳需要研究者们拥有深厚的数学知识储备和素养。

——2012级本科生、2016级研究生、2018级博士生：丁猛

生源地高中：商丘市第一高级中学

丁猛参加学术报告

在成电学习，每一滴汗水都灌溉在人类最伟大知识结晶的土壤上；在成电学习，每一个脚步都踏向人类探索未知世界的大门里。在这里，思想与实践共舞，机遇与挑战并存。成为一个成电人，就是站在了巨人的肩膀上。在求实求真的道路上，我们奋发图强，越走越远。

进入成电数学科学学院，我更深入地学习数学知识，掌握数学思维。正如数学分析课程的朱培勇老师所说，数学是描绘自然的语言。周密的思维、严谨的逻辑、详尽的解释，都让我在这个复杂混沌的世界里感受到了泉水一般的清澈明净。当我面对亟待解决的问题、无法避免的矛盾、难以克服的困难，我都像学习数学一样，严密客观、一板一眼、不畏繁杂，希望抓住问题的本质，从而进一步地解决他们。正所谓数学的尽头是哲学；数学是人类思维的本质。

——2018级本科生：罗倚斯

生源地高中：四川省金堂中学校

10 校友感言

60周年校庆

我从电子科技大学应用数学专业本科毕业35年了。回想自己的职业生涯，我想我选择在大学学习数学专业是完全正确的。

35年来，尽管我从事的科研和教学工作不断变化，但核心都是应用数学。我很感谢大学时教过我的老师们，他们真的很敬业。为什么选择应用数学专业是正确的？我们知道数学是基础科学，任何学科都离不开数学，学了数学可以使你有更好的发展基础，更容易学习其他专业知识。特别是人类进入智能时代，人工智能技术的发展离不开数学。可以说今天人类面临的发展问题都需要数学技术的支持。我们的国家正在建设世界科技强国，更需要数学的支撑。

另外，数学的真和美也给了我精神的力量。每当职业发展遇到障碍，数学给了我前进的动力；每当遇到烦恼，数学给了我阳光。当你不知道学什么的时候，你就学数学，数学将使你的职业生涯更确定。

——1980级本科生、四川大学计算机学院教授：张建州

生源地中学：四川省绵阳市南山中学

我认为信息革命的这波趋势就是把数学思维普及化，让更多的人学会用数学来表达现实世界并求解（找到严密数学逻辑推理的解决方案）。中美国运大战，打的就是具有数学思维的人才战。

数据挖掘，就是“盲人摸象”。盲人摸到大象的大腿，实际上是大象的大腿投影，投影的数学表达= <大象，大腿>=<大象，摸大腿的盲人>，即大象和大腿的内积，也是大象和摸大腿的盲人的内积。

如今的AI、大数据、云计算、5G、区块链、机器人和无人机等风口，无一不是建立在坚实的应用数学基础上。以AI为例，最简单的分类就是初等数学的直线，把平面空间分成了两部分，用到分类中就是黑与白、好与坏、男与女等两类。找到分类的直线，常常就是AI算法的关键。而找直线是初中数学的内容。复杂的问题涉及的空间不再二维，直线也变成了多维的线性平面，但思路一样。很多复杂分类，在当前维度已经找不到线性平面解了，然而我们可以把这个维度的空间转换成更高维的黎曼空间，在这里又可以找到线性平面解，再逆转回低维空间得解。这便是数学的应用及数学的乐趣。

——1985级本科生、电子科技大学信息与软件工程学院教授：佘堃

生源地中学：四川省成都市列五中学（成都五中）

板块三 数据说专业

（1）2019年，“数学”学科进入全球ESI前1%行列。

（2）荣获四川省科技进步奖（自然科学类）二等奖2项。

（3）国家级教学名师1人，科睿唯安全球高被引科学家2人，国家教学成果奖一等奖第一完成人1人，国家级人才计划学者1人，数学学科国家级人才计划青年学者5人（含双聘1人，外籍1人）。

（4）享受国务院颁发的政府特殊津贴的专家10人。1位青年教师荣获“四川省五一劳动奖章”。四川省学术和技术带头人3人，四川省特聘专家1

人，四川省杰出青年学术技术带头人1人，四川省青年特聘专家4人，四川省学术和技术带头人后备人选16人，校“百人计划”4人。1位教师获“成电立德树人贡献奖”。

（5）2010年至今，全国大学生数学竞赛，学生获国家一等奖21项、二等奖27项、三等奖19项。

（6）2009年至今，全国大学生数学竞赛四川赛区，学生获省级一等奖325项、二等奖433项、三等奖469项。

（7）2010至今，美国大学生数学建模竞赛，学生获O奖12项、F奖20项、M奖166项、H奖336项。

（8）2010年至今，全国大学生数学建模竞赛，学生获一等奖46项、二等奖66项。

（9）2010年至今，全国大学生数学建模竞赛四川赛区，学生获一等奖259项、二等奖131项、三等奖58项。

（10）ACM-ICPC世界总决赛，学生进入世界总决赛11次，获全球第13名的好成绩。

（11）2010年至今，ACM-ICPC亚洲区域赛，学生获金牌87枚、银牌74枚、铜牌58枚。

板块四 专业焦点

（1）2017年，第41届ACM程序设计竞赛世界总决赛全球第13名。

（2）2018年，黄廷祝教授团队的“改革工科数学教育模式，全过程培养学生实践与创新能力”获国家级教学成果一等奖。

（3）2018年，我院与中科院科学与工程计算国家重点实验室共建联合研究中心。

（4）2019年和2020年，“复杂环境中趋化模型的数学理论”和“数值解多维奇异积分和多维奇异积分方程的高精度算法”2项成果以第一单位获四川省科技进步奖（自然科学类）二等奖。

（5）2020年，学院获首届川渝科技学术大会优秀论文一等奖1项，获四川省数学会首届基础教学奖1项、应用数学奖2项。

（6）2020年，我院共建四川国家应用数学中心和国家联合应用数学创新中心两个重要科研平台。

（7）2020年，第五届四川省高校青年教师教学竞赛，教师获理科组一等奖1项；第五届全国高校青年教师教学竞赛，教师获二等奖1项。

（8）2021年，《线性代数与空间解析几何（第5版）》获全国优秀教材（高等教育类）；1位教师获全国教材建设先进个人。

（9）2021年，美国大学生数学建模竞赛，3支队伍获最高奖——Outstanding Winner（特等奖），13支队伍获得F奖（特等奖提名奖），20支队伍获Meritorious Winner（一等奖），53支队伍获Honorable Mention（二等奖）。

（10）2021年，第十二届全国大学生数学竞赛，学生获国家一等奖5项、二等奖1项、三等奖1项。

13 物理学院

板块一 白话说专业

1 专业名称

应用物理学（强基计划）

电子信息类（电子信息与物理科学复合培养）

按大类招生，该专业（类）包含电子信息科学与技术（Electronic Information Science and Technology、国家一流本科专业建设点，四川省特色专业）和应用物理学（Applied Physics、国家一流本科专业建设点、四川省一流本科专业建设点、四川省特色专业）两个专业。

2 一句话简介

1. 应用物理学（强基计划）

根植物理、聚焦需求、引领工程。

——物理学院院长：王秉中

2. 电子信息科学与技术专业

亦理亦工，电子学、信息学、数理科学的完美结合。

——物理学院首席教授：宫玉彬

3. 应用物理学专业

应用物理，量子计算机的核心，电子技术的源泉，伟大发明家的摇篮。

——物理学院教授：张岩

电子科技大学立人班风采

物理学子获中科院高能物理研究所英才奖

3 我校开设应用物理学（强基计划）、电子信息类（电子信息与物理科学复合培养）专业的优势和特色

1. 应用物理学（强基计划）

我校强基计划按“根植物理、聚焦需求、引领工程”的人才培养定位，依托学校数学、物理学、计算机科学等基础学科优势，并与学校电子科学与技术、信息与通信工程等强势工程学科深度融合，突显学校在新材料、高端芯片与软件、智能科技、先进制造和国家安全等国家发展战略和重大需求领域，以及在物理学、计算机科学等基础、应用基础主流研究领域培养领袖型人才的学科实力和特色优势。

——物理学院院长：王秉中

2. 电子信息科学与技术专业

电子信息科学与技术是推动现代社会科技进步最重要的推手之一，如何应用物理、数学、电磁场、电路与系统等方面的基础理论，结合最前沿的电子学技术和计算机技术，获取、传输、处理和控制信息，是电子信息科学与技术专业的使命。该专业依托我校“双一流”重点建设的数理学科群，在微波毫米波太赫兹电磁信号产生、发射、传输及系统应用方面独具特色，综合实力强。该专业的学习内容非常广泛，既涉及高深的物理知识，还涉及奇妙的数学知识，更涉及飞速发展的电子、信息与计算机技术等知识板块。该专业毕业生通过四年的学习，具备坚实的数理基础、系统的专业知识和科研训练、强大的探索和创新精神、更高的创新创业能力和跨界整合能力。

——物理学院首席教授：宫玉彬

3. 应用物理学专业

电子科技大学应用物理学专业主要培养具有宽广坚实的数理基础和熟练的电子信息科学实践技能的复合型人才，培养未来量子电子学、量子计算机、人工智能、机器学习、大数据核心技术开发所需的，具有坚实数理基础、复合型创新领军人才。

——物理学院教授：张岩

4 应用物理学（强基计划）、电子信息类（电子信息与物理科学复合培养）专业学什么

电子科技大学“物理与电子交叉学科”全国优秀大学生暑期夏令营

赴新加坡实习实训

1. 应用物理学（强基计划）

应用物理专业（强基计划）采用本、硕、博衔接的系统、专门化人才培养模式，依托电子科技大学电子信息等优势工学学科，培养具有坚实数理、电子信息基础，具备领新材料、高端芯片与软件、智能科技、先进制造、国家安全等一个或多个国家战略需求领域专业特长，受到系统科研实践训练，能引领专业特长领域应用基础研究或工程技术领域原创技术研究的领袖型人才。

——物理学院副院长：杨宏春

青春心向党，建功新时代社会实践活动

微尘志愿队活动

2. 电子信息科学与技术专业

电子信息科学与技术专业是一个宽口径的专业。当今社会是一个信息社会，根据电子学原理产生、传递和处理电子信息，就是该专业要研究的内容。其中，电子科学与技术是通过电子学的原理、运用电子元器件设计和制造某种特定功能的电路来解决实际问题的；而信息科学与技术则是在计算机和通信技术支持下获取、加工、存储、变换、显示和传输文字、数值、图像以及声音等各种信息。

——物理学院知名教授：杨雪松

物理人时光

素质拓展

3. 应用物理学专业

物理学是研究物质运动最一般规律和物质基本结构的学科。作为自然科学的带头学科，物理学研究大至宇宙，小至基本粒子等一切物质最基本的运动形式和规律。物理学是其他各自然科学学科的研究基础，它的理论结构充分地运用数学并作为自己的工作语言，以实验作为检验理论正确性的唯一标准，是当今最精密的一门自然科学学科。应用物理学专业强调加强基础、理工渗透、突出应用，重视对学生创新思维和创新能力的培养，使其具有一定的国际视野，坚实的数学与物理基础，较强的英语、计算机和实验动手能力。通过系统的科学思维、科学实验和初步科学研究的训练，学生具有分析问题、解决问题和知识更新与创新能力，以及较为全面的文化素质、社会责任感和良好的科学技术与社会环境适应能力，成为高素质应用型和复合型的优秀人才。

——物理学院知名教授、大学物理课程首席教授：滕保华

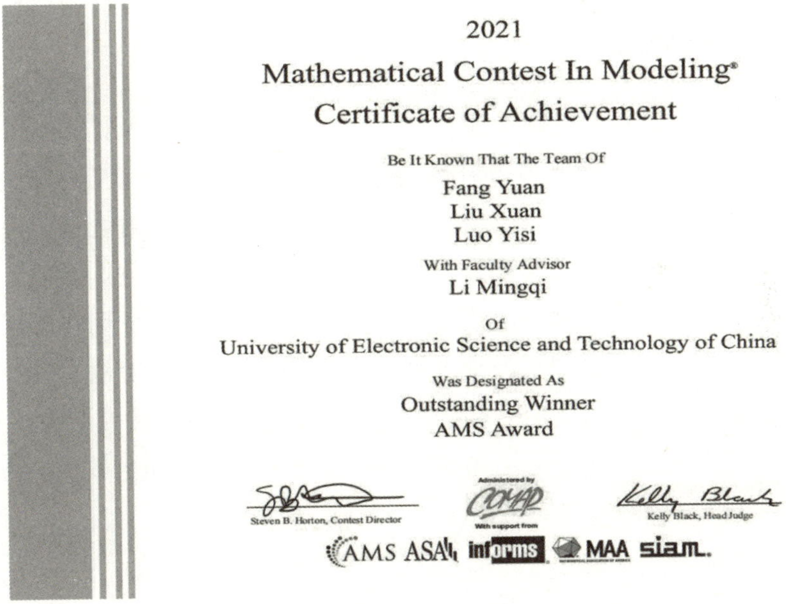
2021

Mathematical Contest In Modeling®

Certificate of Achievement

Be It Known That The Team Of

Fang Yuan

Liu Xuan

Luo Yisi

With Faculty Advisor

Li Mingqi

Of

University of Electronic Science and Technology of China

Was Designated As

Outstanding Winner

AMS Award

Steven B. Horton, Contest Director

Administered by COMAP With support from

Kelly Black, Head Judge

AMS ASA informs MAA siam.

物理学子斩获美国数学建模竞赛O奖（最高奖）

中国大学生物理学术竞赛斩获国家一等奖

5 电子信息类（电子信息与物理科学复合培养）专业能解决社会上哪些问题

1. 电子信息科学与技术专业

电子信息科学与技术是开启智能时代的钥匙，它包括了所有与电子信息相关的学科，如通信、计算机、自动化、机械电子、微电子、固体电子，可以应用于物联网、多媒体信息处理与应用、智能交通与导航、水下潜艇、月面机器人、超高清晰度电视、立体电视、雷达、国防军事通信等众多领域。它是电子信息类专业发展和应用最为活跃、最有潜力的专业方向。放眼各行各业，电子信息科学与技术专业人才的身影无处不在。

——物理学院教学副院长、知名教授：杨宏春

2. 应用物理学专业

物理学包罗万象，影响和推动着其他科学的发展和人类文明的进步。小到元素的性质和化学键原理，大到黑洞观测和中子星碰撞；从贴近生活的计算机和电磁波通信，到改变文明进程的核弹的发明，又或是关乎未来的新能源开发和太空探索，都离不开物理学的指导。例如，可控核聚变是可以提升人类文明的关键科技，要实现它就必须联合核物理、等离子体物

理、超导物理、激光物理等多个领域，寻求实质性进步。而量子物理的两大前沿应用：量子保密通信可以在原则上保证通信安全，量子计算机能更有效率地解决经典计算机难以处理的问题，是通信和计算机领域的革命性突破。

——物理学院知名教授：吴昊

许多同学会问，学了物理以后能做什么？其实这个问题可以换个问法，就是学好了物理还有什么是不能做的？因为物理学是人类研究物质世界的概括和总结，物理学的基本使命是正确认识物质世界，客观反映物质世界，深入揭示物质世界的本质。同时物理学还是其他学科的基础，物理学中的许多新发现常常会推动相关学科和技术的快速发展，以及相邻学科的相互渗透，因此物理学不仅可以大大提高人们认识和改造世界的能力，同时也可以提高个人的科学修养和素质。

该专业提供的就是一种高层次的素质教育，而不仅仅是一种专业教育。具有良好应用物理熏陶的毕业生可以适应多方面的社会需求，经过相关的业务培训，可以成为相当广泛的职业领域中的骨干。

——物理学院知名教授、大学物理课程首席教授：滕保华

6 电子信息类（电子信息与物理科学复合培养）专业误区解读

1. 电子信息科学与技术专业

很多同学不理解电子信息科学与电子科学与技术的区别，认为电子信息科学与技术就是电子科学与技术。这两个专业同属于电子信息类，确实有很多共同点，但其实有很大的区别，电子科学与技术的着重点在于电子，它包括电路与系统、物理电子学、微电子学与固体电子学、电磁场等专业方向；而电子信息科学与技术不仅有“电子”，还有“信息”，它涉及的内容也不仅是电子科学，还是一个集电子科学、通信和计算机多领域交叉的学科。

——物理学院教学副院长、教授：杨宏春

2. 应用物理学专业

许多同学都说，应用物理学没什么用？其实这是完全错误的想法。物理学是其他学科的基础，物理学中的许多新发现常常会推动相关学科和技术的快速发展，以及相邻学科的相互渗透，物理学可以大大提高人们认识和改造世界的能力。近年来，我国在应用物理学研究领域内取得了很大的发展，在很多领域内对其他学科也起到很好的促进作用，其中包括信息科学、材料科学、生命科学、能源与环境科学，等等。单晶硅技术的研究为我国硬件产业的赶超提供了很好的支持。物理学研究材料的手段，如材料的电磁性能、光性能等，成为材料研究的基础。这些使应用物理专业的人在从事具体的科研工作时得心应手。诺贝尔物理学奖得主杨振宁教授认为，当前和以后的几十年内物理学的重心在于应用物理学。

应用物理专业的就业范围涵盖了整个物理和工程领域，融物理理论和实践于一体，并与多门学科相互渗透。应用物理学专业是富产发明家的地方。

——物理学院教授、核心课程首席教授：滕保华

7 电子信息类（电子信息与物理科学复合培养）专业学生毕业走向

1. 电子信息科学与技术专业

电子信息科学与技术专业的学生毕业后适合继续在国内外高校、研究所攻读电子科学与技术、电子信息科学与技术、物理学、计算机科学技术和其他相关学科的硕士、博士学位，亦可在科研机构、高等院校、企事业单位从事电子信息科学与技术学科领域及物理学领域的研究、教学、开发与管理工作。

深造是电子信息科学与技术专业毕业生的重要选择，该专业毕业生继续深造率超过76%，其中出国深造率为19%；本科生一次性就业率为96.7%。65%以上本科毕业生在清华大学、北京大学、浙江大学、复旦大学、中国科学技术大学及电子科技大学等国内双一流高校深造，近20%毕业生在哥伦比亚大学、新加坡国立大学、南洋理工大学、美国加州大

学圣地亚哥分校、东京大学等海外高校深造。近30%毕业生赴华为、中兴、普联技术（TP-LINK）、中电十三所、中电四十一所、浦发银行等单位就业。

2. 应用物理学专业

应用物理学的学生毕业后适合继续在国内外高校、研究所攻读电子科学与技术、电子信息科学与技术、物理学、计算机科学技术和其他相关学科的硕士、博士学位，亦可在科研机构、高等院校、企事业单位从事电子信息科学与技术学科领域及物理学领域的研究、教学、开发与管理工作。

毕业去向

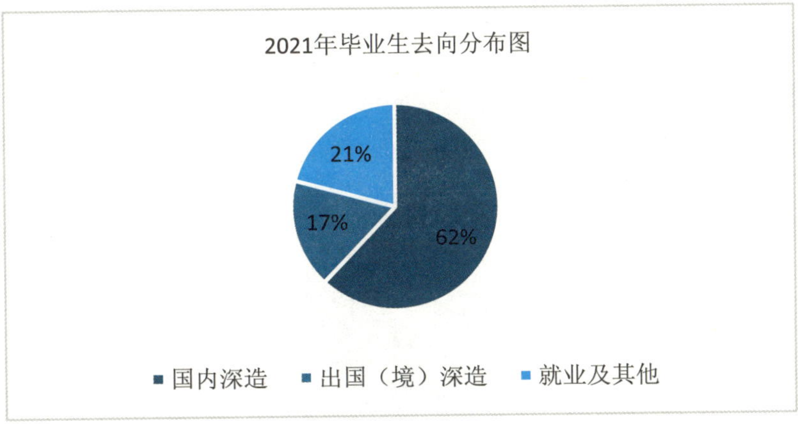

1 国内深造：149人，占比62%

在物理学院2021年毕业生中，有125人被世界一流大学A类建设高校录取，24人被世界一流学科建设高校及科研院所录取。

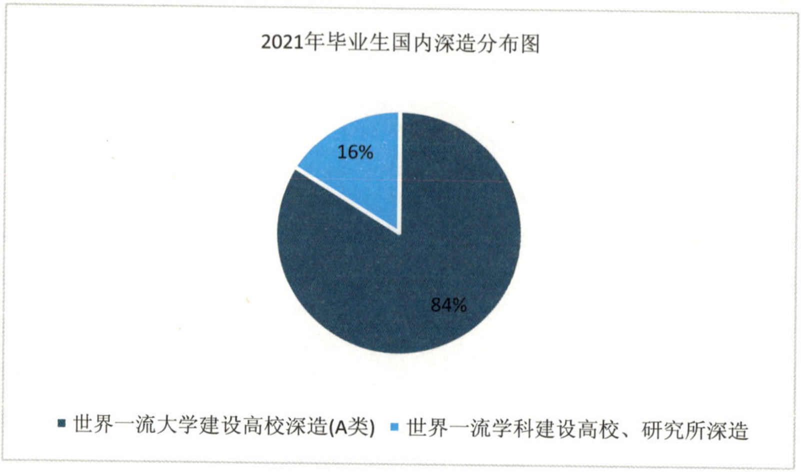

② 出国（境）深造：41人，占比17%

在物理学院2021年毕业生中，进入QS世界排名1～100大学深造的有24人，QS世界排名101～200大学深造的有17人。

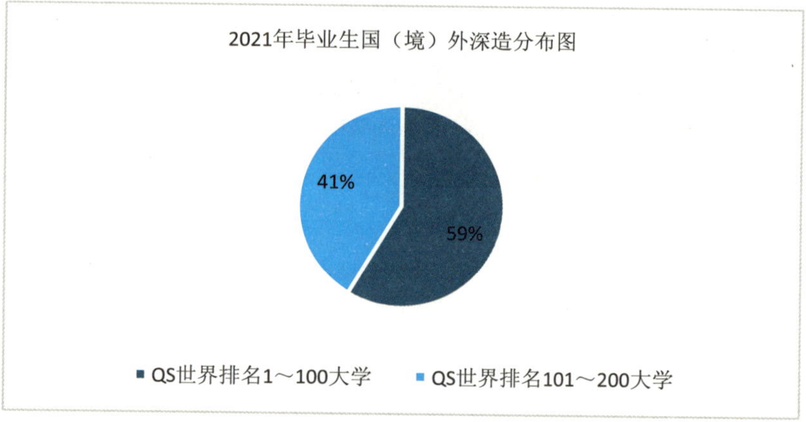

③ 就业及其他：50人，占比21%

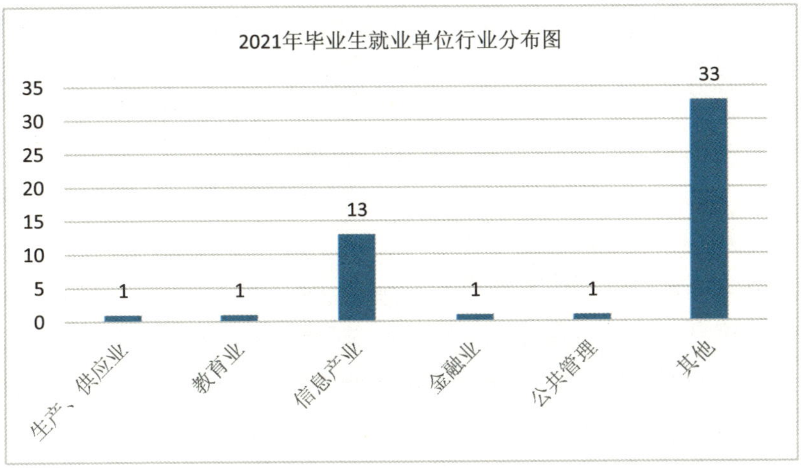

在就业及其他的毕业生中，1人进入公共管理，1人进入教育业，1人进入金融业，1人进入生产、供应业，13人进入信息产业，33人进入其他行业。

板块二 达人说专业

8 教授寄语

1. 应用物理学（强基计划）

应用物理学（强基计划）聚焦和引领国家发展战略和战略需求，重点落实“全面发展（宽厚基础）与个性化专业特长”相融合的强基计划人才培养理念；面向国际、国内开放的人才培养途径；“问题导引”的小班研讨“课堂教学革命”；通过“项目驱动”和“导师制”的创新拔尖人才培养范式；本硕博衔接的体系化培养模式；包括招生、学生业绩考核与分流培养规范、长期跟踪与培养质量评估规范在内的拔尖人才培养保障体系建设，合力实现拔尖、引领人才培养目标。

自2020年强基计划招生以来，首届强基计划学生在课程学习、科研实践训练等各方面取得优异成绩。课程学业成绩、综合评价均名列学院班级第一。

——物理学院副院长：杨宏春

2. 电子信息科学与技术专业

电子信息科学与技术专业是物理学院打造具有电子科技大学特色的物理类学科专业新方向，是物理学院对“新工科”定位的诠释。它面向未来的需求布局，推动应用理科向工科延伸，推动学科交叉融合和跨界组合。

近五年来，学院努力推动该专业转型和变革发展。学院针对该专业低年级学生新增设了大量数理基础课程和“学科前沿研讨课程”；针对高年级学生则以“小班研讨”“高阶课程”和“大规模在线开放课程”的方式变革了教学模式。融入大量的数理基础知识，结合学科特色的专业培养是“新工科”的具体体现。我想不久的将来，我们的学生不但具备专业核心竞争力，而且具备更为丰富的数理基础知识。

——物理学院知名教授：丁霄

3. 应用物理学专业

物理，物理，万物之理。物理是研究物质运动和相互作用规律的科学。学习物理，上知天文，下知地理，无所不知。物理可以认识自然，改造自然。世界因学物理和用物理的你而改变。

物理是所有工程技术的根之所在。工程中的创新与应用都离不开物理学的细化与深化，无处不物理。物理学的发展带来人类社会的物质文明和精神文明的进步。

物理学家卢瑟福的一句话希望成为大家的座右铭：所有的科学不是物理学，就是集邮。

——物理学院副教授：吴明和

9 学长感悟

1. 电子信息科学与技术专业

在电子信息科学与技术专业中学习，你将通过诸多的研讨课与老师面对面交流，在思维的碰撞中提高分析问题的能力；你将通过组队完成各类创新实践的课题，在灵感的迸发中激发更多的创造力。循循善诱的老师们将宽厚的电子信息知识和扎实的数理基础带给了你。从而，你也将会在电子信息的时代中拥有不错的就业起点。随着四季轮转，窗外的银杏也黄绿轮转，在这四年的学习与追梦中，你定能在这杏林中找到属于你的收获。

——2013级本科生、现读博深造：罗海颖

生源地中学：浙江省杭州市第四中学

电子信息科学与技术专业的课程设置不仅非常重视我们的数理基础，还注重培养我们的创新性思维。课程设置层次清晰，经过四年的学习，不知不觉地提高了我们各方面的能力，为以后的工作或者读研奠定了扎实的基础。多年以后，大学四年定会成为我们难忘的求学经历。

——2015级本科生、现读博深造：肖理业

生源地中学：甘肃省兰州市兰化一中

2. 应用物理学专业

应用物理学专业的学习对于我们准确地认知世界，培养严密的逻辑思维能力，形成完善的人生观世界观具有重要的作用。大学是我们成长的关键时期，四年的大学生活是我一生当中的宝贵财富。电子科技大学的应用物理学专业的课程安排得严密紧凑，不仅重视理论知识的学习，而且强调学生的动手实践能力和加强创新意识的培养。此外，学校还给学生提供了诸多参与科技创新的机遇和平台。抓住大学学习的宝贵时间和机会，将为你的人生留下浓墨重彩的一笔。

——2008级本科生、现读博深造：毛盛乾

生源地中学：湖北省黄冈中学

应用物理学家能够从最全面的角度，用最严谨的思维分析物理现象，总结物理规律，并运用物理规律改变世界。区别于人们对物理学家的印象，他们不崇尚复杂晦涩的公式，相反，他们希望找到物理规律最简化的数学表达，用于直接指导实际的生产生活。因此，作为应用物理专业的学生，我们不仅要学会熟练地使用数学工具，更重要的是理解数学符号背后所描绘的物理规律，并时刻思考如何合理地运用这些规律。

——2009级本科生、现读博深造：蔡杨伟男
生源地中学：昆明市第一中学

10 校友感言

1. 电子信息科学与技术专业

电子信息科学与技术专业是孕育电子信息领域创新创业人才的重要摇篮，涵盖了最基本的电子科技和信息科技的丰富知识和技能训练。它也是从事电子信息软硬件、物联网传感和智能信息化等诸多领域学术科研与应用研发的重要专业基础。通过四年的学习，我不仅掌握了电子信息的基本理论知识，而且养成了相关的动手实践能力，还可以在课外参加各种电子信息类的大赛和课题实践，加深了对所学知识的理解并学习更深入的新技能。这些都为我以后的职业发展提供了重要的支撑和帮助，也是我人生中极其宝贵的知识财富。

——2002级本科生、厦门大学电子科学与技术学院副教授、
博士生导师：朱锦锋

2. 应用物理学专业

应用物理学是一门将物理学的基本原理及方法应用于相关科学技术领域的应用型学科。随着社会发展对人才需求结构的变化，应用物理学专业培养的是具有较强的实践能力和创新意识，能在应用物理学科、交叉学科以及相关科学技术从事研究、教学、新技术开发与应用以及管理工作的应用型人才，非常适应社会现代化建设的需求。我校的应用物理学专业主要依托无线电物理学、光学和凝聚态物理学，不仅有物理学的理论知识，而

且能够反映学科前沿、体现先进的科学技术和测量技术的实验操作，还有各类物理竞赛和校级基金项目。这些都是我以后学习深造和职业发展的基础和支撑，是我人生当中取之不尽、用之不竭的财富。

——2008级本科生、现工作于航天七院：尹钰

板块三 数据说专业

（1）入选国家首批强基计划1项，国家一流本科专业建设点2项。

（2）获批国家一流课程2门，四川省一流课程3门。

（3）国家重点实验室2个，教育部重点实验室2个，省级实验教学示范中心1个。

（4）本科生深造率达到76.71%，海外深造率达到19.47%，全日制学术型研究生海外学习（3个月以上）比例达到8.81%

UCdavis暑期学分课程项目

新加坡游学团

（5）本科生就业率达到平均96.57%，研究生一次性就业率达到100%，研究生毕业到国家重点单位就业率达到66.67%。

（6）近四年，本科生荣获省部级及以上科技竞赛200余人次。

物理学子代表中国斩获殊荣——全球编程大赛第三名

西南地区大学生物理学术竞赛

（7）近四年，本科生发表SCI论文23篇，其中1区高水平论文3篇，获得授权专利4项。

（8）研究生生源来自双一流高校比例达到67.63%。

（9）优秀博士毕业生比例达到46.7%。

（10）在近期的软科排名中，物理学进入前20%，排名30名，达到B类学科水平；物理学进入ESI排名4.96‰；工程学进入ESI排名0.26‰。

（11）近四年，物理学院师生在《PRL》《Photonics Research》等国内外高水平期刊发表论文655篇。

（12）近四年，物理学院搭建并维护4个海外合作交流渠道和平台，新签订与澳大利亚新南威尔士大学合作伙伴计划协议。

板块四 专业焦点

（1）2017年1月，本科生郑东奇在《Nano Energy》发表一区SCI论文，是电子科技大学本科生首次以第一作者在纳米科技领域顶级期刊发表学术研究论文。

（2）2017年2月，我校本科生任瑞龙、逯群峰教研论文入选《欧洲物理杂志》2016年度Highlights，中国教育报和中国科学报报道。

（3）2017年3月，宫玉彬教授团队在《自然-通讯》上发表论文。这是国内微波真空电子器件领域的首篇《Nature》子刊学术论文，也是我校作为第一单位在该杂志上发表的第二篇学术论文。

（4）2017年3月，学院与中科院高能物理研究所共建特区人才培养实施计划“钱三强班”。

物理荣誉学生评选

（5）2017年5月，博士生王勇强在我国微波界盛会“2017年全国微波毫米波会议”上，荣获会议唯一最高奖“林为干教育发展基金”优秀论文奖。这是我校学子首次在该会议上获此殊荣。

（6）2018年1月，为实施“工优-理强-医拓-文进”的“多科性双一流大学”建设策略，学校在原“物理电子学院”的应用物理研究所、应用物理系基础上，整合其他院所物理学科骨干师资，新组建“物理学院”。

（7）2019年8月18日，电子科技大学代表队荣获第十届大学生物理学术竞赛国家一等奖。物理学院2017级学生黄健波荣获“最佳正方奖”。

（8）2019年12月，物理学院两门课程《大学物理》《Physics》入选首批国家一流本科课程。

（9）2020年1月，应用物理学入选首批国家强基计划。

（10）2020年6月，物理学院获四川省青年教师教学竞赛一等奖1项。

（11）2020年9月，杨宏春教授荣获四川省教书育人名师荣誉，杨茂荣获四川省高等学校名辅导员荣誉。

（12）2020年9月，我校首届应用物理学（强基计划）学生入学，首届学生共计27人。

（13）2020年10月，物理学院两个专业电子信息科学与技术、应用物理学入选国家一流本科专业建设点。

（14）2021年9月，物理学院首获“互联网+”大学生创新创业大赛银奖5人次，美国大学生数学建模竞赛O奖（最高奖）1人次。

（15）2021年10月，经过4年的不懈努力，电磁波调控及波与物质相互作用和低维材料与表面界面物理两个学科已达到世界先进水平；在近期的软科排名中，物理学进入前20%，排名30名，基本达到B类学科水平；物理学进入ESI排名4.96‰；工程学进入ESI排名0.26‰。

14 医 学 院

板 块 一 白话说专业

1 专业名称

1. 临床医学专业（Clinical Medicine）

2. 护理学专业（Nursing）

天府生命科学与医学院士讲坛暨第四届成电医学论坛

2 一句话简介

(1)临床医学专业

除人类之病痛，助健康之完美

——医学院教授：邓绍平

(2) 护理学专业

守护人类健康，我们一路同行。

——医学院教授：郎锦义

3 我院开设医学专业（临床医学、护理学）的优势和特色

电子科技大学医学院成立于2013年，现拥有四川省人民医院、四川省肿瘤医院、成都市妇女儿童中心医院、绵阳市中心医院四所三甲附属医院。医学院师资力量雄厚，现有专任教师750人，其中中国科学院院士1人，国家领军人才12人次，国家百千万人选者2人，中华医学会分会主委/候任主委6人，国家青年人才3人；学科建设逐步加强，临床医学学科进入ESI全球前1%行列；科学研究成果显著，近五年，承担国家级科研项目96项，其中牵头国家重点研发计划3项，发表SCI论文600余篇，荣获包括国家科技进步二等奖在内的国家级、省部级奖项33项，获得专利授权100余项。

医学院以人才培养为根本，以人类健康为追求，充分发挥学校电子信息学科优势，积极探索“人工智能”+医学的未来医学研究方向，培养掌握扎实临床医学和信息学知识技能，满足未来信息医学发展需要的复合型医学人才。

——中国科学院院士、医学院教授：杨正林

4 医学专业（临床医学、护理学）学什么

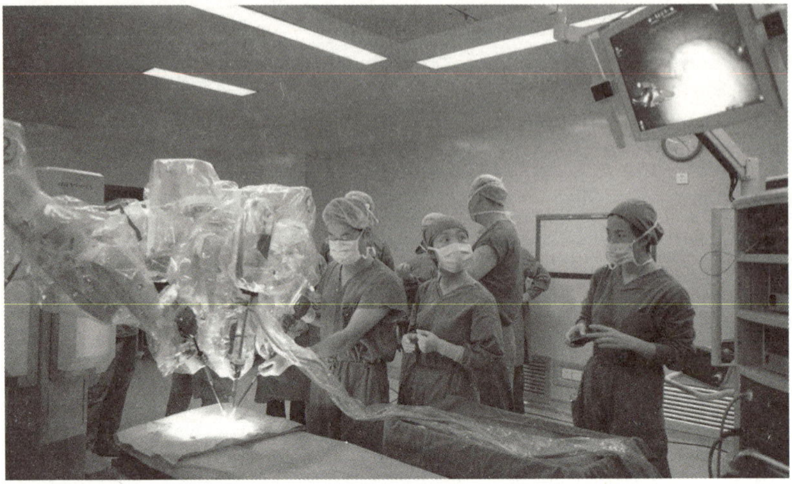

达·芬奇手术机器人

实验室

医学是一门强调精英教育的神圣科学，关乎着人类生命健康的终极利益，只有最高素质的从医者，才能保障生命得其圆满。现代临床医学，集科技之大成，并以此为支撑，全力为患者提供整套的健康问题解决方案。随着现代科技的发展，大数据在医疗技术进步和医学信息推广中的应用、

精准医学与科技创新的结合、人工智能与临床医学的融合与交互……都推动着人类更深层次地了解疾病，找准基因和蛋白的改变。未来临床医学的发展，集纳科学、技术、人文三大领域的高端成果，只有能够精通医学、善用科技、精修人文的医生，才能用最先进的科技去减轻患者的痛苦，去探索医学的未知领域，去攀登行医的至高境界。电子科大医学院有望培育出未来推动医学发展的高素质医生和医学界领导者。

——医学院教授：林桐榆

5 医学专业（临床医学、护理学）误区解读

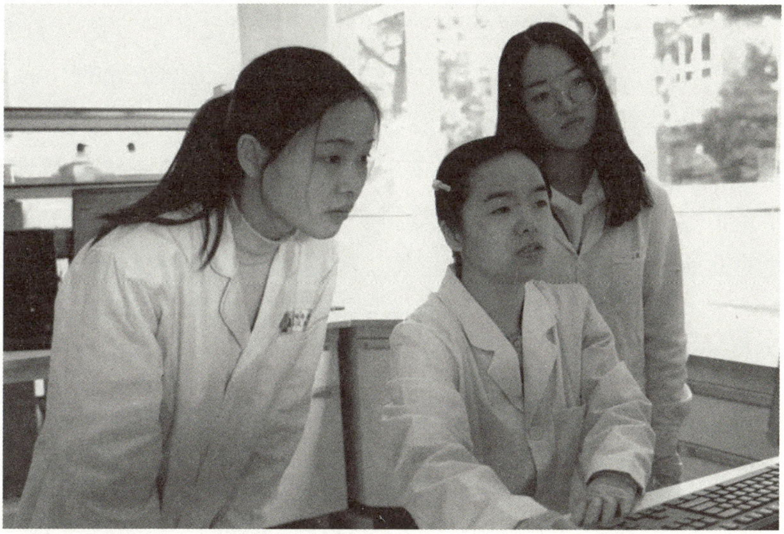

学院教师指导学生开展实验

1. 临床医学专业

近年来，是否报考“临床医学”专业受到争议，原因可能是对学习过程的压力、职业风险以及执业环境的担忧。医学生在成长过程中，需要从基础的生理、生化、解剖，一直学习到人体的病理、生理，再回到临床面对真正的病人。这个过程，看起来比较漫长。但是，医生的职业成就感是其他很多职业无法相比的。此外，医生学习到的新知识有助于自身保持新鲜，所以，经常看到八九十岁高龄的医学“大咖”依然精神矍铄地活跃在学术讲台上。

医乃仁术，古往今来，这个职业一直有着崇高的社会评价。作为生命的守护者，医学生从穿上白大褂的第一天，就应该铭记“健康所系、性命相托”的誓言。由于职业的特殊性和神圣性，除了专业技能，医生的精进还需要积累深厚的人文素养和职业精神。随着年龄的增长和经验学识的积累，医生的人生价值必将充分得以体现。学医，真的挺好！

——电子科技大学临床医学首席教授：庞明辉

2. 护理学专业

一些人认为护理就是打针、发药，这是一种片面且过时的观点。护士在医院的一部分工作的确是协助医生完成病人的治疗，但护士更重要的地方在于独立观察病人的病情变化和治疗反应，通过各种方法与技术提高病人的治疗效果，提高病人自我护理的能力。有人说学护理的一辈子就是“小护士”，这是对护士的职业发展轨迹不了解。国内的护理专业逐渐与国际接轨，教育体系已经完善，有从本科到博士后的完善的教育体系。职业体系上已逐渐形成从护士到专科护士的等级体系。相信随着我国专科护理的发展，职业体系会更加完善，更好地发挥各层次护士的作用。

——医学院护理学专业副教授：廖利梅

6 医学专业（临床医学、护理学）学生毕业走向

罗格斯大学暑期学习

1. 临床医学专业

临床医学专业毕业生可攻读国内外一流大学临床医学及相关学科研究生，或通过与用人单位的双向选择，到医疗、教学、科研、管理等相关单位工作。

2. 护理学专业

护理学专业毕业生可在国内外医学院校攻读护理学、医院管理、健康教育与康复等相关学科专业的研究生，也可通过与用人单位的双向选择，到医疗、教学、管理、卫生保健机构等单位工作。

2021年，医学首届护理学专业本科毕业生就业率为100%，就业医院均为三甲医院，深造率为25%。

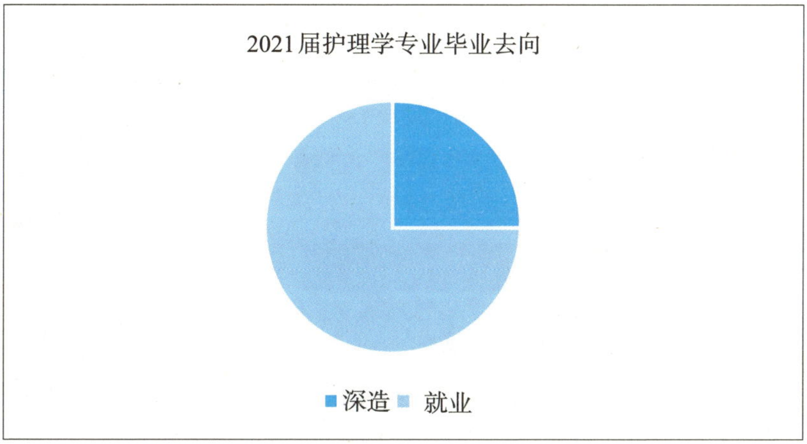

板 块 二 达人说专业

7 教授寄语

医学——展银杏学子风采，传杏林文化精神

随着自然科学和社会科学发展方兴未艾，人们对自身健康问题越来越重视，人类的生命过程时刻离不开医学。医学作为一门跨越科学界限和局限性的综合学科，对疾病的诊断、治疗水平突飞猛进。医学知识日新月异，未来医学具有专业化、生物化、信息化及精准化的特点。电子科技大学的医学专业充分发挥电子信息专业的优势，在传统医学模式的基础上结合医学的新理论技术，扩展医疗服务的范围，从防病、治病到全程提高人类的生命质量，守护人类健康。寄希望广大学子来电子科技大学领略银杏文化的内涵和传承杏林文化的精神。

——医学院教授：吕传柱

8 学长感悟

医学院2020级“1+1”成长导师聘任仪式

临床医学专业是一个特殊的专业。学习这个专业，一方面需要抓好基础，培养合作意识，提升自学能力。在学习专业知识时我们需要理论与实践并重，在课上我们的作业多与真实病例相关，需要进行团队合作，在课后则常常参与三所附属医院的活动。临床使我们耳濡目染，更早融入医生的职业身份。另一方面，我们也重视医德的培养，定期参与附属医院的导诊志愿者活动，让我们在实践中增强对“医者仁心”的理解。配备的一对一成长导师能指引我们的发展，成为我们在临床工作上的榜样。寒暑假的出国交流项目能拓宽我们的视野，体验国外医学院的培养理念。我认为，学习临床医学专业的五年将为我们未来的道路奠定一个好的基础，不管是未来深造、科研还是从事医疗行业，都能更快、更好地适应和发展。

——2017级临床医学专业：廖兴宇
生源地中学：四川省眉山市彭山区第一中学

9 校友感言

护理学是医学科学中的一门独立学科。在本科学习过程中，学院立足基础医学知识，注重理论学习和临床技能操作结合。未来护理学将从传统模式向个体化、专科化、网络化发展，学院先进、科学、交叉、全面的教学培养让我们对未来满怀期待。“健康所系，性命相托”，在新冠疫情爆发之际，使命号召，白衣执甲，医护共奔疫情抗战第一线，那一袭白衣是指路的明灯。“除人类之病痛，助健康之完美”誓言在耳畔回响，庆幸当年的选择让我在成电医学院成长为一个有理想、有追求的人。

——2021届护理学专业毕业生：周茂林
生源地中学：攀枝花市第三高级中学校

板块三 数据说专业

（1）近四年，各类教研教改项目获批省部级2项、校级33项。

（2）近四年，“课程思政”项目立项44项，2人获校级“课程思政”微课大赛三等奖。

（3）近四年，学院获校级教学成果奖二等奖等共6项教学奖。

（4）“医学+电子信息”创新型医学人才培养体系构建项目获省级教研教改项目。

（5）近四年，大学生创新创业训练计划立项27项，其中获评国家级项目1项。

（6）截至2019年，本科生参与短期出国（境）交流项目82人次，国际交流学习比例达72%。

（7）2017级首届护理学专业本科生就业率100%，就业医院均为三甲医院。

板块四 专业焦点

成电医学讲坛

（1）2014—2020年，杨正林、乐卫东教授连续七年入选Elsevier中国高被引学者榜单。

（2）2016—2021年，医学院承担重大重点项目5项，牵头承担国家重点研发项目3项。

（3）2019年，年度三级公立医院绩效考核国家监测指标考核，四川省人民医院排名第58位，国家监测指标等级A+；四川省肿瘤医院排名全国肿瘤专科医院第4位，获得A等（专科医院最高等级）；成都市妇女儿童中心医院在全国共117家妇产医院中排名第22位，获得A等。

（4）2020年，医学院在中国医学院科技量值（STEM）综合排名中位于全国第51位。

（5）2020年，医学院临床医学学科进入ESI前1%。

（6）2021年，医学院以牵头单位入选国家重点领域创新团队（1个）。

（7）2021年，医学院院长杨正林教授当选中国科学院院士。

（8）2021年，绵阳市中心医院成功获批组建国家卫健委核技术医学转化重点实验室。

（9）截至2021年，医学院现有人类疾病基因研究四川省重点实验室、超声心脏电生理学与生物力学四川省重点实验室、器官移植转化医学四川省重点实验室、放射肿瘤学四川省重点实验室、个体化药物治疗四川省重点实验室等十余个科研平台。

15 生命科学与技术学院

板块一 白话说专业

1 专业名称

生物医学工程类（Biomedical Engineering Category）

按大类招生，该专业（类）包括生物医学工程（入选国家级一流本科专业建设点和“卓越工程师教育培养计划”）和生物技术两个专业。

2 一句话简介

1. 生物医学工程

综合工程学、生物学和医学的理论和方法，致力于解决生命和医学中的有关问题，保障人类健康，为疾病的预防、诊断、治疗和康复服务。

——生命科学与技术学院教授：陈华富

2. 生物技术

让生命科学插上信息的翅膀，培养面向信息时代的生物专业人才。

——生命科学与技术学院教授、全球高被引学者：林昊

3 我校开设生物医学工程类（生物医学工程、生物技术）专业的优势和特色

参加iGEM国际竞赛

1. 我校开设生物医学工程专业的优势和特色

脑科学和类脑智能是当今国际前沿和最可能出成果的领域，也是未来极富潜力的产业增长点。电子科技大学正在布局和实施“电子信息+脑科学+人工智能+健康医疗”。我校生物医学工程专业在该领域的研究处于国际前沿，学生在这里将学习全面的知识、培训技能和提升科研创新能力。

——生命科学与技术学院教授：陈华富

2. 我校开设生物技术专业的优势和特色

生命科学的发展离不开信息技术的应用，信息技术的创新离不开生命科学的渗透。仅仅掌握生命科学知识或IT信息技术，已不能适应当今科技领域以及各行各业的快速发展。在生命大数据时代，电子科技大学生物技术专业兼顾生物与信息的培养体系，学生不但能掌握生命科学的前沿知识，也能掌握IT信息的前沿技术，生物技术专业的毕业生能够根据自身的

兴趣和扎实的多元化知识进入生命科学领域或IT领域，能够适应当前及未来科技发展。

——生命科学与技术学院教授、全球高被引学者：林昊

4 生物医学工程类（生物医学工程、生物技术）专业学什么

四川省大学生“生命之星”科技邀请赛

1. 生物医学工程专业学什么

电子科技大学的生物医学工程专业依托学校电子信息学科优势，学生在低年级共享全校的以电子、信息、信号为核心的通识课程。该专业非常重视实践训练，学生从大三开始进入各科研实验室或行业公司进行专业学习与实践。该专业非常强调个性化培养，专业课程设置分为硬件（医疗电子）和软件（医学信息与软件）方向，学生可以根据个人兴趣进行选修。该专业非常强化国际视野，专职非华裔外籍教授比例超过10%，学生可随时与非华裔外籍教师互动交流，并有机会参与各类留学项目。

——生命科学与技术学院教授、生物医学工程系主任：李永杰

2. 生物技术专业学什么

该专业依托电子科技大学在信息领域的强大优势，强调生物技术与信息科技的融合培养。该专业低年级阶段课程主要以生物类及信息类基础课程为主，主要帮助学生打牢基础。高年级阶段课程强调个性化培养，专业课程分为生物方向（偏湿实验）和信息方向（偏干实验），学生可以根据自己的兴趣进行选择。这种生物与信息技术的深度融合符合现代生物科技信息化的大趋势。

——生命科学与技术学院教授：刘贻尧

5 生物医学工程类（生物医学工程、生物技术）专业能解决社会上哪些问题

生物医学工程-神经科学夏令营

1. 生物医学工程专业能解决社会上哪些问题

生物医学工程专业综合利用物理、化学、数学、医学、生命等基础学科及电学、光学、材料学、计算机、信息等工程学科的原理和方法，来研究生物学和医学问题；在各个层次上（从生物大分子、细胞到个体，乃至群体）定量研究和阐明生命现象和生物学过程的基本规律；进而发展先进

的概念、方法、技术乃至设备，理解、改变或控制生物系统（人或动物），提升人类健康保障和重大疾病治疗水平；开发人的潜能；发展仿生智能技术，促进其他学科领域（如信息技术、人工智能）的发展。

——生命科学与技术学院教授：尧德中

学生在生物医学教学实验中心进行科研训练

2. 生物技术专业能解决社会上哪些问题

清洁能源、绿色食品、精准医疗、数据生命，到处都有生物技术的用武之地。以健康问题为例，随着生物技术的快速发展，对人类生命威胁最大的肿瘤已不再是不治之症，抗体药物及免疫疗法已经能够控制甚至治愈部分癌症。销售最好的药物大多是生物技术药物。2018年阿达木单抗全球销售近200亿美元，既缓解人类病痛，又创造巨大财富。从药物开发到精准医疗都是建立在生物医学大数据基础上的，社会急需既懂生物技术又会信息技术的复合型人才。

——生命科学与技术学院教授：黄健

6 生物医学工程类（生物医学工程、生物技术）专业误区解读

1. 生物医学工程专业误区解读

生物医学工程≠生物医学≠生物工程。生物医学工程总会被误认为“生

物工程”或“生物医学”，甚至以为它是生物制药等医学类或生物类专业。实际上，生物医学工程是不折不扣的工科专业，毕业授予的是工学学士学位。生物医学工程主要运用生命及医学基础理论知识和电子、信息、计算机、机械等工程技术手段，研究和解决生物学、医学中的有关问题，保障人类健康，为疾病的预防、诊断、治疗和康复服务。像医学超声成像、CT、磁共振（MR）成像等改变人类生命轨迹的医学影像技术，就主要来自生物医学工程学科的理论创新和技术进步。生物医学工程学科是一个大跨度、多学科、深入交叉融合的新兴学科领域。当前，以生物电子学、生物医学影像、医学信息学、生物力学、生物材料、组织工程与再生医学、康复工程与人工器官等为代表的分支构成了生物医学工程学科的国际发展主流。电子科技大学生物医学工程专业的优势和特色在于生物电子学、生物医学影像、医学信息学等方向。生物医学工程专业的学生在本科毕业后有几个去向：一是通过读研究生继续深造（电子科技大学生物医学工程专业的本科毕业生有65%以上进入国内外一流高校继续读研）；二是进入医疗电子行业（算法/软件或硬件）或相关的IT行业从事研发或销售等工作（如跨国的GE、西门子等和国内的迈瑞、联影、奥泰等公司）；三是在各级医院的设备处、信息中心、医学影像科等部门，从事设备维护、医学信息系统、医学影像等的管理、分析及二次开发等工作。

——生命科学与技术学院教授、生物医学工程系副主任：李凌

2. 生物技术专业误区解读

生物技术≠生物科学≠生物工程，从学科及其产业来看，生物科学专业关注其上游创新的源头，生物工程专业偏重下游应用，生物技术专业是中游的桥梁；从科学研究来看，生物科学专业面向基础研究多一些，生物工程专业面向应用研究多一些，生物技术专业更多是应用基础研究；从学位来看，生物科学专业授予的是理学学士，生物工程专业授予的是工学学士，电子科技大学生物技术专业授予理学学士，具有偏信息、大数据、人工智能、计算编程等特色，为Google、苹果、微软、三星、百度、阿里、腾讯等国内外IT领军企业培养互联网+生物医药+大健康的跨界人才。

——生命科学与技术学院教授：黄健

7 生物医学工程类（生物医学工程、生物技术）专业学生毕业走向

学生毕业照

生物医学工程专业致力于培养具有生物医学专业才能和电子信息专业素质的、具有社会责任感的复合型人才。生物技术专业强调生物与信息的交叉融合，以培养具有信息技术专业素质和生物技术专业才能的理工复合型人才为目标。该专业毕业生将获得具备在国内外一流大学继续深造并做出创新性研究的潜力，或者在医疗电子（软/硬件）、生物信息及相关行业从事创造性工作的能力。

该专业超过75%的毕业生选择到国内外读研深造，其中出国深造率超过25%，就读高校即包括清华大学、北京大学、中国科学技术大学、浙江大学、复旦大学、上海交通大学、华中科技大学等国内985和“双一流”建设高校，也包括哥伦比亚大学、加州大学洛杉矶分校、杜克大学、东京大学、南洋理工大学等国外一流高校。

该专业就业率接近96%，毕业生即可选择到生物医学工程行业（如医疗电子企业、医学影像设备或软件公司等）和生物技术行业（如生物医药、生物信息公司等）就业，也可选择进入电子信息技术行业，在谷歌、微软、苹果、三星、阿里巴巴、腾讯、百度等IT代表性企业。在积极布局生物医药的互联网+生物医药的时代，该专业毕业生就业优势明显。

毕业去向

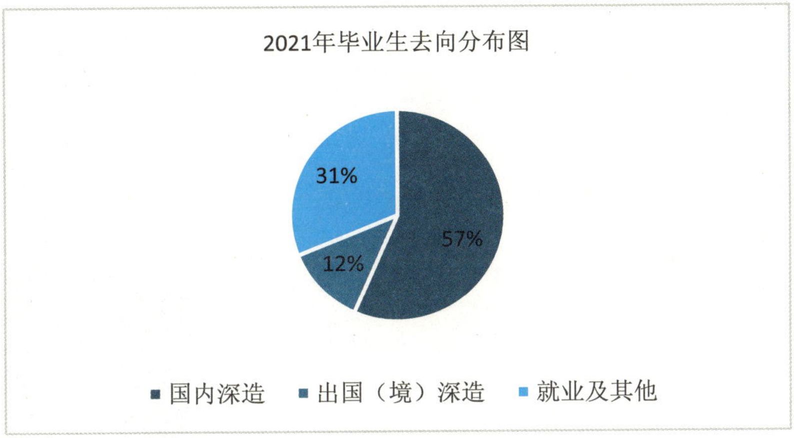

1 国内深造：51人，占比57%

在生命科学与技术学院2021年毕业生中，有51人进入世界一流大学建设高校（A类）读研深造。

在选择国内深造的51人中，选择本校读研25人，占比49%；选择外校读研26人，占比51%。

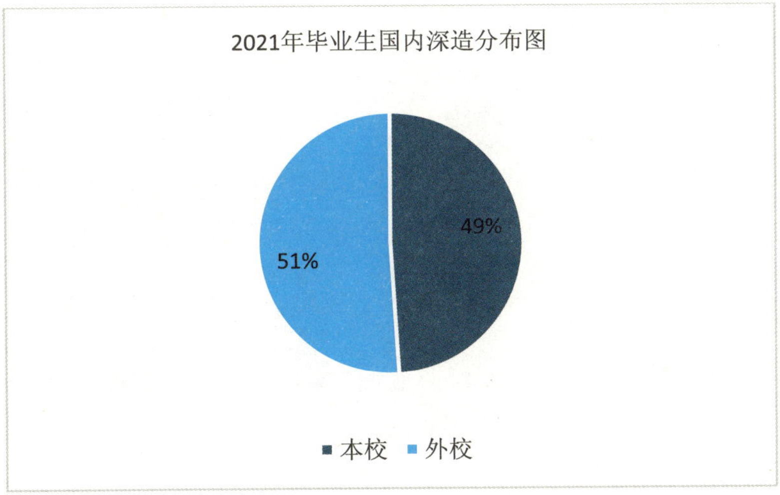

② 出国（境）深造：11人，占比12%

在国（境）外知名大学offer的毕业生中，进入QS世界排名1～100大学深造的有11人。

在选择出国（境）留学的毕业生中，2人选择美洲，1人选择亚洲，8人选择欧洲。

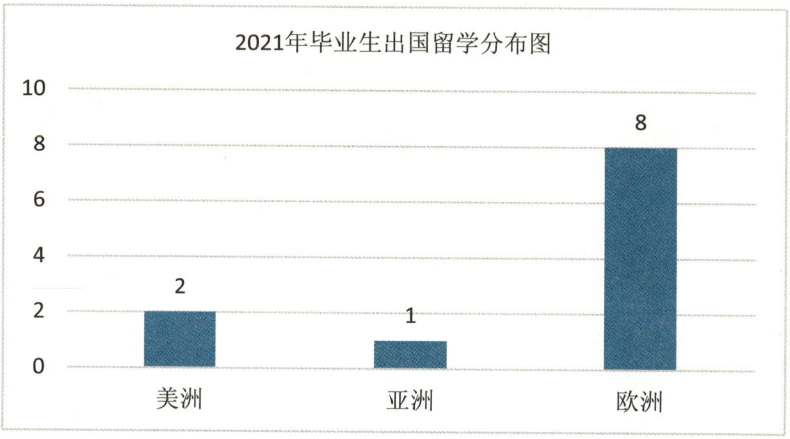

③ 就业及其他：28人，占比31%

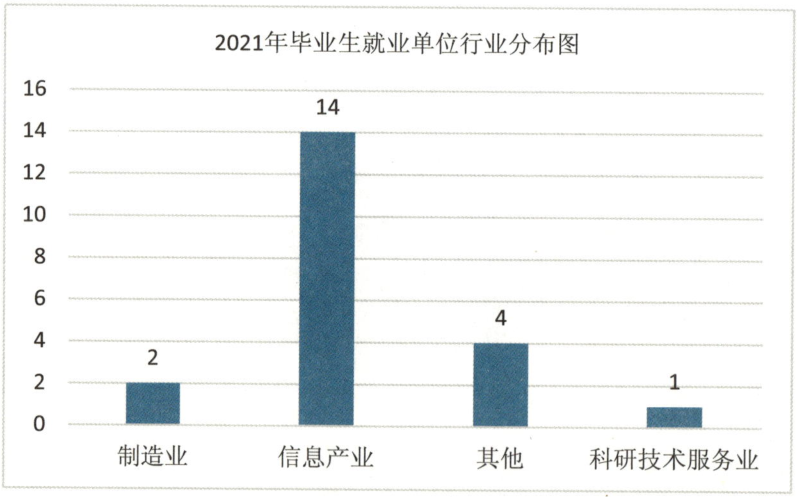

从就业情况来看，21人选择直接就业。从事行业情况：信息产业（14人），制造业（2人），科学技术服务业（1人），其他行业（4人）。

板块二 达人说专业

8 教授寄语

班级活动

1. 生物医学工程专业

电子科技大学生物医学工程专业的起步在国内是比较早的，学校于1982年在原无线电系设立生物电子学研究室，于1986年并入新建的自动化系，建立生物医学工程与仪器本科专业；2000年获得生物医学工程一级学科博士点；2007年获批建立生物医学工程博士后流动站；2012年教育部第三轮全国高校学科评估为第10名（与北京大学并列）；2017年教育部第四轮全国高校学科评估为B+；2020年初入选教育部首批一流本科专业建设“双万计划”。该专业师资力量雄厚，拥有一支包括全国优秀教师等在内的教师队伍；其中超过70%的教师有海外研修经历，超过90%的教师承担过国家级项目；专职非华裔外籍教授比例超过10%，学生可随时与非华裔外籍教师互动交流，并有机会参与各类留学项目。

——生命科学与技术学院教授：尧德中

2. 生物技术专业

生物技术专业师资力量强，学术带头人和骨干教师均具有海外留学经历。教师科研方向选题前沿，既有基因编辑、合成生物学等新兴前沿领域，也有噬菌体展示、酶定向进化等与近年来诺贝尔生物医学奖研究相吻合的主流方向，还有草鱼、水稻、小麦、小鼠等接地气的研究对象。该专业依托电子科技大学的学科优势，以信息化为特色，强调生物与信息科学的交叉融合。

——生命科学与技术学院生物技术系主任：谢光波

9 学长感悟

研究生命，让我们懂得生命诞生的珍贵，明白一个动作的因果，了解人类大脑的奇妙，让我们能够更好地体验生命。在繁复的课题里，我们研究脑机接口，将大脑的所思所想与可触碰、可控制的器械一线相牵，将思想化为实体的操作；我们研究神经科学，探索与生活息息相关的游戏和音乐究竟能让大脑发生怎样的变化，探索体内激素的微小调节会对自我或他人产生什么样的影响；我们研究眼动轨迹，试图解释我们如何注视这个世界，或是这个世界如何注视我们；我们也研究算法语言，让程序代替人类完成纷繁复杂的任务，让人工智能步步向前。在之前的研究中，我们研究了电子游戏对于玩家文字理解、面孔识别、视觉选择等方面的影响，希望让更多的人知道，电子游戏并不是仅仅以家长和孩子眼中的好坏来评价的——我们所要做的，是让人们看到一个更加理性、通透的世界，是以生命为地基，以数据为砖瓦，以知识为钢筋水泥的恢宏大厦。

——2014级本科生、成电优秀毕业生、优秀学生干部、
国际遗传工程设计竞赛金奖获得者、国家奖学金获得者：晏月宁
生源地中学：江西省吉安市一中

英语角开展活动

人类从哪里来，将会到哪里去——这是人类世界亘古不变的话题，而生物技术这门专业就是来解答这个问题的。基因学、细胞生物学、神经生物学、蛋白质工程……生命科学的宇宙星光璀璨。在如此浩大的生命世界，生命学院注重因材施教，针对学生的研究方向和优势提供多元化的科研平台、国际竞赛和海外交流的机会，培养每一位学生出色的实践应用能力。在生命学院，我完成了对生命的最初探索。“21世纪是生命科学的世纪”，踏实学好专业知识，培养专业应用能力，未来必将属于每一位生技人。

——2014级本科生、生命学院首届立人三班班长、成电优秀毕业生、优秀学生干部、国际基因工程设计竞赛金奖：梁崇文

生源地中学：海南省海口市海南中学

10 校友感言

1. 生物医学工程专业

生物医学工程是一门交叉学科，它综合工程学、物理学、生物学和医学的理论和方法，解决医学中的相关问题，保障人类健康，为疾病的预防、诊断、治疗和康复服务。我所从事的生物医学影像学也是生物医学工程专业的分支领域，它以医学影像技术为载体，以数字图像分析为主要手段，结合人工智能方法，旨在挖掘医学图像中蕴含的丰富信息，为疾病的精准诊断及治疗服务。总的来说，生物医学工程是医学和电子信息的桥梁，是一门高度综合的交叉学科。随着社会的发展，人们一定会越来越重视健康。

——2004级本科生，成电杰出学生，
电子科技大学生命学院研究员、博士生导师：段旭君

2. 生物技术专业

生命科技的世界浩瀚深邃，生命科技的产业方兴未艾。从肿瘤的发生机制研究到肿瘤治疗药物的研发，从新冠病毒的序列测定到其检测试剂的开发，从优质农业作物的培育到其优良品种的鉴定，都活跃着生命科技从业者的身影。要想在生命科技的世界遨游，必须得具有多学科的知识储备和技能。在生物技术专业的四年，我们不只学习了生命科学的基础学科，还涉猎了计算机、通信、医学等其他学科。这种交叉学科的学习，使我具备了多学科的知识储备。这种储备使我在工作中可以在产业的上游和下游从容切换，可以与各个学科背景的科学家和工程师自如对话，为职业生涯的发展提供了诸多可能。生命科技日新月异，蓬勃发展，“BT”人大有可为，未来可期！

——2009级本科生、成都瀚辰光翼高级产品经理：梁建刚

板块三 数据说专业

1. 生物医学工程专业

（1）2017年12月，教育部学位与研究生教育发展中心公布第四轮一级学科评估结果，电子科技大学生物医学工程学科获评B+类学科（位居全国前10%～20%）。

（2）2019年9月，在发布的2019年软科中国最好学科排名中，电子科技大学生物医学工程学科排名第4（前5名依次为清华大学、上海交通大学、东南大学、电子科技大学、北京大学）。

（3）2020年1月，该专业入选教育部首批一流本科专业建设“双万计划”名单。

（4）2019年9月，该专业的全职外籍教师K. Kendrick教授获2019年度“中国政府友谊奖”，B. Biswal教授荣获2019年度和2021年度四川省“天府友谊奖”。

（5）2019年，尧德中和陈华富教授获评“四川省教书育人名师”。

（6）2019年，李凌教授主持的脑电图检测与分析虚拟仿真实验项目获评“四川省虚拟仿真项目”。

（7）2020年，该专业与加拿大麦吉尔大学合办生物医学工程-神经科学双硕士项目。

（8）2018年9月，该专业学生参加全国生物医学电子创新设计大赛，共有4支队伍获得一等奖、3支队伍获得二等奖。一等奖获奖队伍数量位居所有参赛队的第一位（并列）。

（9）2019年7月，生命学院承办了第五届全国大学生生物医学工程创新设计竞赛；本次竞赛全国共有78所单位，556支队伍提交参赛材料，参与预赛遴选，其中127支队伍脱颖而出，进入决赛。我校6支队伍获得一等奖，10支队伍获得二等奖，14支队伍获得三等奖。

（10）2021年11月，该专业学生参加第六届大学生生物医学工程创新设计竞赛，获得一等奖2项、二等奖2项、三等奖7项。

（11）近四年，该专业5名学生获四川省优秀毕业生，4名学生获“成电杰出学生”。

2. 生物技术专业

（1）2018年5月，我校“生物学与生物化学”学科首次进入ESI前1%，成为继“工程学”“材料科学”“物理学”“计算机科学”“化学”“神经科学与行为学”后我校第7个进入ESI前1%的学科。

（2）2020年，生物技术专业入选2020年四川省一流专业建设点。

（3）2019年11月，刘健魁教授和M. Sajeewa教授入选科睿唯安2019年“全球高被引科学家榜单”，加上2018年入选的林昊教授，该专业已有3位教授入选科睿唯安“全球高被引科学家榜单”。

（4）2020年，该专业“酶工程”课程入选2020年“四川省线下一流课程”。

（5）近年来，该专业学生在校学生获国际基因工程机器设计大赛（iGEM）世界总决赛金牌8块，Best Plant Synthetic Biology等4项，iGEM学生团队连续3年赴四川省科技馆开展趣味科普活动，700多个家庭参与其中，受到今日头条、四川卫视等媒体报道。

（6）近四年，该专业学生参加全国大学生生命科学竞赛，获国家级二等奖2项，省级二等奖2项、三等奖1项。

板块四 专业焦点

1. 生物医学工程专业

（1）2016年9月，在生命学院神经信息创新引智基地、加拿大麦吉尔大学、古巴神经科学中心三家的共同推动下，成都市与古巴生物医药集团签署了《成都市人民政府与古巴生物技术和医药产业集团关于中国（成都）-加拿大-古巴脑计划的战略合作框架协议》，标志着中国（成都）、加拿大、古巴三方将启动国际脑计划合作（简称CCC合作），成都将以电子科技大学为依托，在成都科学城发展脑科学与类脑技术，其目标是建设国内第一、国际一流的脑信息科学研究基地和产业化基地。

（2）2017年2月，该专业尧德中教授当选美国医学生物工程院（American Institute for Medical and Biological Engineering，AIMBE）的Fellow（院士）。

（3）2017年3月，我校“神经科学与行为学”学科进入首次进入ESI前1%，成为学校继“工程学”“材料科学”“物理学”“计算机科学”“化学”后第6个进入ESI前1%的学科。

（4）2018年3月，该专业陈华富教授获得四川省科技进步一等奖（自然科学类）。

（5）2018年10月，该专业尧德中教授荣获国际脑电图与临床神经科学学会（ECNS）颁发的Roy John Award。这是尧德中教授是该奖项设立以来的第4位获奖者，也是亚洲第一位获奖者。

（6）2018年12月，四川省脑科学与类脑智能研究院成立，该专业的尧德中教授担任研究院首任院长。该研究院以电子科技大学为主要支撑单位之一，主攻三个方向，包括整合、共建、研发科研装备，共建世界水平的脑成像中心；营造创新科学氛围，聚集国际高端人才，建成国际顶级脑科学中心；瞄准国家重大需求，推动类脑智能技术进步。

（7）2019年1月，该专业的蒋希副研究员因其在“脑科学交叉领域所做出的突出研究与贡献”（Outstanding Research and Contributions in the Interdisciplinary Field of Brain Science）而获得2018—2019年度美国“李氏基金会杰出成就奖”（The Li Foundation Heritage Prize）中的学术发展奖（Scholarly Development），成为该奖项的唯一入选者。

（8）2019年1月，该专业Keith Kendrick教授、尧德中教授入选Elsevier2018年中国高被引学者榜单。这是二位教授连续5年入选该榜单。入选高被引学者榜单，意味着该学者在其研究领域具有较高的影响力，其科研成果为该领域发展做出了较大贡献。

（9）2019年1月，电子科技大学与加拿大麦吉尔大学合作举办的生物医学工程-神经科学双硕士学位教育项目成功获批中华人民共和国中外合作办学项目（教育部批准号：MOE51CA1A2018959N）。该项目由电子科技大学生命科学与技术学院实施，开展生物医学工程专业的硕士研究生教育，旨在培养国际化、交叉化、特色化的跨学科高端人才，合格毕业生同时获得电子科技大学和麦吉尔大学两校硕士文凭。

（10）2019年6月，古巴科学院院士Mitchell V. Sosa教授及Jorge A. B. Acosta教授正式加入“电子科技大学国际精准医疗院士工作站”，在生命科学、精准医学等领域开展全方位的国际合作。

（11）由北京师范大学、电子科技大学共同发起建立的“中国脑电联盟”正式成立，该专业的尧德中教授担任首任理事长。

（12）2019年11月，该专业的尧德中教授带领的神经工程与神经数据团队的 “基底节调控全面性癫痫的理论：来自脑成像和计算神经科学的证据” 项目荣获第3届“黄家驷生物医学工程奖”的基础研究类二等奖。“黄家驷生物医学工程奖”是我国生物医学工程学科最高科技奖，每两年评选一次。

（13）2020年2月，该专业教授、生命学院院长陈意钒因在基于信息与通信技术的纳米医药和电磁医学检测技术方向做出了杰出贡献而成功当选为新西兰工程学会（Engineering New Zealand）2020年度会士（Fellow）。

（14）2020年3月，该专业的吴哲教授团队研发了针对新冠肺炎诊断的人工智能超声图像识别技术及设备，自动实时高亮显示肺部损伤，提供满足指南要求的信息。

（15）2021年12月29日，成都市生物医学工程学会正式成立，该专业的罗程教授当选为学会第一届理事长。

（16）该专业的keith kendrick和Benjamin Becker团队在国际神经科学及心理学领域顶级期刊《psychotherapy and psychosomatics》（《心理治疗与身心医学》）先表研究论文。该期刊的最新影响因子为17.7。

2. 生物技术专业

（1）近两年，生物信息学团队黄健教授、林昊教授、郭锋彪教授连续在计算生物学权威期刊《Nucleic Acids Research》《Bioinformatics》发表研究论文。

（2）2018年12月，郭锋彪教授入选2018年四川省第一批天府万人计划-天府科技精英，本次我校共有8名青年教师入选该人才类项目。

（3）近两年，张勇教授领导的植物基因组工程团队连续在国际权威期刊《Nature Plants》《Genome Biology》发表研究成果。其中发表在《Genome Biology》上的论文入选Springer Nature出版集团2019生命科学及生物医学领域全球27篇最具影响力中国论文之一。

（4）近两年，刘贻尧教授领导的生物力学与纳米医学团队连续在国际权威期刊《Nature Communications》《Biomaterials》《Theranostics》发表论文。

（5）2019年11月，该专业学生代表电子科技大学参加iGEM。实验队和软件队分别凭借"An expired drug solution"和"BioMaster 2.0"两个项目，双双获得金牌，软件队还获得了Best Software Project，实验队获得Best Hardware提名奖。我校代表队创造了连续七年夺金、四次最佳单项奖、六次最佳单项奖提名的好成绩。

（6）方瑞琴副教授申请的"互联网+背景下应用型课程'多元互动'教学模式的建构与实施"获得四川省2018—2020年高等教育人才培养质量和教学改革项目资助。她主讲的课程"酶工程"亦获得学校的校级标杆课程（"教学方法与考核方式改革课程"示范课）。

（7）2021年3月，游自立教授实验室在抑郁症研究领域取得重要进展，并在《Science》子刊《Science Advances》（影响因子：14.136）杂志上发表论文。

（8）2021年8月，刘贻尧教授团队在国际著名期刊《Biomaterials》上发表研究论文，2020年影响因子为12.479。

16　经济与管理学院

板块一　白话说专业

1　专业名称

1. 经济管理试验班（管理与电子工程双学位培养）

按大类招生，该类包含工商管理、金融学（入选国家级一流本科专业建设点）、电子商务、电子信息工程（入选国家级一流本科专业建设点）四个专业。

2. 金融学（“互联网+”复合型精英人才双学位培养计划）

该类是国家级首批一流本科专业建设点

2　一句话简介

1. 经济管理试验班（管理与电子工程双学位培养）

培养信息技术与经济管理才能兼备的复合型精英人才。

2. 金融学（“互联网+”复合型精英人才双学位培养计划）

培养金融与技术深度融合的金融科技人才。

——经济与管理学院院长、教授：马永开

3 我校开设经济管理试验班专业的优势和特色

1. 经济管理试验班（管理与电子工程双学位培养）

经济管理试验班依托信息与通信工程（A+学科）、工商管理和管理科学与工程的学科优势，整合经济与管理学院、信息与通信工程学院的优质教学资源，采用双学位培养模式（电子信息工程+经济管理相关专业），培养信息技术专业素质和经济管理才能兼备、具有国际视野的复合型精英人才。

——经济与管理学院院长、教授：马永开

2. 金融学（“互联网+”复合型精英人才双学位培养计划）

金融学（“互联网+”复合型精英人才双学位培养计划）依托电子信息领域的学科优势，通过跨学院协同、跨学科交叉、跨专业融合、“新工科+新商科”、双学位的创新人才培养模式，培养掌握电子信息和互联网核心技术，具备扎实的金融学专业知识、方法和技能，将来能够在商业银行从事金融科技产品研发和风险管理，或在证券基金行业从事智能投研和量化交易的复合型金融科技人才。学生毕业后除了获得金融学专业的学位，还可在计算机科学与技术、数据科学与大数据技术、物联网工程、新能源材料与器件、智能电网信息工程等其他五个专业中任选一个专业作为第二学位。

——经济与管理学院副院长、教授、
天府青城计划金融英才项目入选者：李平

与诺贝尔经济学奖得主披萨里斯德教授交流

4 经济管理试验班（管理与电子工程双学位培养）、金融学（“互联网+”复合型精英人才双学位培养计划）学什么

1. 经济管理试验班（管理与电子工程双学位培养）

通过学习人文艺术等核心通识类课程、数学物理等自然科学类课程、电子信息与计算机科学等工科类课程、金融电子商务工商管理等经管类课程，学生拥有“理科的逻辑、工科的务实、文科的创意”，具备综合集成与跨界创新能力。

2. 金融学（“互联网+”复合型精英人才双学位培养计划）

通过学习人文艺术等核心通识类课程、数学物理等自然科学类课程，学习“移动互联网、云计算、大数据、物联网、人工智能”（简称“移云大物智”）等金融科技的核心技术课程，以及金融学基础、公司金融、金融衍生工具、金融数学、商业银行风险管理、金融交易策略与设计等金融类课程，学生将在金融科技领域成为“机会的识别者，产品的设计者，资源的整合者”。

——经济与管理学院副院长、教授、
天府青城计划金融英才项目入选者：李平

○ 5 经济管理试验班（管理与电子工程双学位培养）、金融学（“互联网+”复合型精英人才双学位培养计划）能解决社会上哪些问题

1. 经济管理试验班（管理与电子工程双学位培养）

整合资源，领导团队，高效率地解决复杂技术环境中的管理问题。例如，在电子商务领域，利用大数据分析实现商品的精准推送；在企业管理领域，利用先进的信息化系统提高管理效率；在金融领域，利用数学统计模型预测金融风险。

——经济与管理学院教授：彭怡

2. 金融学（“互联网+”复合型精英人才双学位培养计划）

科技赋能金融，金融服务经济。过去几年里，以支付宝和微信支付为代表的金融科技快速发展，大批金融科技公司迅速崛起，已然深刻地改变了人们的生活方式和企业的商业模式。而今，大数据在客户画像、精准营销、风控管理等领域，人工智能在客户交互、智能投顾、量化投资等领域，生物识别在身份验证、交易安全等领域，区块链在数字货币、支付结算、贸易融资、供应链金融等领域日新月异的应用与创新，正极大地重塑着整个金融业的市场格局，并将掀起金融与科技融合发展的革命性浪潮。

——经济与管理学院教授、天府青城计划金融精英项目入选者：李强

赴新加坡微软公司参观学习

6 经济管理试验班（管理与电子工程双学位培养）、金融学（“互联网+”复合型精英人才双学位培养计划）的误区解读

1. 经济管理试验班（管理与电子工程双学位培养）

（1）部分家长和考生可能会担心选择复合专业会不会导致“广而不专，学而不精”的情况？

我们的回答：随着人工智能的发展，现有的很多职业会逐渐消失，新的工作岗位会不断涌现，对人才的综合素质和能力要求不断提高。在此背景下，我们认为本科教育应更加注重“宽口径、厚基础”“复合型、创新型”的人才培养理念，让学生拥有更多的专业选择权，从而为学生将来进一步深造或就业奠定坚实的基础。

（2）部分家长和考生可能还会问我们为什么要选择管理和电子工程的复合培养实验班？

我们的回答：随着信息技术对各行各业的全面渗透，只懂技术或只懂管理的“单一性”人才的竞争力会越来越弱，相反，具有技术背景的管理者或具备管理能力的工程师等复合型人才的需求会越来越大。

2. 金融学（“互联网+”复合型精英人才双学位培养计划）

（1）部分家长和考生可能会问经济管理试验班大类招生中的金融学专业与“互联网+”复合型精英人才双学位培养计划中的金融学专业的区别。

我们的回答：经济管理试验班大类招生中的金融学专业将与电子信息工程专业（硬工科）进行复合，学生在前两年学习电子信息类的核心基础课程。“互联网+”复合型精英人才双学位培养计划中的金融学专业主要将与计算机科学与技术专业（软工科）进行复合，学生在前两年学习计算机专业的核心课程。我们预期，随着大数据和人工智能的进一步发展，没有任何金融产品或金融服务形式能离开信息技术的支撑，金融科技人才非常稀缺。正因为如此，我们认为与学习传统金融专业的学生相比，具备“移云大物智”核心技术的金融人才更容易成为金融科技精英。

（2）部分家长和考生可能会担心选择“互联网+”复合型精英人才双学位培养计划中的金融学专业会不会导致“广而不专，学而不精”的情况？

我们的回答：电子科技大学的金融学专业入选了国家一流本科专业建设点，无论是经济管理试验班大类招生中的金融学专业，还是“互联网+”复合型精英人才双学位培养计划中的金融学专业，金融方向的核心课程（看家本领课程）都是相同的，确保了金融专业“不走形，不变样”。更重要的是，随着人工智能的发展，虽然我们很难判断将来什么技术会过时，什么岗位会消失，但有一点是肯定的，那就是金融行业的高端就业通常是从硕士甚至博士作为起点，并且对人才的综合素质和能力要求比较高。在此背景下，我们认为本科教育应更加注重“宽口径、复合型、创新型”的人才培养理念，让学生拥有更多的专业选择权，以便更好应对不确定的未来。当然，我们希望本专业培养的人才将来成为商业银行的金融科技精英（主要从事信贷产品设计与智能风控工作）或成为各类金融证券基金的量化交易精英（主要从事智能投研和智能投资工作）。

——经济与管理学院副院长、教授，

天府青城计划金融英才项目入选者：李平

经管学子斩获“创青春”全国大学生创业大赛金奖

7 经济管理试验班（管理与电子工程双学位培养）、金融学（“互联网+”复合型精英人才双学位培养计划）学生毕业走向

1. 经济管理试验班（管理与电子工程双学位培养）

2021届毕业生总体深造率为75%，出国（境）深造率为24%，国内深造学生97%前往双一流A类大学深造。

毕业去向

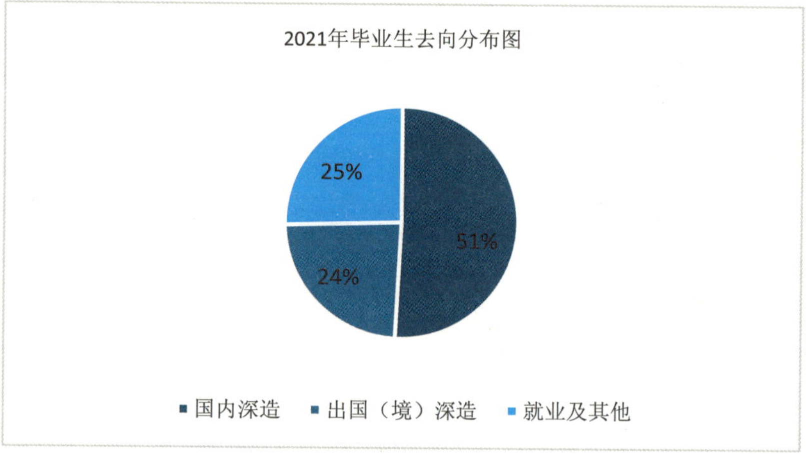

1 国内深造：32人，占比51%

在经济与管理学院2021年毕业生中，有31人被世界一流大学A类建设高校录取，有1人被世界一流学科建设高校录取。

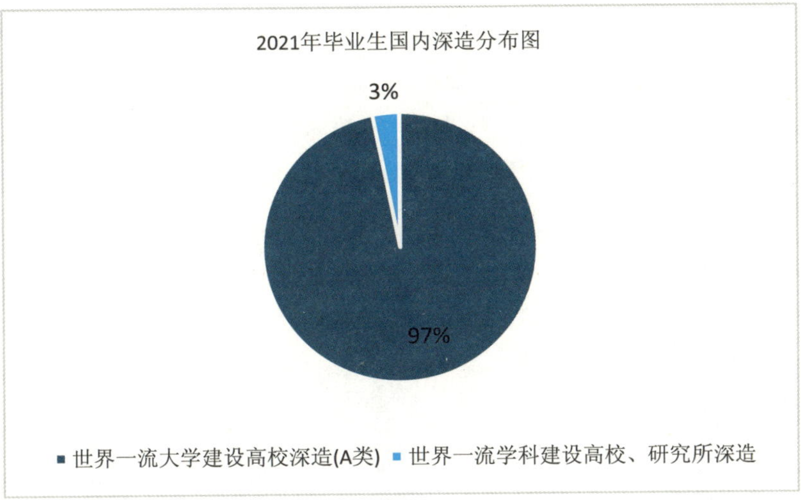

2 出国（境）深造：15人，占比24%

在申请到国（境）外知名大学offer的毕业生中，进入QS世界排名1～100大学深造11人。

3 就业及其他：16人，占比25%

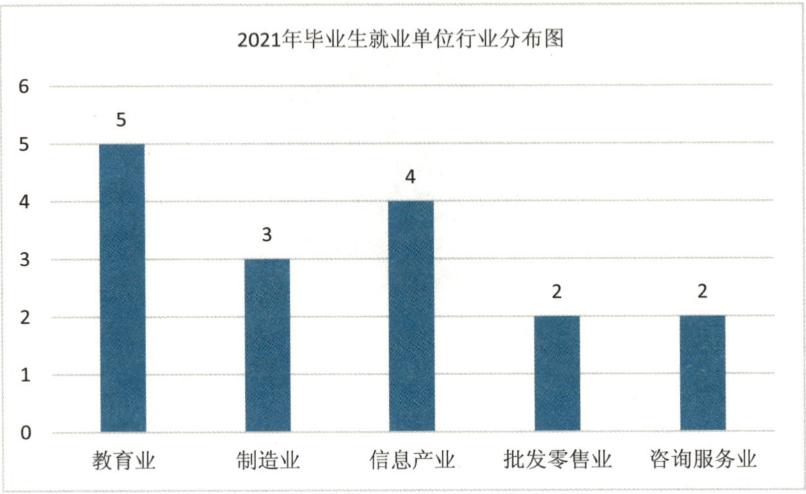

在就业的毕业生中，3人进入制造业，4人进入信息产业，5人进入教育业，2人进入咨询服务业，2人进入批发零售业。

2. 金融学（“互联网+”复合型精英人才双学位培养计划）

2021届毕业生总体深造率为73%，出国（境）深造率为43%，国内深造毕业率100%前往双一流A类大学深造。

近年来，金融学专业毕业生去海外深造的名校包括哈佛大学、剑桥大学、帝国理工学院、哥伦比亚大学、卡耐基梅隆大学、杜克大学、东京大学、芝加哥大学、纽约大学、西北大学、墨尔本大学等世界著名学府。国内一流高校包括清华大学、北京大学、上海交通大学、复旦大学、中国科学技术大学等。就业单位包括华为、阿里巴巴、腾讯、百度、京东、花旗银行、摩根大通、德意志银行等。

赴牛津大学交流学习

与清华大学苏世民书院交流活动

板块二 达人说专业

8 教授寄语

1. 经济管理试验班（管理与电子工程双学位培养）

“大数据”时代已经降临，大数据正变得越来越普遍，它虽然是由日渐成熟的信息技术孕育而来，但对社会、经济和人们生活的影响绝不是单单局限于技术层面，而是学科融合，这也就意味着我们需要更多的复合型创新人才。经济管理试验班（管理与电子工程双学位培养）在前两年的复合培养里开阔视野、锻炼思维、学会创新，比大一进入大学就分好专业的培养模式更能发掘学生的潜力，给予学生更多自主权。复合背景让同学们既能在数学建模、机器人大赛、ACM程序设计竞赛等理工科类竞赛中获奖，又能在管理咨询、股票交易模拟等经管类竞赛中获奖，还能在创新创业类比赛中崭露头角。在大数据给信息行业带来巨大变革的现在，培养行业精英依然是使命，经济管理试验班将继续探索学科融合如何改变世界。

——经济与管理学院教授：邵云飞

2. 金融学（“互联网+”复合型精英人才双学位培养计划）

金融科技作为国家“互联网+”战略的重点领域，是利用人工智能（A）、区块链（B）、云计算（C）、大数据（D）等新兴前沿技术，颠覆与改造金融市场以及传统金融服务业态的新兴业务模式、新技术应用、新产品服务的集合体，目前已经从早期的移动支付、P2P网络借贷、众筹等向大数据征信、数字加密货币、智能投顾等金融科技新业态做进一步延伸。以对传统银行业务的改造为例，部分新成立的互联网银行积极布局金融科技领域，将金融科技手段充分运用于前中后台的业务实践中。例如，在远程身份认证、智能客服、智能催收等前端服务中运用深度学习、自然语言处理等人工智能算法将提升运营效率；在目标客户识别、智能推送、大数据风控等中端服务中使用机器学习、数据挖掘等技术将精准定位顾客需求；在智能运维、联合学习、智能合规等后台业务场景中使用监督学习等技术将提升智能化管理水平。金融科技潜移默化地改变着大众的消费与支付习惯，拓展新的投融资渠道，逐渐成为社会生活不可缺少的存在；与此同时，金融科技也对传统金融生态圈产生了深远的影响，进行创新与变革所引发的需求也将在可见的未来进一步快速增长。由于金融与技术的深度融合，金融行业更加迫切需要兼具金融理论、数理基础技术、互联网思维背景的复合精英人才为之深耕细作，培养跨学科、复合型的高端金融科技人才也迫在眉睫。

——经济与管理学院教授、天府青城计划金融精英项目入选者：刘波

斩获第十一届全国大学生电子商务“创新、创意及创业”挑战赛特等奖

9 学长感悟

1. 经济管理试验班（管理与电子工程双学位培养）

在经济管理试验班近四年，我最大的体会就是试验班给了我很多的可能性。四年前的我刚刚走出高中的象牙塔，听说电子/计算机领域很“热”，又闻经管/金融专业正盛，但却很难在极短的时间内弄明白自己想在大学学习什么专业、未来要从事什么行业，而经济管理试验班让我有机会修读电子信息与经济管理两个专业方向，并在学习中更清晰和深刻地了解两个专业，明确了自己的专业兴趣所在。除此，学院对本科生的重视也助力我不断提升，学业导师、海外名校计划、SRT科研训练等都让我受益匪浅。试验班是一个播种梦想的地方，将电子科技大学的A+学科和B+学科有机结合，给了我们更多定义自己的机会，让我们手握更多选择。经济管理试验班让我成为更好的自己。

——经济管理试验班（管理与电子工程复合培养）2020届学生，第一专业电子信息工程，第二专业电子商务，班长，成电“栋梁工程”校立人

班成员，在校期间获国家奖学金、唐立新奖学金、标兵奖学金、“创青春”全国大学生创业大赛国家级银奖、美国大学生数学建模竞赛H奖等国家/国际级竞赛奖项，毕业时被宾夕法尼亚大学、卡耐基·梅隆大学、哥伦比亚大学、杜克大学等7所世界一流名校录取，现在在计算机排名世界第一的卡内基梅隆大学攻读人工智能专业硕士：吴璟承

生源地中学：广东省东莞中学

2. 金融学（“互联网+”复合型精英人才双学位培养计划）

“互联网+”复合型精英人才双学位培养计划含六个学院的学生，这让我有机会与不同专业的同学一起碰撞出更多火花。金融学（“互联网+”复合型精英人才双学位培养计划）专业是一个重交叉学科能力的新专业，注重经济学与工学的交叉融合。初入大学在主修金融学专业的同时，我便不断接触和尝试不同学科领域的专业课程，将自己的知识领域从金融拓展到计算机理论、数学基础以及通信等领域，奠定了我在本科阶段广泛的理论基础。同时，该专业也让我能用更全面的视角看待自己的未来发展方向，尤其是在学术与产业领域结合的学习过程中，我深入互联网产业，并进入互联网公司，有机会对云计算架构等前沿技术深入的交互和访学。这让我更好地洞察行业应用与学术理论间的区别与联系，从而引导我将自己的未来发展道路选择在金融与计算机理论的交叉领域上。

——金融学（“互联网+”复合型精英人才双学位培养计划）2020届学生，第一专业为金融学，第二专业为计算机科学与技术，任经济与管理学院创新创业工作坊负责人，本科阶段完成多项科研训练，论文被ISMS接收，多次联合信通学院科协开展互联网解决方案校级比赛，曾在亚马逊AWS云计算中心任实习助理级架构师、上海赛商数据任机器学习算法工程师，毕业时被新加坡国立大学、美国马里兰大学等多所世界名校录取：高浩峻

生源地中学：北京市八一中学

赴香港特别行政区名企实习

10 校友感言

1. 经济管理试验班（管理与电子工程双学位培养）

我们能够同时学习两个专业方向的知识，可以大大丰富知识面，而不像单纯的理工科那么片面，思考问题可以更加全面，对未来的学习与工作都有比较大的帮助。不知道什么是最好的专业，那就不妨多选一个。书山有路勤为径，学海无涯苦作舟。

——经济管理试验班（管理与电子工程双学位培养）2012届学生，第一专业为电子信息工程，第二专业为工商管理，现任成都四相致新科技有限公司/执行副总裁、联合创始人：罗超

生源地中学：崇州市蜀城中学

2. 金融学（“互联网+”复合型精英人才双学位培养计划）

金融学（“互联网+”复合型精英人才双学位培养计划）有着先进的培养理念。复合型的培养模式使我们可以学习商科、工科、理科等几个方向的课程，还有许多优秀的老师为我们讲解市场动态与科技前沿，更有来

自各学院的优秀的同学相互交流。这不仅开阔了我们的眼界，也拓宽了我们未来的发展方向。

——金融学（“互联网+”复合型精英人才双学位培养计划）2020届学生，金融学/数学与应用数学双学位，获国家励志奖学金、优秀学生奖学金、优秀学生干部、社会实践校级优秀个人、美国大学生数学建模竞赛获H奖等多项奖励，曾赴瑞士及法国访学和到丽海弘金公司及中国国际金融公司量化实习，毕业时被圣路易斯华盛顿大学、波士顿大学等四所海外名校录取，现在在卡耐基梅隆大学商业智能与数据分析专业攻读硕士：周汉峰

生源地中学：四川省彭州中学

板块三 数据说专业

（1）学院现有工商管理、经济学与金融学、管理科学与电子商务3个系，管理科学与工程和工商管理2个一级学科博士点和博士后流动站，管理科学与工程、工商管理、应用经济学3个一级学科硕士点。

（2）学院现有教师115人，其中正高级专业技术职务43人，副高级专业技术职务57人，45岁以下青年教师中具有一年以上海外留学、访问研究学习经历的达92.45%。

（3）教师队伍中，学院现有各类国家级人才16人，中宣部文化名家暨“四个一批”人才2人、教指委委员1人、国务院特殊津贴专家4人、四川省天府峨眉计划入选者5人、四川省天府青城计划入选者9人、四川省学术和技术带头人11人、四川省有突出贡献的优秀专家2人、四川省青年科技奖获得者3人。

（4）近五年承担国家级、省部级科研项目160余项，其中国家自然科学基金重点项目、国家社会科学基金重大项目、国家重点研发计划项目等国家级科研项目近100项。

（5）获得以四川省哲学社会科学优秀成果奖一等奖、四川省科学技术进步奖二等奖、教育部高等学校科学研究优秀成果奖（人文社会科学）二等奖等为代表的省部级科研奖励近20项。

（6）学院在国内外学术期刊发表论文750余篇，其中在国际高水平期刊（UTD/A/B类）发表论文120余篇。

（7）70%以上的毕业生前往国内外一流高校继续深造。2021届本科毕业生继续深造比例为74.19%，其中出国（境）读研比例为30.11%，毕业生前往QS前100学校深造比例为67.86%，前往双一流A类大学深造比例为97.56%。

（8）学生100%拥有出国（境）游学机会，毕业年级有出国（境）经历同学高达70%，分别与美国、加拿大、英国、澳大利亚等20余所名校合作开展2+2、3+1、3+2、4+X等多样化的国际化人才培养模式。

（9）近五年，学生获得国际级奖项101人次，国家级奖项94人次，省级奖项231人次，包括全国大学生机器人大赛、电子设计竞赛、美国大学生数学建模竞赛、“创青春”创业大赛、“互联网+”创新创业大赛、英语竞赛等比赛的最高奖项。

（10）据麦克斯的大学生就业报告统计，首届经济管理试验班学生薪资全校第一。

板块四 专业焦点

（1）2016年，王冠华、李姚逸然同学在国际SCI重要学术期刊《Computers and Operations Research》发表题为《Hybrid Discrete Differential Evolution Algorithm for Biobjective Cyclic Hoist Scheduling with Reentrance》的学术论文。

（2）2016年，刘翔宇、孙胜尧同学获Robomasters全国大学生机器人大赛国家级冠军（最高奖）；余欢、胡维涛同学获“互联网+”大学生创新创业大赛国家级金奖（最高奖）；韩永、陈敏航、余欢、胡维涛获“创青春”全国大学生创业大赛国家级金奖（最高奖）。

（3）2017年，邓君、王权玺同学获美国大学生数学建模竞赛Outstanding Winner（最高奖）。

（4）2017年，“金融学基础”“管理学”获得国家精品在线开放课程认定。

（5）2018年，徐赛、程时远同学获“创青春”全国大学生创业大赛网络经济专项赛国家级金奖；卫佳杰、孙夕媖、陈艺菡同学获“创青春”全国大学生创业大赛国家级金奖。

（6）2018年，“计量经济学”“经济学”“风险投资与创业融资”获得国家精品在线开放课程认定。

（7）2019年，金融学专业入选国家首批一流本科专业建设点；梁斌源、丘小欢同学获美国大学生数学建模竞赛Outstanding Winner（最高奖）。

（8）2020年，我院七门课程入选首批国家级一流本科课程。

（9）2020年，我院通过AMBA和BGA联合认证，成为国内首家通过BGA认证的商学院。

（10）2020年，舒婷同学获美国大学生数学建模竞赛Outstanding Winner（最高奖）。程旻希同学获得全国大学生英语竞赛一等奖。

（11）2021年，唐乐澍、邓世龙、程少翀、宋孚瑞、段维怡、赵泊瑞同学获“互联网+”大学生创新创业大赛金奖。陈怡沛、肖子杰、薛丁豪、屠斯涵同学获全国大学生电子商务“创新、创意及创业”挑战赛特等奖。宋天祥同学获全国大学生数学建模竞赛一等奖。梁晖同学获中国高校计算机大赛-团队程序设计天梯赛个人一等奖。

（12）2021年，学院李登峰教授、彭怡教授、陈旭教授、白春光教授、梁德翠研究员入选2020年“全球前2%顶尖科学家榜单”。

赴中储粮成都直属库社会实践

交谊舞会

迎新晚会

学院班级获“成电杰出班级”称号

赴九洲集团开展生产实习

“互联网+”本科教育高峰论坛

新生素质拓展

青年创业者沙龙

科研导师一对一指导

赴知名企业参观交流

赴腾讯公司创业训练实践

17 公共管理学院

板块一 白话说专业

1 专业名称

1. 信息管理与信息系统

信息管理与信息系统（以下部分地方简称信管）专业，入选省级一流本科专业建设点，是四川省综合改革试点专业。

2. 社会科学试验班（公共管理与法律复合人才培养）

按大类招生，该专业（类）包含行政管理（Administrative Management）（入选国家级一流本科专业建设点）、城市管理（Urban Management）（入选国家级一流本科专业建设点）、法学（Law）（入选省级一流本科专业建设点）三个专业。

2 一句话简介

1. 信息管理与信息系统

“数据驱动管理创新”，引领未来的管理精英。

——信息管理核心课程（群）首席教授：高天鹏

2. 行政管理

行四海天下，管国计民生，行政管理助力你的青春梦想。

——公共管理学院教授：罗若愚

3. 城市管理

21世纪是城市的世纪，我们培养的是精通信息通信技术的未来城市领导者！

——公共管理学院教授：刘灵辉

4. 法学

数据驱动的新法学。

——公共管理学院教授：肖仕卫

第十三届公共管理国际会议

3 我校开设信息管理与信息系统、行政管理、城市管理和法学专业的优势和特色

1. 信息管理与信息系统专业

该专业致力于培养管理科学、数字经济、信息科学多学科知识和能力兼备，并能引领未来的复合型管理人才，这是传统管理主动适应信息时代发展趋势、为未来做好准备的最佳选择。我校雄厚的信息技术实力为学生提供了优秀的信息技术素养及能力，学生可以用这些信息技术工具、数据分析工具去轻松地解决传统管理难以破解的难题，可以对数字经济、信息产业的发展有深入的洞察，成为人工智能时代的管理精英。

——公共管理学院教授、四川省教学名师：汤志伟

2. 行政管理专业

该专业以培养高素质行政管理人员为目的，依托学校在电子信息方面的独特优势，瞄准“电子信息+”背景下的行政管理问题，以国家公共管理事业发展需求为导向，探索管理方法与信息技术的深度融合、管理艺术与理性思维的和谐统一、管理理论与行政实践的有机结合，以智慧公共服务与智慧政务治理为专业特色，培养具备融合性文理科知识、国际化公共事务治理核心能力和优秀信息技术素养，能够适应泛信息化时代公共部门高层次管理工作的行政管理卓越人才，满足国家治理现代化的人才队伍需求。

——公共管理学院教授：刘裕

3. 城市管理专业

电子科技大学城市管理专业是立足于信息时代和国家城市化高速发展对高层次城市管理人才的迫切需求而设立，我校是全国“双一流”A类高校中较早设立该专业的学校。该专业紧密结合电子科技大学在信息学科的优势，以“智慧城市治理”为办学特色，以培养学生知识融合与能力集成为导向，致力于培养扎根中国城市发展实际问题，兼具国际先进城市发

展理念，扎实掌握城市规划、建设和管理理论与管理能力，同时熟练运用大数据、云计算、人工智能等城市空间信息分析处理技术的复合型精英人才。

——公共管理学院教授、国家级教学名师：祝小宁

4. 法学专业

法学专业依托电子科技大学电子信息类优势学科，在上好法学核心主干课的基础上，突出培养法学本科生的信息技术应用能力、数据处理能力和智能化操作能力，在全国高校法学本科生培养中率先开展“大数据、人工智能+法学”人才培养模式，具有鲜明特色。

——公共管理学院讲师：卢华锋

学生赴英国交流学习

4 信息管理与信息系统、行政管理、城市管理和法学专业学什么

1. 信息管理与信息系统专业

该专业学习的知识包括几块，一是管理学、经济学类的知识，目的是

理解信息管理的管理目标和经济趋势；二是信息管理类的知识，现在强大的数据收集、分析、可视化工具方便使用，可以让我们只关注管理问题；三是信息系统管理类的知识，可以从事信息系统管理相关工作；四是人际沟通、团队协作等综合能力训练；五是各种综合实训项目，通过面向实际的复杂项目让学生的所有知识实现融合、集成、活化，培养具备很强的解决复杂问题能力的复合型管理精英。

——公共管理学院教授：蒋国银

2. 行政管理专业

行政管理最广义的定义指一切社会组织、团体对有关事务的治理、管理和执行的社会活动，同时也指国家政治目标的执行，包括立法、行政、司法等方面。狭义的定义指国家行政机关对社会公共事务的管理，又称为公共行政。随着社会的发展，行政管理的对象日益广泛，包括经济建设、文化教育、市政建设、社会秩序、公共卫生、环境保护等各个方面。现代行政管理多应用系统工程思想和方法，以减少人力、物力、财力和时间的支出和浪费，提高行政管理的效能和效率。通过该专业，学生可以学习公共管理、电子政务、公共经济、公共政策、社会保障等的基础理论，接受管理统计、大数据应用、行政管理实验模拟等基本训练，掌握公文写作、数据处理、行政组织和社会管理的基本能力，运用现代行政管理的方法与技术分析行政管理活动与过程。

——公共管理学院副教授：周美多

3. 城市管理专业

城市一直是文明的摇篮，在黑暗中散发光和热。如果你想了解城市因何产生、如何发展、怎样管理，如果你想为城市管理现代化做出贡献，如果你想让城市生活更美好，请选择我们城市管理专业。

我校城市管理专业以公共管理为依托，以信息技术为支撑。学习的主要课程既包括国内外城市管理专业的主流课程，如城市管理学、城市区域与经济学、城市规划与设计、城市社会学等课程，也包括依托学校理工科背景开设的特色性课程，如人工智能原理与应用、数据挖掘与大数据分析、地理信息系统技术与应用等课程。

——公共管理学院教授：刘宣

4. 法学专业

传统法学专业系统学习宪法、行政法、刑法、民法、刑事诉讼、民事诉讼、行政诉讼等法学知识，我校法学专业除学习传统法学专业知识外，还结合学校人工智能学科优势，学习人工智能原理与应用、数据挖掘与大数据分析、法律与大数据、人工智能与法律服务等特色课程，以培养既精法律又通技术的融合型人才。

——公共管理学院副教授：胡腾

学生模拟法庭现场

5 信息管理与信息系统、行政管理、城市管理和法学专业能解决社会上哪些问题

1. 信息管理与信息系统专业

在人工智能的时代，信息管理将成为最重要的行业之一，数据就是财

富。对于企业，要从大量的数据中去找出最有价值的顾客，实现精准营销；对于政府，要通过大数据的分析帮助制定合适的政策，大大提升政策的质量和老百姓的满意度；对于学校，要通过对学生饭卡消费数据的分析实现对贫困学生的精准帮助；对于医院，要通过物联网等技术的运用，在某人有很大可能中风的时候，及时提醒处理，避免中风的发生，大大节约社会医疗资源。

——信息管理系核心课程（群）首席教授：高天鹏

2. 行政管理专业

从行政管理专业视角，审视古今中外之管理智慧，个体重在激励、家庭重在和谐、群体重在领导、组织重在结构、社会重在有序、国家重在活力、国际重在实力。行政管理专业所要解决的问题就蕴涵于、聚焦于如何激励人才以前进、和谐家庭求幸福、领导群体去实干、优化组织结构以高效、推进社会良性有序运行、激活国家社会活力、提升国家综合实力以实现复兴梦。

——公共管理学院副教授：王晓川

3. 城市管理专业

当前城市是一个复杂的巨系统，城市管理者需要通过分析、运用和控制影响城市发展的内部和外部因素，综合利用经济、行政、社会、法律等工具，保障城市复合型生态系统的平衡和可持续发展。城市发展与管理专业正是为此而设立的。城市管理专业可以应用于智慧城市、城市治理结构、城市发展战略、城乡融合等宏观战略层面设计，也可以落实到城市社会问题治理与社区管理、市政管理、城市危机事件管理等微观执行层面操作。

——公共管理学院副教授：刘燕

4. 法学专业

法律给我们划定行为边界，也保护我们的权利和良善。网络并非法律盲区，在网络散布未经核实的信息可能构成违法乃至犯罪。网上贷款被

“套路”不用害怕，勇敢拿起法律武器保护自己。老人倒地不敢扶？其实但扶无妨，前提是要有证据意识。

——公共管理学院副教授：黄小洵

学院学生参加第71届联合国大会

6 信息管理与信息系统、行政管理、城市管理和法学专业误区解读

1. 信息管理与信息系统专业

目前，人们对信管专业有两个误区，一是将其等同于计算机专业，二是觉得它是“万金油”。计算机专业关注的是计算机本身，信息管理专业则强调信息技术如何在企业、政府管理中应用，信息管理专业更注重培养学生洞悉商业模式和管理创新的能力。而“万金油”恰是信管专业的优势所在，懂管理和数据分析有利于准确发现和描述复杂问题，懂信息科学促使我们用技术手段去解决管理问题，管理科学、数字经济、信息科学多学科融合成就复合型管理精英。这已经在当前国家大力推进的“新文科”建设中得到印证：人工智能时代急需具有较强学习和创新能力的复合型人

才。由此可见，复合型管理精英的精髓正是：别人能做的事我们也能做，至少懂；别人不能做的事，我们还能做。

——公共管理学院教授：张会平

2. 行政管理专业

误区一：学完行政管理就能“当官”

人们容易将行政管理视同于政府管理，且理所当然地认为就读行政管理专业毕业后就能“当官”，这种想法是不正确的。管理不意味着掌权，学习行政管理与“做官”之间也不能够画等号。所谓修行靠个人，学完行政管理后能否走上领导岗位，关键看个人的能力、平台和机遇。我们致力于培养适应现代社会需要的高素质行政管理专门人才，目标是为他们打造未来人生进阶中所需要的平台。

误区二：行政管理是文科，随便混就能毕业

文科专业较之理工科专业来说似乎更简单易学，因此不少人认为行政管理专业毕业难度小，随便混混，转眼便能毕业，这种认识是错误的。行政管理确实是社会科学类专业，但在当今信息时代，行政管理专业已经成为与高新技术高度融合的新兴文科。现代行政管理学科是建立在信息科学、电子政务和智慧城市学等新兴学科基础上的综合性专业，所以，既要具备行政管理学的理论视野，还要具备较强的信息科学理论知识，真学深研，方能毕业。

——公共管理学院教授：薛晓东

3. 城市管理专业

许多人认为，城市管理专业以后的就业就是去做城管，并据此认为该专业的发展前景有限。但事实上，城市管理的知识体系远非如此局限。该专业重点在于培养学生能够从多学科角度和国际化的视野，去学习和掌握有关城市治理、城市规划、城市社会、城市经济和城市政治、城市房地产等各方面问题，同时培养学生在城市治理中对于各种信息技术和智慧治理的运用。因此，该专业具有深基础、宽视角的特征，因而城市管理的学生恰恰具有更加综合和全局的技能，并能够具有更宽阔的发展前景和成长空间。

——公共管理学院讲师：邓文莉

4. 法学专业

有人认为学法律很枯燥，就是“背法条”，其实学法律很有趣，刑法案例绝对可以引你入胜；有人认为学法律就业难、收入低，其实是对法律职业的一知半解，只要过了法律职业资格考试，终身也不会失业，而且法律人越老越吃香，当然前提是你一定要学得好！学得好！学得好！

——公共管理学院副教授：史溢帆

与社区联合活动

7 信息管理与信息系统、行政管理、城市管理和法学专业的毕业生走向

近几年，学院各专业毕业生保研、考研和出国深造率为60%～70%，就业率为95%左右。

1. 信息管理与信息系统专业

天猫“双十一”交易额2135亿元，“互联网+”成为国家战略，社会信息化的进程正在加速。该专业由于其综合的知识和面向管理的特点在这个庞大的产业链上发挥了重要作用。

信息管理与信息系统毕业生进入海内外知名高校及企业学习、工作。海内外名校包括美国卡内基梅隆大学、美国密歇根大学、美国东北大学、英国伦敦政治经济学院、澳大利亚国立大学、澳大利亚昆士兰大学、新加坡国立大学、清华大学、中国科学技术大学、香港科技大学、中国人民大学、南京大学、武汉大学、同济大学等，深造学习方向覆盖计算机科学、管理科学、情报学、企业管理、公共管理等学科。知名就业单位包括华为、百度、阿里巴巴、腾讯、德国SAP国内外顶尖IT企业，纽约花旗银行、中国工商银行等金融机构，中国石油天然气公司、四川航空公司等大型企业，以及政府大数据与信息管理机构等，主要从事信息咨询、系统开发及管理、数据分析与应用等工作。

2. 行政管理专业

行政管理专业毕业生在继续深造中受到了国内外高校的高度认可，毕业生保送到国内名校的比例逐年提升。其中毕业继续前往加州大学伯克利分校、纽约大学、罗格斯大学、新加坡国立大学等国外知名高校继续深造的毕业生持续走高。保送或考取清华大学、北京大学、中国人民大学、复旦大学、中山大学等国内一流大学的毕业生比例也逐年提升。这突出体现了电子科技大学行政管理专业毕业生扎实的学术功底，专业国际化培养模式受到了国内外高校的认可。本科就业的毕业生也受到用人单位的广泛认同。

研究方法工作坊

3. 城市管理专业

城市管理专业的毕业生适宜在规划、国土、城建、环保、旅游等政府机关、企事业单位和高等教育单位与科研机构从事包括市政治理与行政管理，城市经济产业开发、统筹与布局，城市社会问题治理与社区管理，城市交通规划、设计、开发与部署，城市环境治理与保护，城市群落布局与大都市圈规划、设计，智慧城市设计、规划和部署的相关工作。更重要的是，随着我国快速城市化战略的进一步推进，未来相关领域的人才缺口会相关可观。

攻读硕士研究生也是该专业毕业生一个不错的选择。城市管理专业的学生，不仅掌握公共管理领域的知识，而且了解智慧城市相关的信息通信技术等知识，为继续深造打下了扎实的基础。

4. 法学专业

法学专业毕业生的毕业去向主要是纪监委、立法机关、行政机关、检察机关、审判机关、仲裁机构和法律服务机构。此外，读研和出国深造也是法学本科毕业生的重要选择。近年来法学本科毕业生深造率达60%，其中不乏中国政法大学、浙江大学、伦敦大学学院等国内外名校。

毕业去向

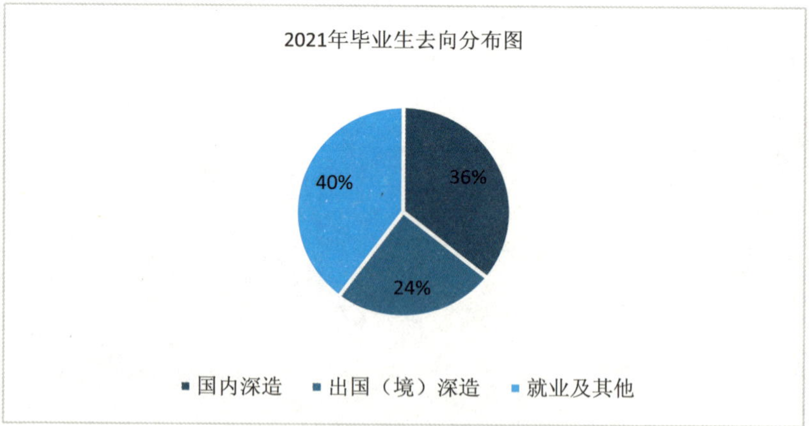

1 国内深造：51人，占比36%

在公共管理学院2021年毕业生中，有43人被世界一流大学A类建设高校录取，有5人被世界一流学科建设高校及科研院所录取，有3人被其他院校录取。

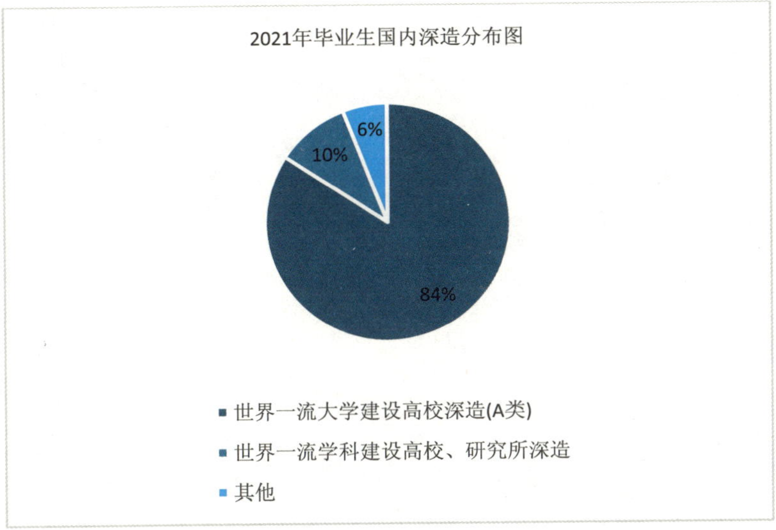

2 出国（境）深造：35人，占比24%

在申请到国（境）外知名大学offer的毕业生中，进入QS世界排名1～100大学深造的有21人，QS世界排名101～200大学深造的有3人。

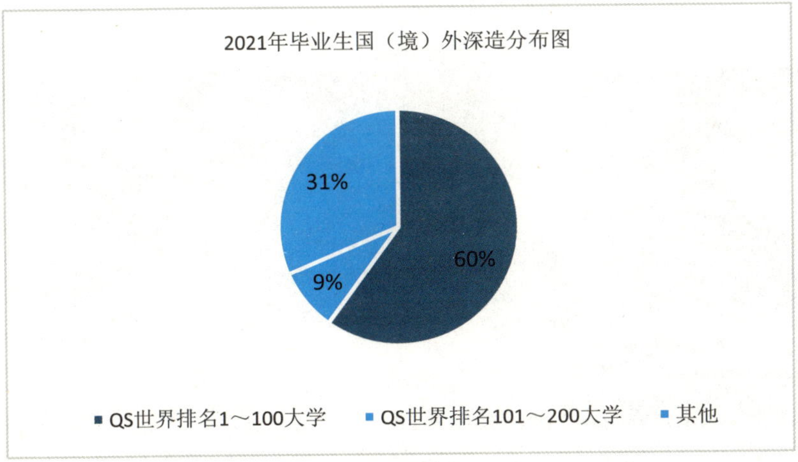

17 公共管理学院

3 就业及其他：57人，占比40%

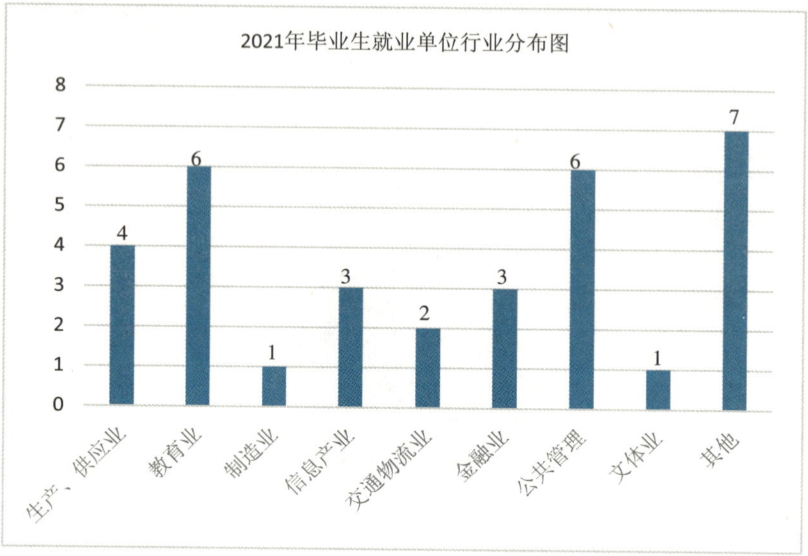

在就业的毕业生中，4人进入生产、供应业，6人进入公共管理，6人进入教育业，3人进入金融业，1人进入制造业，2人进入交通物流业，1人进入文体业，3人进入信息产业，7人进入其他行业。

板块二 达人说专业

我院学生代表与英国东伦敦大学学生进行交流

8 教授寄语

1. 信息管理与信息系统专业

信息管理与信息系统作为新兴交叉学科，有着独特的魅力与活力，正吸引广大学子选择它。信息管理与信息系统有强大依附性与交叉性，面向新兴信息技术的应用带来的行业创新、产业融合，围绕以云计算、大数据、物联网、人工智能等为代表的新兴信息技术对管理带来全新管理问题，如组织模式创新、协同管理创新、服务模式创新、大数据驱动的精准管理与实时决策支持、智慧应用与智能管理，等等。大数据分析与应用、社会计算、人工智能管理与应用、智慧城市等新兴技术与管理方法课程正融入我们的课堂；ERP大赛、互联网+创新创业大赛、挑战杯等学科竞赛，以及面向企业和行业调研、咨询、系统开发等丰富了我们的第二课堂。信息管理与信息系统专业面向我校电子与信息学科优势，让我们感受企业、行业、政务应用新兴信息技术带来的管理变革与冲击，带我们领略新兴信息技术与现代管理方法交叉融合的魅力，把握新兴信息技术发展带来的创新创业机遇。

——公共管理学院教授：蒋国银

2. 行政管理专业

行政管理是管理的重要组成部分，除一般指政府行政管理外，还泛指企事业单位、社会组织等的行政管理，具有广泛的应用领域。现代行政管理日益复杂，面临越来越多的挑战，拥有更多综合素质高、专业能力强、视野开阔的行政管理人才，已成为各级各类组织的必然选择。社会的需求就是专业的价值所在、学子的前途所在，所有立志攻读行政管理专业的莘莘学子，必将拥有一个施展才华的广阔舞台。我校行政管理专业紧扣社会需求和专业特点，依托学校优越的办学条件和学科特色，在探索优秀行政管理专业人才培养的道路上奋斗了近20载，积累了丰富的人才培养经验，形成了特色鲜明的人才培养模式，涌现出国家和省级教学名师，获得多项国家级优秀教学成果，建成系列国家精品课程，培养了一大批优秀校友。我们深信，在这里，完善的课程体系，将使你拥有扎实而宽厚的知识；国内外著名专家学者的精彩学术报告，将使你受益匪浅；与政府部门、企事业单位共建的实习基地，将使你的实践能力大增；赴海外名校考察和学习，将使你具备国际化的视野；各类社团组织的活动，将使你的生活丰富多彩。经过四年的磨炼，优秀的你可以满怀自信地走向社会，以过硬的本领，在激烈竞争中创造出无愧于时代的辉煌业绩。

——公共管理学院教授：刘智勇

第二届智慧城市国际论坛开幕式

3. 城市管理专业

城市管理学是20世纪50年代兴起的以经济学、管理学、政治学为基础的新兴综合性学科，兼具公共管理领域、城市与区域经济领域、城市社会学、城市行政学、城市规划学等领域的研究客体及方法。城市管理专业学科的复杂性，是基于城市的复杂性。对城市这个复杂巨系统的管理必然呈现出多维度、多结构、多层次、分系统从宏观到微观的纵横交织、错综复杂的动态非线性复杂巨系统特性。有这样复合的专业背景，城市管理专业毕业生择业面宽，适应面广，能够在城市政府机关、非政府机构施展自己的才华。毕业生可从事行政管理、市政治理与行政管理、社会保障、土地资源管理、城市社会问题治理与社区管理、城市经济产业开发、统筹与布局、城市交通部署及管理、城市环境治理与保护等工作。

电子科技大学城市管理专业是最早成立城市管理专业的985、211高校之一，结合学校的信息科学强大背景，电子科技大学城市管理专业在智慧城市、城市信息化管理等领域具有鲜明特色，在智慧城市设计、规划和部署，及大数据与人工智能支持下的规划管理、社区管理、市政管理、应急管理等领域都具有很高竞争力。2021年电子科技大学城市管理专业在软科中国大学专业排名第3。作为一名城市管理专业的学生，只要你能保持对城市问题的持续关注与思考，就一定会对城市管理专业越来越感兴趣，在城市管理领域的研究和应用之路也会越走越宽。

——公共管理学院教授：杨菁

4. 法学专业

诞生于公元1088年的意大利博洛尼亚大学被誉为现代“大学之母”，人类历史上第一所大学在建校之初就是一所法律学院。因此，毫不夸张地说，法学是现代大学中历史最悠久、底蕴最深厚、传统最久远的学科。

让我们漫步法学殿堂，领略这门既古老又生机勃勃的学科。

在这里，你将追随先哲的脚步，探寻公平、正义之路。古罗马法学家乌尔比安有言：“法学是神人之事，公正非公正之艺术。”人类孜孜以求的公正最为集中地体现为一部部鲜活的法律，学法之人将遨游在法律典章的海洋中，为实现社会公正而苦苦求索。

在这里，你将学会以法为剑，为权利而斗争，为社会和谐而鼓与呼。学贯中西的法学大家沈家本指出：“法者，天下之程式，万世之仪表。”学法之人将拥有丰富的法律知识、娴熟的法律技能、高尚的职业伦理，将法律这一调整社会关系最重要的行为规范付诸实施，成为“正义之骑士”。

在这里，你将拥有无限宽广的舞台，成为民族复兴的栋梁。从马克思、列宁、孟德斯鸠、林肯，到歌德、托尔斯泰、笛卡尔、巴尔扎克，这一个个闪光的名字都有着共同的出身——“法学院的学生”。至于作为法学博士的习近平总书记和北大法学院高才生的李克强总理，则更是当代法律人的骄傲。“奉法者强则国强”，在建设社会主义法治国家的背景下，法律人的使命无比荣光，法律人的前程无比远大。

齐格拉尔说过：“你不必开始于伟大，但你必须开始去伟大。”同学们，选择法学专业，开启你人生的伟大征程吧！

——公共管理学院教授：吴卫军

篮球赛夺冠

9 学长感悟

1. 信息管理与信息系统专业

基于系统观点，运用信息手段，解决管理问题，是谓信管。选择信息管理与信息系统，你将形成系统的思维，你将获得前沿的技术，你将拥有经济人的理性，你将收获运筹帷幄的智慧。国家、政府、企业、组织是你的研究对象；机器学习、人工智能、大数据、云计算是你解决问题的武器；资产定价、收益管理、经济计量、统计分析给予你量化世界的新方法；管理学、经济学、运筹学、社会学赋予你理解世界的新视角。在未来，很多专业的界限将越来越模糊，一专多能、融会贯通是新的时代要求，一个人要能对他未来所要学习的新知识提供一个广阔的视野。信管的学生，将来可能成为管理的专家，也可能成为信息领域的专家。具备IT和管理两个知识结构是我们专业天然的优势。

——2016级信管专业本科生、

中国科学技术大学2020级硕士研究生：贺涛

生源地中学：四川省简阳中学

2. 行政管理专业

北宋张载有云：读书人应有“为天地立心、为生民立命，为往圣继绝学，为万世开太平”的抱负。行政管理专业正是培养民族复兴路上有如此担当和作为之人才。在这里，你可以领略公权的规律，也可以掌握管理的技艺，从而维护公共价值，增进公共福祉。你还可以借助“互联网＋”与“电子信息＋”之工具，成长为专业基础扎实、综合素质高的未来翘楚。“为公明德，为实尚善”，电子科技大学公共管理学院行政管理专业欢迎您。

——2011级行政管理专业本科生、四川大学2018级博士研究生：康健

生源地中学：江西省赣州市信丰中学

学生参加全球科技创新论坛

3. 城市管理专业

城市管理是一门交叉学科，它不仅是公共管理的重要一环，也是以城市为载体的管理学，更涉及社会学、地理学、城乡规划学等内容。在我看来，它丰富——我们可以了解古今中外的城市历史、变化发展的规划理念，领略别具一格的城市风光；它智慧——依托学校“电子信息+智慧城市”背景，成电的城市管理专业旨在培养有技术支撑的复合型人才；它也充满人文关怀——大到城市规划，小到社区治理，每一项研究都需要走进

城市，用脚步丈量，每一项课题都离不开居民福祉。

扎根城市，放眼未来，城市管理专业大有可为。

——2015级城市管理专业本科生、浙江大学2019级直博生：孔艺文

生源地中学：山东省潍坊一中

4. 法学专业

套用狄更斯的句式来说法学：这是世俗的行业；这是神圣的行业。这是语言的游戏；这是静默的思考。这是书本之内的研读；这是书本之外的实践。这是独自伏案的工作；这是与人交谈的职业。你将在成电开始挑战法学，你也将在成电接受法学的挑战。你或许会以为学习法律就是背条文，就是掌握规则。但现实的问题总是面临着法律语言的模糊性和相关事实的不确定性。因而法学并非机械的应用，不是依据勾股定理或者欧姆定律去解题；很多问题并不像高中的习题一样有标准答案，就好像大学上课并没有固定的教室一样。你也许会想象学习法律就是学会唇枪舌剑，据理力争，甚至强词夺理，咄咄逼人。但请不要将电影当作现实的生活。法律的学习并不是让你成为一个让人膈应的人，更不是振振有词而没有节操的人。当然，法学是一个百家争鸣、学术PK属于家常便饭的学科。当你逐渐融入后，你会发现，发生在法学界的华山论剑，学术上的刀光剑影，可比那些蹩脚的武侠片要好看太多了。

——2014级法学专业本科生、

中国政法大学2021级博士研究生：张嘉源

生源地中学：四川省成都市第十八中学

成电杰出班级

10 校友感言

1. 信息管理与信息系统专业

信息管理与信息系统专业是一门新兴的交叉学科，它将管理科学与信息技术的知识融合，体现着管理之美与信息之美的交叉融合。信管专业一方面通过管理科学（如管理信息系统、管理学原理等课程）激发学生的管理创新意识；另一方面又通过数理基础课程与计算机学科的课程培养学生的技术核心能力，锻炼学生的逻辑思维。信管学子有着扎实的数据分析、建模、编程等信息技术实力，但并不聚焦于技术与算法，而是从管理与商业模式角度思考问题，强调将信息技术立足于实际问题、服务于实际问题，用优秀的数据分析挖掘能力、建模能力和管理领导力来解决实际问题。

信管专业正是以其交叉学科的特性，为我们提供了一个独特的视角，站在信息技术前沿，观察信息技术如何改变企业与社会，把握未来的发展趋势。

——2018级信管专业学生、保研至浙江大学：田乙媛

生源地：四川省广安友谊中学

2. 行政管理专业

也许当你第一次听到行政管理时，你的脑海里开始浮现：活动组织、会议安排、来访接待、文书汇报……哎，快停止你的想象，这不是去行政管理的路。行政管理是运用国家权力对社会事务进行管理，对社会资源进行分配。简而言之，行政管理就像血管，从国家心脏出发向社会提供营养，保证各项功能的正常运行。行政管理既可以是国家治理的大动脉，也可以是遍布基层的毛细血管，这其中不变的是对社会的关切。学习行政管理，我们会把自己放置在“公共”的环境中去设定未来目标，秉持着“天下为公”的信念，在实践调研中丈量中国大地，在案例研讨中洞察社会问题，在政策分析中用专业的知识与能力治疗社会的痼疾。我想行政管理学子身上更是传承着一份“为公明德，为实尚善”的社会责任和人文精神。

——2017级行政管理专业本科生、清华大学2021级直博生：童叶

生源地：四川省宜宾天立国际学校

我和银杏有个约定

3. 城市管理专业

一年成邑，二年成城。以城市为载体的管理学，是更生动形象，更复杂多变的一门学科。书本上，从古代、近代到现代的城市，从城市的经济、政治、文化到交通、土地、环境，都是我们要了解的对象。调研中，高楼林立的市中心和破旧的瓦片房，都是我们走过的地方。作为城市管理专业的学生，我们最关注的是城市中的人——无论是智慧城市、社区营造、绿色出行，还是城乡融合，这些课题的最终目的都是服务于城市的每一个人。我们希望城市更为人居，更为智慧，可以“让人诗意地栖居在大地上”。

——2016级城市管理专业本科生、保研至北京大学：王琢

生源地中学：河南省安阳市林州市第一中学

4. 法学专业

恭喜你，做出了人生中一个勇敢的选择。但我也想告诫你，这是一条艰难的道路。

法学是一门古老的学科，法学院位列欧洲早期大学的四个学院之一。学成法学绝非易事，在美国，想要成为大法官或许需要拥有两鬓斑白的智慧和年纪。简洁的法条推导不出人心的莫测，一生的努力或许也不够为理想筑起无坚不摧的护城河。

你或许会常遇不公，或许会常遇无奈，或许会发现电视里的唇枪舌剑不过是经聚光灯修饰的美好存在，而现实是，选择法学，你需要坐得住冷板凳的坚毅，需要熬得过漫漫长夜的清醒，需要耐得住万般诱惑的纯真心态。但请不要害怕，选择成电法学，你将在这条既注定艰辛又注定不凡的道路上获得良师益友相伴，在书斋中生出根来，你也终将淬火重生。

——2018级法学专业学生、保研至北京大学：王瑞雪

生源地中学：重庆市第八中学校

【国际学堂】美国雪城大学Colleen Heflin教授为公管分校授课

板块三 数据说专业

（1）学院现有行政管理、信息管理与信息系统、法学、城市管理四个本科专业，1个公共管理一级学科博士点，2个新闻传播学一级学科硕士授位点，以及公共管理（MPA）、新闻与传播（MJC）2个专业学位授位点。

（2）学院现有教师65名。其中，高级专业技术职务47人，博士生导师7人，80%的教师拥有博士学位。

（3）近年来，入选省部级以上人才计划18人。其中，1人获得国家级教学名师，1人获得省级教学名师。

（4）2018年以来，入选教育部教指委委员1人，省级教指委副主任委员2人、委员4人。

（5）近五年，学院承担包括国家社会科学基金重大、重点项目、国家自然科学基金项目、科技部国家重点研发计划、教育部项目近50项，省级项目60余项。

（6）学院获国家级教学成果二等奖3项，省级教学成果一、二等奖5项。

（7）学院获批国家级、省级一流本科专业建设点各2个。

（8）学院获国家级一流本科课程、精品在线开放课等国家级课程13门、省级课程23门。

（9）近年来，学院获批教育部2021年新文科研究与改革实践项目1项、省部级教学改革项目21项。

（10）2021年，学院获批省级文科虚拟仿真实验教学中心1个。

（11）近三年，本科生就业率为95%左右，深造率为60%～70%。

（12）近三年，本科生获得“互联网+”创新创业大赛、“挑战杯”全国大学生课外学术科技作品竞赛、美国大学生数学建模竞赛等国家级奖励72项，省部级奖励195项。

智慧城市实验室课堂

板块四 专业焦点

1. 信息管理与信息系统专业

（1）2009年，学院实验中心获“四川省文科实验教学示范中心”。

（2）2012年，信息管理与信息系统“专业综合改革试点”获四川省教育厅立项建设。

（3）2013年，汤志伟教授入选四川省学术和技术带头人；信息管理专业教师团队申请的“信息管理专业创新人才培养体系改革研究与实践”获四川省高等教育人才培养质量和教学改革项目立项。

（4）2014年，汤志伟教授获得国家级教学成果二等奖；张会平副教授入选四川省后备人才。

（5）2015年，汤志伟教授入选第5批“校百人计划”，入选四川省政府“智囊团”；信管专业教师团队建设的“信息系统开发与管理”课程获得四川省精品资源共享课；2012级学生张祎、张良韬、万昕在第十四届“挑战杯”大学生课外学术科技作品竞赛中获全国三等奖、四川省一等奖。

（6）2016年，汤志伟教授、高天鹏教授主讲课程“公共服务电子化之路”获国家精品视频公开课；智慧城市管理实验室建设立项。

（7）2017年，我院与四川省政府外事侨务办公室、美国国家城市联盟共同承办第二届智慧城市国际论坛；张会平副教授、冯小东副教授入选电子科技大学基础研究星火计划；电子政务原理与应用在线开放课程在中国大学MOOC上线；2016级学生创新团队获第三届中国“互联网+”大学生创新创业大赛国家级银奖。

（8）2018年，汤志伟教授获四川省“天府万人计划”天府名师，获得国家级教学成果二等奖；汤志伟教授团队获得国家社会科学基金重大招标课题；蒋国银教授入选校百人计划，并在国际期刊《Industrial Management & Data Systems》（《SSCI》期刊，JCR1区）发表文章；高天鹏教授获得四川省教学成果二等奖；2016级学生陈纾旻获第十七届全国大学生机器人大赛一等奖。

（9）2019年，在贵阳举办的中国国际大数据产业博览会上，智慧治理研究中心和学院发布了《中国地方政府互联网服务能力发展报告（2019）》，是继2018年后第二次发布的报告。

2. 行政管理专业

（1）2013年，罗若愚、刘裕入选第十批四川省学术和技术带头人后备人选。

（2）2015年，薛晓东入选第十一批四川省学术和技术带头人。

（3）2015年，沈华入选四川省千人计划人文社科专项，2019年入选第十二批四川省学术和技术带头人。

（4）2015年至今，行政管理专业举办“暑期学校——国际学堂”公管分校活动，邀请英国社科院院士、美国雪城大学等知名高校教授，为我院本科生开设素质教育公选课。

（5）2016年2月，公共管理学院与俄罗斯莫斯科国立大学公共管理学院签订科研、教学合作协议。

（6）2017年7月，我系赵蜀蓉教授当选美国行政管理学会（ASPA）国际分会副主席。

（7）2017年9月，董娱菲同学成功申请国家留学基金委优本项目，赴美国加州大学洛杉矶分校（UCLA）交流学习。

（8）2017年9月，刘梅团队获第二届全国大学生城市管理竞赛二等奖。

（9）2018年3月，刘啸天同学团队获美国大学生数学建模竞赛和交叉学科建模竞赛（MCM/ICM）特等奖和最高奖。

（10）2014—2018年期间，我校与美国行政管理学会共同举办公共管理国际会议（ICPA），会议先后在电子科技大学、印度尼西亚巴查查兰大学、加纳大学等高校举办，目前已连续举办了十三届。2018年会议获得了全美排名第一的雪城大学马克斯维尔公民与公共事务学院、国际顶尖期刊《公共行政评论》（PAR）杂志、《中国行政管理》杂志的支持，有效地提升了会议的学术影响力，获得人民网、新华网、中国日报等重要媒体的报道。

（11）2019年，行政管理专业入选国家级一流本科专业建设点。

“互联网+高峰论坛”之互联网+智慧信息系统分论坛（2018年）

3. 城市管理专业

（1）2016年10月，孙艺文同学入选中国青年代表团，参加第七十一届联合国大会。

（2）2016年11月，黄吉霖同学入选中国青年代表团，参加第二十二届全球气候变化大会。

（3）2017年9月，孙艺文、谭西涵同学团队分别获得第二届全国大学生城市管理竞赛一等奖和三等奖。

（4）2018年3月，黄吉霖同学团队获美国大学生数学建模竞赛和交叉学科建模竞赛（MCM/ICM）特等奖和最高奖。

（5）2018年4月，祝小宁教授团队申报的“以核心素养为魂、‘LSM+’为体，创新文科教学模式，推动学生终身发展”获国家级教学成果二等奖、四川省教学成果一等奖。

（6）2018年6月，刘灵辉教授入选四川省学术和技术带头人后备人选。

（7）2018年9月，祝小宁教授入选第十二批四川省学术和技术带头人。

（8）2018年10月，杨菁教授申请的项目“智慧城市规划与管理虚拟仿真实践平台”获教育部2018年产学合作协同育人项目——实践条件和实践基地建设。

（9）2021年，杨菁教授入选四川省学术和技术带头人。

（10）在2021年“软科中国大学专业排名”中，电子科技大学城市管理专业排名全国第三。

4. 法学专业

（1）2016年6月，王怡老师的课题获国家社科基金资助。

（2）2017年3月，吴卫军、肖仕卫合著的著作获四川省社会科学优秀成果三等奖。

（3）2017年10月，电子科技大学代表队获四川省大学生模拟法庭竞赛亚军。

（4）2018年6月，史溢帆老师的课题获国家社科基金资助。

（5）2018年10月，肖仕卫老师在《中国高教研究》发表教学改革论文。

（6）2018年12月，学院与美国威廉玛丽法学院达成合作协议。

（7）2020年12月，法学专业成为四川省一流本科专业建设点。

（8）2020年12月，肖仕卫老师主持的课程获评国家首批一流本科课程。

（9）2021年8月，吴卫军老师课题获国家社科基金资助。

18 外国语学院

板块一 白话说专业

1 专业名称

外国语言文学类

按大类招生，该专业（类）包含英语、日语、法语、翻译四个专业。

学院举办两会翻译大赛

2 一句话简介

1. 英语

英语是打开西方知识宝库之门的钥匙，也是联通中国与世界的纽带。

2. 日语

开启通向日本文化的“任意门”，体验似曾相识却又非常不同的东亚文化。

3. 法语

浪漫的人生不只是眼前的玫瑰和美酒，还需要“自然淳朴”、清晰明确的法语来锤炼。

4. 翻译

如果世界没有了翻译，我们将生活在闭关锁国的沉默之中。

3 我校开设外国语言文学类专业的优势和特色

文理工融通：文理、文工跨学科交叉，开设信息素养与可持续发展、计算机应用基础、语言研究中的统计方法（R语言）、Python等必修课，培养信息素养高的融通型外语人才。

多语种并举：一专多能、汇通中外，实施“汉语+英语+日/法语”多语贯通的大类培养，双外语能力强。

个性化培养：小班制分类培养，通过立人班、精英班栋梁工程扶持计划、成长导师、项目制等，实现精英人才个性化培养。学生有两次转专业的机会。

信息化添翼：信息化外语教学走在全国前列，建成并投入翻转课堂使用的网络课程近20门；利用线上实训平台夯实外语基本功。

1. 英语

大类招生模式下的英语专业注重英日或英法双语能力的培养，入选国家级一流本科专业建设点，师资力量雄厚，具有博士学位兼海外求学或访学经历的老师接近90%，重在培养视野开阔、批判思维能力和表达能力强的学术精英人才、语言智能人才和全球治理人才，学生考研和留学深造率高。

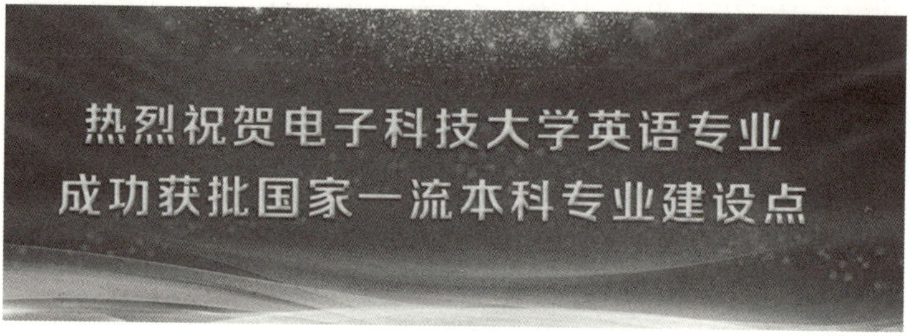

英语专业获批国家一流本科专业建设点

2. 日语

大类招生模式下的日语专业注重英日双语能力的培养，有一支极具亲和力的中外师资队伍。跨学科选课体系能够在学习英日语言技能、了解西方与东亚两大文化体系的同时，修读学校优势专业课程，具备一定的数据统计知识、IT知识、计算机软件操作能力，在出国、考研及就业各方面都具有更强的竞争力。

3. 法语

大类招生模式下的法语专业注重英法双语能力的培养，有一支经验丰富、充满活力的优秀师资队伍，依托理工科的学科优势，将人文素养和理工思维紧密结合，培养优质法语+人才。具有完善成熟的国际合作平台，学生可赴法国和加拿大交流访学，长期聘请国外专家学者开展学术讲座，开阔学生视野。

4. 翻译

大类招生模式下的翻译专业注重英日或英法双语能力的培养，与英语系共享师资，以“人工智能+翻译”“电子信息+翻译”为特色，培养在电子信息领域从事语言服务的实践型人才以及继续从事翻译研究的学术型人才。本专业依托省级虚拟仿真实验教学平台、STL Trados、YiCAT等国内外主流机器辅助翻译平台，守正创新，切实提升学生的双语综合运用技能、外国语言文学素养、具备校本特色的计算机素养，通过人工智能+翻译、笔译、口译、翻译技术四大课程模块，全面持续提升学生的翻译素养。

4 外国语言文学类专业学什么

1. 英语

该专业通过语言技能课程及线上线下实训平台来夯实学生的英语以及日语或法语的语言技能；通过语言学、文学、文化类课程以及学科方法类课程让学生了解英语国家的思想文化，提升学术水平；通过信息素养与可持续发展、国际组织与全球治理、英国议会制辩论、全球胜任力实训、模拟联合国、“一带一路”文化专题等跨学科课程和实训来增强其全球治理能力；通过学校校本特色课程如计算机应用基础、语言研究中的统计方法（R语言）、Python等来强化学生的信息化素养。

2. 日语

日语语言文学专业的课程主要包括两大阶段，其一是日语语言基础技能训练课程，开设有综合日语、日语阅读、日语听力、日语写作等课程。完成该部分的学习能够掌握扎实的日语听说读写技能及实现在日生活，进行对日经济和文化交流。其二是包括日语语言学、日本文学、日本文化、日汉翻译等在内的研究型课程，使学生具备一定从事学术性活动的研究能力。

日语系主要教师

3. 法语

法语语言基本技能包括法语精读、法语口语、法语写作，等等。掌握法语的听说读写译等基本能力可以实现在法生活，对法交流；同时辅以法国社会与文化、科技法语、商务法语等课程，增强专业法语在具体实践领域的应用；法语语言学、法国文学、中法文化交流史、中法翻译理论与实践等课程为学生从事学术性研究奠定必要的基础，培养学生的学术修养。

4. 翻译

该专业通过综合英语、英语语音学、词汇学、语法学、学术英语写作、汉语写作等课程来培养学生的双语综合运用技能；通过英国文学、美国文学、英美文化概论等课程来提升学生的外国语言文学素养；通过翻译概论、翻译史、翻译与文化传播等课程来引领学生进入翻译研究的大门；通过口译（交替传译、同声传译、面向国际会议的口笔译服务），笔译，翻译技术（翻译技术基础、翻译项目管理）来培养学生的翻译素养。

5 外国语言文学类专业能解决社会上哪些问题

1. 英语

掌握世界通用语，能够推进国际交流与合作，服务国家重大战略（如“一带一路”），甚至走上联合国、驻外大使馆等重要的国际组织或外交部门。

2. 日语

日语是日本文化的载体，也是日本人思维与思想的体现。熟练掌握日语，深入了解日本文化，能够增进中日相互理解，活跃中日经济和文化交流。

3. 法语

掌握法语，能够促进中法、中非等世界法语区的国际交流与合作，参与世界对话，加快国际化进程。

4. 翻译

具备实践能力的毕业生可在电子信息领域从事语言服务，包括软件、游戏、网站的本地化、新媒体海外运营、游戏内容设计，等等。具备学术能力的毕业生可继续在翻译研究和跨学科研究深耕，包括翻译史研究、翻译与文化传播、机器翻译研究、双语认知研究，等等。

主办全国外语教学与研究中青年学者论坛

6 外国语言文学类专业误区解读

1. 英语

英语不仅仅是一种技能性的工具，还具有无法被人工智能取代的丰富人文内涵。学英语专业的学生不仅需要有扎实的语言综合运用技能，还需要有英语语言学、英美文学、翻译学、英语国家社会文化，以及国别区域研究的外国语言文学的学科素养，更需要培养全球胜任力、国家领导力，担当起向英语世界传播中华优秀传统文化、“讲好中国故事”的重任。

2. 日语

据说梁启超在从中国到日本的船上就学会了日语，他有一句名言：“日语真难学，废了我一灯油。”我们大部分人不是梁启超那样的天才，日语当然也不是十天半月就能学会，况且一门语言所承载的文化更是深不可测。

3. 法语

法语不是一个小语种，全球有2亿多人在说法语，遍布五大洲。法语是世界各大国际组织青睐的官方语言，《流浪星球》中联合政府采用法语发言具有很强的象征意义。在“一带一路”政策引领下，法语人才也将拥有更广阔的发展空间。学法语的学生将来不只是做翻译，可以在多个领域、多个学科继续深造，从事科研工作，也可以从事出版编辑、国际合作交流、文化传播、企业管理等工作，其就业前景广阔。

4. 翻译

“翻译”既是技能，也是人文学科的重要领域，具备实践和学术的双重属性。实践层面，人工翻译不会被机器翻译所取代，具备现代翻译技术能力的人才将实现人机协同的翻译目标，完成机器所不能完成的工作；学术层面，翻译研究已经独立于语言学、比较文学，成为独立的研究方向，在文学欣赏、文学批评层面开展译本和译者研究，如以口笔译活动为对象，结合神经认知、脑科学，开展双语认知、翻译过程研究等跨学科合作。

7 外国语言文学类学生毕业走向

本专业毕业生能在外国语言文学、法律、国际新闻传播、语言智能等学科领域的国内外知名高校继续深造，或从事外事、外交、国际组织、泛信息化行业、外语教育、文化传播、新闻媒体、国际经贸、旅游等领域的语言社会化服务工作或管理等其他工作。

毕业去向

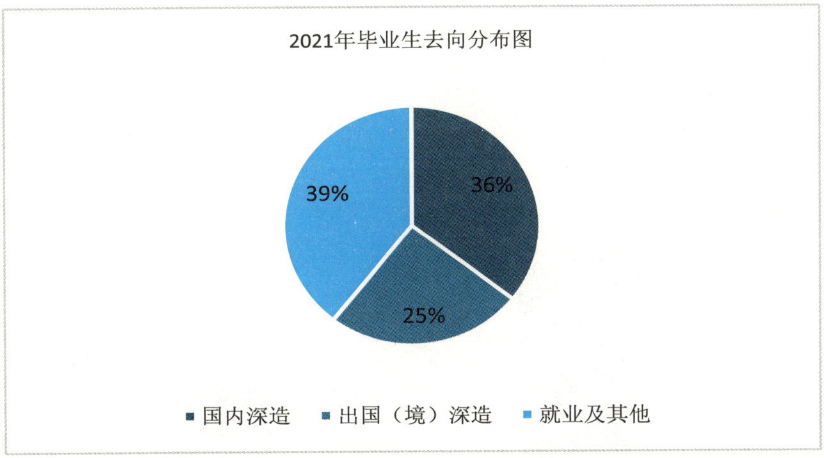

1 国内深造：37人，占比36%

在外国语学院2021年毕业生中，有35人被“双一流”建设高校和建设学科高校录取。

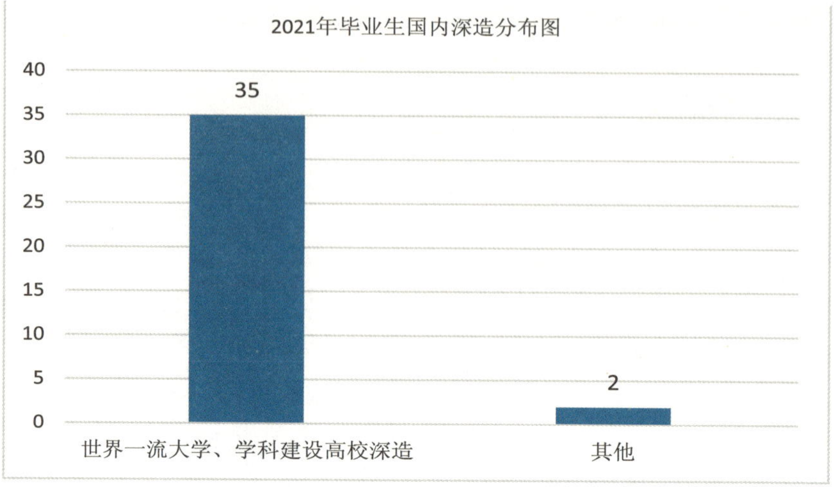

② 出国（境）深造：26人，占比25%

在申请到国（境）外知名大学offer的毕业生中，进入QS世界排名1～100大学深造的有16人，QS世界排名101～200大学深造的有10人。

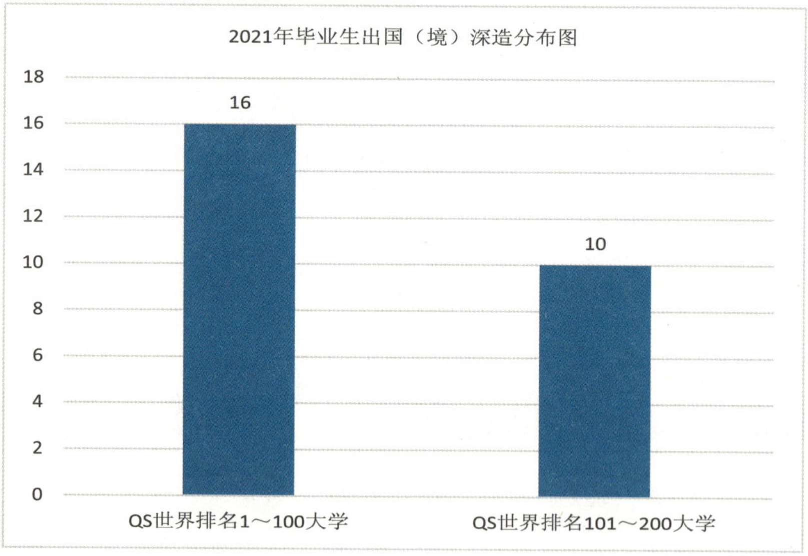

③ 就业及其他：41人，占比39%

在就业的毕业生中，17人进入教育业，3人进入金融业，4人进入文体业，1 人进入交通物流业，3 人进入制造业，10 人进入信息产业，3 人进入其他行业。

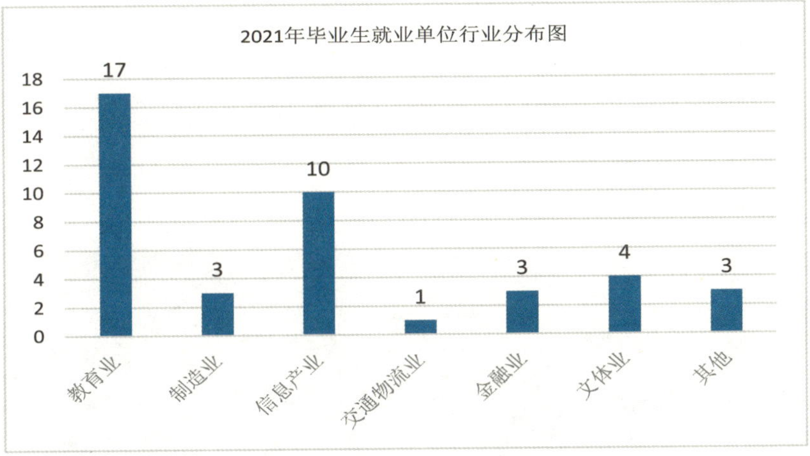

教学实践

板块二 达人说专业

8 教授寄语

大外部教师教研交流

1. 英语

电子科技大学的英语老师有着强烈的危机意识，想方设法在理工科见长的学校特色中找到自己的立足空间。所以，我们总处于教学改革的前沿，充分利用信息科学带来的便利，积极制作各类高品质的在线课程，并学习理工科的严谨务实，使课堂风格活泼生动，内容充满逻辑思辨。与其他学校的英语专业相比，我们的学生懂得更多的IT知识、数理逻辑知识，操作各类电脑软件的能力较强，可以相对轻松地应对进一步求学深造的方向转型，以及职业发展过程中的跨学科知识要求。同时，依托双一流A类大学建设的高平台，学校给予英语专业的学生更多与各个专业的世界级大师和高级别人才面对面交流的机会。英语专业的学生通过担任各类高级别国际交流活动的志愿者，或者参与各类国际交流实践，在锻炼语言能力的同时，接触到学校各学科领域的前沿动态，极大地拓宽了自己的眼界。正是这种文理融合、兼收并蓄的特点，使电子科大的英语专业学生具有独特的竞争力。

——英语系教授：邹涛

2. 日语

“一衣带水”似乎生来就是用于形容中国与日本的地理位置关系的。其实，日本是一个离我们似近而远的邻居。这个邻居对中国的研究细致入微，而我们对它的了解比想象的少。它的历史、语言、文化、文学、科技，它与中国的过去与未来，这一切都是值得我们花力气去研究的。或许我们可以从学习语言出发。

日语似乎不属于任何语系，却又与汉语有着千丝万缕的联系。众所周知，日语的汉字是从中国传入的，后来演变出平假名和片假名。历经千年有余，中国古代先贤的教诲和历史典故依然健在，诸如“有朋自远方来不亦乐乎”“五十步笑百步”“塞翁失马焉知非福”一类的语句，日本人并不比咱中国人用得少。

据统计，现在世界上正在学习日语的人约有365万，其中中国人约95万。你希望加入这个大家庭吗？在电子科技大学，有一群充满激情、热爱和平的老师，他们会带着你用日语阅读夏目漱石、村上春树，讨论文学、动漫，吟诵和歌、俳句，体验茶道、花道。你还可以与IT或AI学霸们羽扇纶巾，谈笑虚拟与现实空间，蓦然回首，或已文武双全。加入我们吧！成为电子科技大学这个极具生物多样性的校园里的珍稀物种。在这里，你将成就一个不一样的自己。

——日语系副教授：李旭

3. 法语

当你打开法语这扇窗，你会探索到一个绚丽多彩的语言文化世界。从文艺复兴时期七星诗社对法语的捍卫到启蒙时期伏尔泰主张的“自由、平等”，再到浪漫主义巨匠雨果宣扬的人道主义精神，你会在语言的学习中体味思想的碰撞，在文化的互鉴中吸取智慧的甘露。你会在多元的文化风景中变得更为宽容和博大，从而站在另一种高度，开启新的征程。

而你，又是何其幸运！因为你将在这所“求真求实、大气大为”的双一流大学度过美好的四年时光。在这里，你可以将人文精神和理工思维有机结合。你可以到电子科大法语联盟实习锻炼，可以参加法国文化节、科技文化节等丰富多彩的课外活动，可以通过校本特色的课程设置获得计算机+、管理+等复合能力。在“一带一路”政策的引领下，我们国家需要更多的法语人才参与全球治理和非洲建设，衷心希望你能凭借扎实的基础、渊博的学时、不凡的眼界为国家经济、文化、外交事业贡献一分力量。

——法语系副教授、骨干教师：周蕾

4. 翻译

今天的世界与中国的联系前所未有的密切、广泛和深入，这种宏观背景之下，翻译的就业前景一片光明。翻译本质上是一种跨越行为，这种跨越不仅是我们前述的跨语言、跨文化，也是一种跨学科。这种跨越性正是我院翻译专业学生的“特色竞争力”之所在：跨越了英汉两种语言文化、跨越文科与理科的简单划分，它不仅可以让学生在传统上属于英语专业的诸如语言教育、文化传播、外事服务、国际经贸等行业如鱼得水，而且可以深入出版、传媒、外企行政管理等以“语言杂合”为特色的边缘交叉领域；随着行业细分的加快，“点对点”式的专门性翻译人才，如IT、金融等行业翻译，将成为我院翻译专业学生的核心竞争力。

——外国语学院翻译系首任系主任、副教授：周劲松

9 学长感悟

英国格拉斯哥大学短期项目

1. 英语

成电的春夏是花鹅栖池、万物复苏、学风蔚然、夏蝉不休。从清晨到傍晚，从品学楼到图书馆，一转身你就能撞上点石成金的大牛工匠。文学文化概论、计算机辅助翻译，甚至微积分与大物，英语专业文理复合的课程设计让我兼具创新思维与交叉背景，遇见了自己的无限可能。此外，多种多样的海外交换项目与独特的本科生成长导师制度为我提供了阶段性的目标与助力，导师无微不至的关怀帮助我走过了不少彷徨。

成电的秋冬，是银杏翻飞金黄一片，东湖捞鱼乐趣无穷。在务实求真的求学氛围中，我也不断成长为一个“学”与“玩”兼顾的立体的“人”。节奏缓慢的锦官城，美食遍地的巴蜀大地，和谐友爱的同学关系与亲和可爱的老师构成了我的大学画卷，让我感觉到UESTC是我的第二故乡。成电外国语学院是我永远的避风港。想要成为文理复合，兼具国际视野与家国情怀的大学生吗？选择成电，理所当然。

——2017级本科生、保送北京大学：邱婵娟

生源地中学：江西省赣州市赣州中学

英国哲学家培根曾说："读史使人明智，读诗使人灵秀，数学使人周密，科学使人深刻，伦理学使人庄重，逻辑修辞使人善辩，凡有所学，皆成性格。"语言的学习便是一个包罗万象、不断积累的过程。随着你愈发全心投入语言学习，你的思维将愈发缜密，你看待世界的眼光将不断丰富，人生阅历也将愈发充实。文学的深邃、语言学的玄妙、翻译的魅力、跨文化交际的精彩，都能让你在语言的世界里深深沉醉。

——2015级本科生、保送浙江大学：沈安天

生源地中学：安徽省合肥市第一中学

2. 翻译

翻译语言，是翻译的起点；翻译文化，是翻译的进阶；翻译思想，是翻译的终点。在外国语学院翻译系的学习，我从语言出发，入文化而寻，达思想而欣。在外国语学院，你会体验到百家争鸣共高下的学术交流，千字独有此字丰的严谨精确，万类霜天竞自由的广博包容。语言既是人系统交际的最初起点，又是人理解世界的最终表达，愿你在成电外国语学院为自己的大学生活著写出独一无二、无悔青春的人生之译。

——2017级本科生、保送北京大学：李晓松

生源地中学：四川省绵阳市科学城一中

翻译不是简单的词句之间的对应，而是意义的传递、思想的耦合、文化的交融。怀揣口译梦，在过去四年的专业学习中，我努力提高口译能力，无论是将枯燥的文本变为生动的口语表达，还是记下一页页的笔记符号，口译能力的提高绝非数月之功，从内容准确度、要点、逻辑、语音语调，到整体的delivery，都需要一次次录音、一张张A4纸的反复打磨。"Interpreters must know something about everything."优秀的口译员不仅要有熟练的技能，稳定的心态，还要博学多识，能广泛涉猎不同领域的知识，做好长期储备。在外国语学院的四年时光中，得益于学院提供的广阔平台，我能在英语演讲、口译等各类比赛中实践，以提升自己的能力，也在口译老师们的专业指导下，取得了实质性的进步。在未来，若有幸能在

外交部或联合国这样的大舞台上成为一座语言之桥，助力跨语言、跨文化的对话与沟通，感慨、感激、感动之时，会依旧记得口译梦开始的地方，会依旧记得我是成电外国语学院人。

——2017级本科生、保送北京外国语大学：范思婕

生源地中学：重庆市兼善中学

3. 法语

法语优雅而浪漫，同时也是世界上使用范围最广的语言之一，是很多地区及组织的官方语言。因为自身的规范性和严谨性，法语也常常被用来书写国际上的法律条文，用于规避歧义。在那些与它刚刚相遇的日子里，我们总是猜不透它的文法规则，但在每日的相处与磨合中，我们慢慢地捕捉到了它的柔软细腻。电子科技大学与法国的多所院校建立了长期而又紧密的合作关系，每年多种形式的交流活动给我们提供了许许多多的实践机会。同时，设置在电子科技大学校内的成都法语联盟更是为我们法语系的每位学生提供了一个更广阔的文化交流平台。浪漫精致，自信优雅，我们是成电法语人。

——2015级本科生、保送中山大学：宋温馨

生源地中学：重庆市第二外国语学校

法语是联合国官方语言之一，用途十分广泛，是最受国人青睐的小语种。此外，国内懂得法语的人毕竟为数不多，优秀的法语学习者更是稀缺，希望学弟学妹们在本科学习中好好把握机会，力争上游。

需要承认的是，法语作为印欧语系的语言，在句型结构和表达方式与汉语时有相悖之处，有一定的学习难度。学习法语和学习汉语一样，都需要多阅读、多思考。我们需要具体地分析某一词汇、某一句型的使用方式，学习表述一种思想的逻辑。打好基础后，我们还需借助语言工具，以了解法国历史文化、社会习俗、生活方式等，扩大自己的知识面，这样才不枉为语言学习者。另外，语言学习是磨炼意志的过程，心性磨炼与学习探索互为表里、相辅相成，耐心、细心与恒心永远对学习大有裨益。希望学弟

学妹们仔细学习教材，认真领会并逐步探索方法，在一次次地克服困难中树立起“绝对能够学好法语”的信念，将这份信念埋藏心底并付诸行动。

——2017级本科生、保送厦门大学：丁思元
生源地中学：河北省石家庄市第二中学

4. 日语

日语作为一种语言，与其他所有语言一样，我们学习它的最基本的目的自然在于沟通交流。而通过这几年的学习，我认为日语带给我最大的收获，是提供了一种新的看问题的视角。用另一种语言去表达自己的想法不仅仅需要词汇量、语法这样单纯的东西，也需要理解其背后的文化和思维方式，“为什么他们会像这样去表达呢？”“为什么我表达出来的东西他们会误解成另外一种意思呢？”我想这是每一位非母语学习者都会遇到的困惑。所以，当我们尝试去理解他们的时候，无形之中我们也是在打破自己惯有的思维方式，跳出自己的原生社会环境，去接受这世间各种新奇甚至是古怪的想法和习俗，因此，我们也能变得更开阔、更包容。愿学弟学妹们都能在学习日语的过程中有所收获，找到自己学习它的意义。

——2015级本科生、保送中国政法大学：冉亚灵
生源地中学：重庆市巴蜀中学

三木清在《历史哲学》中说过，历史具有时间和空间两个属性，比如希腊对应着古代，西洋对应着近代。那我们的个人史中，时间和空间又是如何定义的呢？我想，对于电子科大日语系出身的我们，那就是在我们人生价值观的转型期经历了两种文化的穿越。

这四年间，我知道了上野的樱花很美，成电的银杏也很美；声优的日语是草莓牛奶味的，但初学五十音图时，自己的发音却是椒盐味的；日语系的女老师们美得像日剧里走出来的人物，日语外教男老师却可以在秋天和冬天只穿同一件外套。同时我也知道了，中国在经济成长之后开创了新时代，但在后现代语境下，日本已进入低欲望社会；川端康成笔下美丽的日本，也是大江健三郎笔下被撕裂了的暧昧的日本；在经济引领下不断强大的中国，文化也将开出绚烂之花。

学习日语的四年，我们享受到了快乐与充实，也学会了反省与思考。2019年，距离我踏入电子科大日语系的大门已过去整整十年，这也是我在日本生活的第六年，江户川河畔的樱花已吐出花苞，电子科大的银杏叶黄了又绿。日语，给了我站在两种文化语境中思考和生活的场所。

——2009级本科生、日本法政大学博士生：郭珺

生源地中学：四川省成都市第九中学

费健博　纽约联合国口译处

聂文凯　墨尔本领事馆

赵伊雯　纽约联合国总部

其他外交人才	
李颖	驻美国大使馆
许书光	驻法国大使馆
朱果	驻奥克兰大使馆
李冰玉	驻菲律宾宿务总领馆

板块三　数据说专业

（1）2018年，“通用-通识-专用三位一体、信息化混合式大学英语教育探索与实践”荣获国家级教学成果二等奖。

（2）2019年，学院何家勇老师获全国高校青年教师教学竞赛二等奖，田径老师获全国外语微课大赛一等奖。

（3）2021年，学院获批国家一流本科专业建设1个、国家级一流本科课程2门。

（4）2021年，学院获批国家级“课程思政”示范课程，入选学校课程思政示范课5门。

（5）2021年，学院入选国家首批新文科研究与改革实践项目1项、省级1项。

（6）2021年，学院获批建成四川省虚拟仿真实验教学中心。

（7）2021年，学科学术影响力显著增强，新增国家社科基金重点课题1项，一般课题2项，重大横向项目1项。近四年，累计新增国家社科基金课题14项，其中重点课题1项，教育部人文社科项目3项。

（8）2021年，学院强化党委政治核心作用，凝心聚力推动事业发展，获批四川省“双带头人”示范工作室1个。

（9）近几年，学院师资队伍建设稳步推进，入选教育部大学外语教指委1人，中宣部宣传思想文化青年英才1人，获教育部“课程思政”示范课程优秀团队1个、教学名师3人，获霍英东青年教师奖1人，获四川省五一劳动奖章1人。

（10）近几年，继续深造率从39.80%提升到60.58%，出国深造率从18.20%提升到30.97%，保送北大等高校5人，多名学生前往剑桥大学、哥伦比亚大学等名校深造。

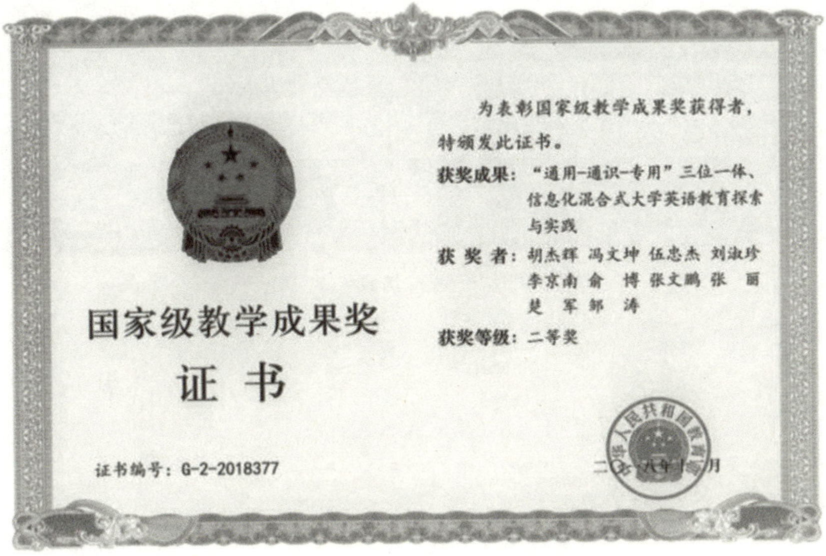

国家级教学成果奖

证 书

为表彰国家级教学成果奖获得者，特颁发此证书。

获奖成果：“通用–通识–专用”三位一体、信息化混合式大学英语教育探索与实践

获 奖 者：胡杰辉 冯文坤 伍忠杰 刘淑珍 李京南 俞 博 张文鹏 张 丽 楚 军 邹 涛

获奖等级：二等奖

证书编号：G-2-2018377

获国家级教学成果二等奖

何家勇老师荣获全国高校青年教师教学竞赛二等奖

建成四川省虚拟仿真实验中心

板块四 专业焦点

竞赛名称	奖项	年份	级别	主办单位
“外研社·国才杯”全国英语演讲大赛全国决赛	一等奖1个 二等奖1个 三等奖1个	2021	国家级	“外研社”、中国外语测评中心
“人民中国杯”日语国际翻译大赛	二等奖1个	2021	国家级	人民中国杂志社、教育部外国语言文学类教学指导委员会
全国大学生国别区域演讲比赛	特等奖2个	2021	国家级	高校国别和区域研究人才培养院系联盟
笹川杯全国高校日本知识大赛	团体特等奖1个	2019	国家级	日本科学协会与中国内地大学
全国大学生英语竞赛	一等奖5个 二等奖10个 三等奖1个	2019	国家级	教育部高等学校大学外语教学指导委员会
“外研社·国才杯”全国英语写作大赛全国决赛	亚军1个	2019	国家级	“外研社”、教育部高等学校大学外语教学指导委员会、英语专业教学指导分委员会
“外研社·国才杯”杯全国英语演讲大赛全国决赛	一等奖1个 二等奖1个 三等奖3个	2019	国家级	“外研社”、教育部高等学校大学外语教学指导委员会、英语专业教学指导分委员会

“外研社·国才杯”全国英语演讲、写作、阅读大赛

获奖证书

张妍，电子科技大学清水河校区，参加由人民中国杂志社和教育部外国语言文学类教学指导委员会日语分委员会联合主办的第四届“人民中国杯”日语国际翻译大赛，荣获笔译本科组日译汉二等奖，特发此证，以资鼓励。

指导老师：王丹丹

主办单位：
（盖章）

证书编号：RMZG202111HJ00077
查询电话：010-68351628

2021年11月28日

“人民中国杯”日语国际翻译比赛

19 示范性微电子学院

板块一 白话说专业

1 专业名称

集成电路设计与集成系统（Design of Integrated Circuit and Integrated System）

该专业是国家级特色专业，入选教育部“卓越工程师教育培养计划”，入选国家级一流本科专业建设点。

2 一句话简介

培养造就一批国家半导体产业发展急需的高素质集成电路工程人才。

——示范性微电子学院副院长、教授、博导：于奇

3 我校开设集成电路设计与集成系统专业的优势和特色

2014年，国务院专门发布的《国家集成电路产业发展推进纲要》，明确将集成电路产业作为我国的战略必争领域。目前，产业正处在重要的战略机遇期和攻坚期，其中首要解决的就是人才问题。我院拥有“集成电路

科学与工程”一级学科博士学位授权点，依托国家集成电路产教融合创新平台、电子薄膜与集成器件国家重点实验室等科研教学平台，以工程能力培养为导向，通过“三个一”工程，即一条龙IC综合实验、一年工程实践教育、一次芯片流片，强调学生知识全面性及系统集成能力，注重培育一批适应泛信息化时代、敢于跨界并具有跨界创新集成能力、引领未来社会发展的高层次创新创业人才。

——示范性微电子学院院长、教授、博导：张万里

示范性微电子学院学生在实验室开展一条龙IC综合实验

4 集成电路设计与集成系统专业学什么

2018年，美国对我国中兴公司的禁售，使得“集成电路”这个名词变得家喻户晓，大家也体会到我国“缺芯少核”的这种切肤之痛，也愈发明白集成电路是我们的战略产业、支柱产业。目前，我国集成电路依赖进口，2021年进口额达到2.8万亿元，发展集成电路产业迫在眉睫。为此，该专业学习的就是集成电路整个产业链中所需要的知识和技能，包括半导

体物理、器件、工艺、设计、封装、测试、应用等方方面面。

——电子科学与工程学院（示范性微电子学院）

集成电路与系统系系主任、教授：王忆文

5 集成电路设计与集成系统专业能解决社会上哪些问题

集成电路技术是新一代信息技术的核心基础与支撑，是信息采集、存储、处理与控制的核心环节，是决定信息产业竞争力的关键所在。伴随着国民经济和社会信息化进程，渗透到主流行业的方方面面，成为带动整个国民经济增长的战略性要素。我国集成电路产业与中国的世界大国地位不相符合。据统计，2013年我国集成电路进口额度达到2300多亿美元，超过石油等大宗商品，从此成为第一大进口商品。近年来，这一不足还有越来越大的趋势。因此，集成电路产业与我国经济发展、社会进步和国家安全领域的需求差距显著。投身集成电路，投身未来。

——电子科学与工程学院（示范性微电子学院）教授、博导，

电子科技大学低功耗集成电路与系统研究所所长，

低功耗微电子与微系统学科创新引智基地（111计划）负责人：李强

6 集成电路设计与集成系统专业误区解读

集成电路被誉为“工业的粮食”，是构建各种电子信息系统及设备的物质基础，一旦集成电路受制于人，整个电子信息行业就不免陷入“巧妇难为无米之炊”的尴尬境地，因此集成电路产业是国家全力发展的新型战略产业。作为支撑集成电路产业发展的核心技术，集成电路设计与集成系统是一门多学科交叉、融合的高技术密集型专业，是国家综合实力的重要标志。该专业通过理论与实践相结合的培养模式，以培养既具有坚实的理论基础，又具有丰富的集成电路开发、系统集成以及管理领导能力的高层次工程人才。

——电子科学与工程学院（示范性微电子学院）

骨干教师、教授：谢小东

7 集成电路设计与集成系统专业学生毕业走向

集成电路设计与集成系统专业毕业生超过75%的同学会继续深造；超过30%的同学会选择到美国康奈尔大学、英国格拉斯哥大学、新加坡国立大学等国外知名高校深造；有20%左右的同学保研至清华大学、北京大学、复旦大学、电子科技大学等学校攻读博士或硕士学位；就业同学多选择中电科技集团、航天科工集团等大型国企和京东方、华为等知名企业工作，担任研发、测试工程师等职务。该专业毕业生具备扎实的理论基础、宽厚的专业知识和较强的集成电路工程能力，就业面宽，可从事集成电路设计与制造、嵌入式系统、计算机控制技术、通信、消费类电子等信息技术领域的科学研究、技术开发和管理工作。

毕业去向

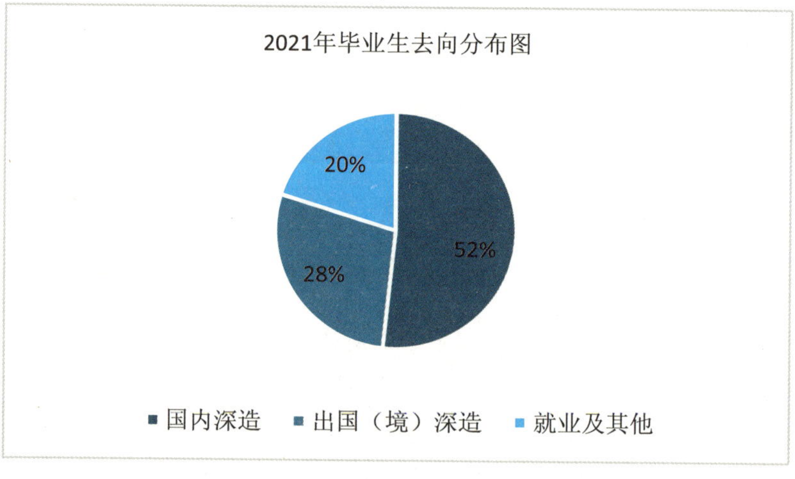

1 国内深造64人，占比52%

在示范性微电子学院2021年毕业的124人中，有62人进入世界一流大学建设高校（A类）读研深造，有2人进入其他机构读研深造。

在选择国内深造的64人中，选择本校读研48人，占比75%；选择外校读研16人，占比25%。

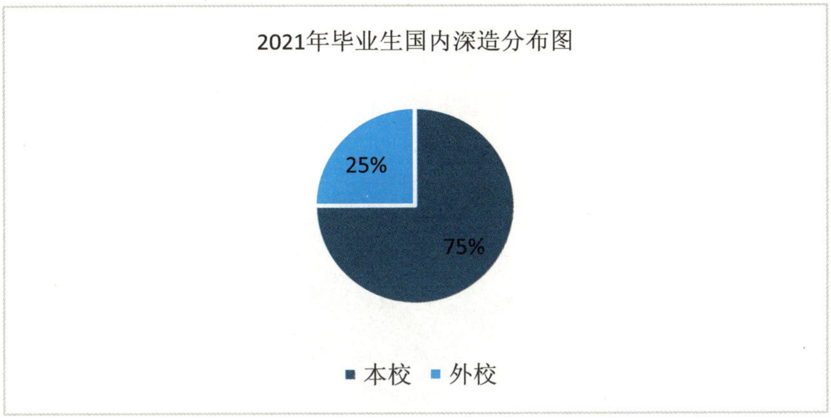

2 出国（境）深造：35人，占比28%

取得国（境）外知名大学offer的毕业生中，进入QS世界排名1～100的大学深造的同学有25人，占比71.4%。

在选择出国（境）留学的毕业生中，5人选择美洲，27人选择亚洲，3人选择欧洲。

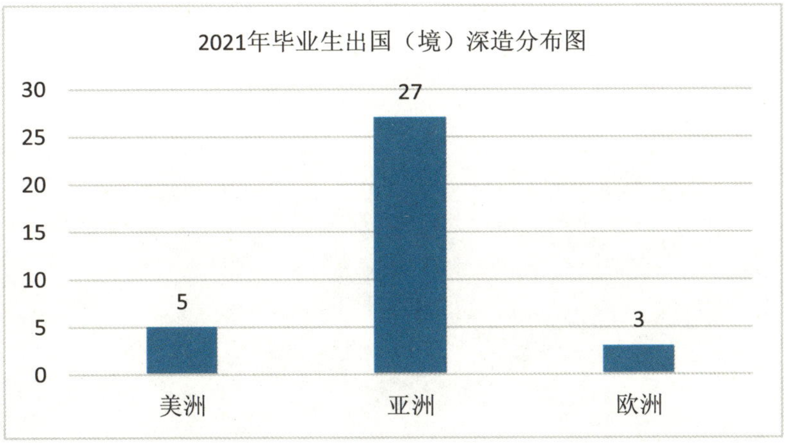

3 就业及其他：25人，占比20%

从就业情况看，有25人选择直接就业。其中15人从事集成电路行业相关的工作，10人从事其他类型工作。

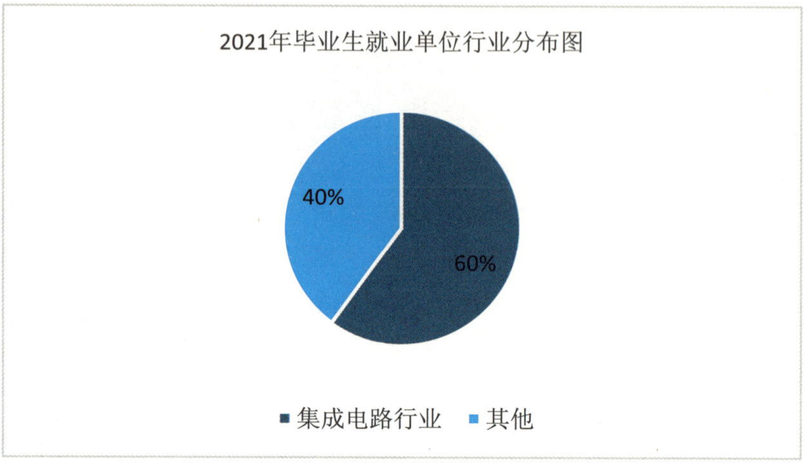

板块二 达人说专业

8 名师说专业

示范性微电子学院首届集成电路工程项目实习出征仪式

示范性微电子学院学生在企业进行集成电路工程项目实习

5G通信技术、数字家电技术和人工智能技术的高速发展，对大规模集成电路、片上集成系统（SOC）和功能芯片提出变革型需求，在电子信息系统微细加工化的大背景下，新一代半导体集成电路的设计、制造就成为国际上热点技术及行业急需。中国已成为全球第一的集成电路和芯片市场。国家也把集成电路与芯片产业列为战略重点，计划投入近万亿来重点发展IC产业，鼓励企业设计和生产更多的中国“芯”。但是集成电路系统产业链非常长，包括材料、制造、工艺、设计、一体化封装、测试、应用等，每个阶段的投入又非常大，再加上人才培养的周期比较长，还需要我们不断努力去赶超。目前，我国及国际集成电路和芯片设计人才匮乏，预计到2030年我国的人才缺口大约30～50万人。在教育层面，国家从2015年开始陆续成立了28所示范性微电子学院，其中首批建设单位9所，包括电子科技大学示范性微电子学院。

学院在人才培养工作方面一直走在前列，通过彰显人才培养特色的“三个一”工程，即一条龙IC综合实验、一年工程实践教育、一次芯片流片，提升学生的集成电路工程能力。学院通过名师和著名企业工程师进行课堂教学，校-企的“产学研”结合培养，让学生到真实企业中去了解行业的需求与发展，开阔视野，锻炼实操能力；再开展包括工程师进课堂、小班教学、跨学科课程建设等工作，让学生能更多地了解企业、了解行业需求，将自己的梦想与国家的发展结合起来，助力中国芯和中国梦的早日实现。

——电子科学与工程学院（示范性微电子学院）
教授、博导、四川省教学名师：张怀武

9 学长说专业

示范性微电子学院学生开展综合实验进行芯片设计

联发科校企课程“SOC验证方法学”课程老师指导学生

填报志愿时，我被专业名称的科技感及学校专业排名优势所吸引，选择了电子科技大学集成电路设计与集成系统专业。进入大学后，我才逐渐认识到集成电路不仅是我们身边无处不在的数据计算与信息传输的基石，也是国家重点发展的战略性产业。

专业给我们设置了丰富又必要的课程，覆盖集成电路的各个方面。在硅片上完成集成电路的设计如同在土地上建造一座城市，既有信号与系统这样的系统性课程指导我们进行“城市的规划”，也有半导体器件这样的基础性课程让我们知道“一砖一瓦”怎么烧制，还有数集、模集这样的集成电路设计课程让我们知道不同功能的大楼需要如何设计，更有通信原理、嵌入式这样的软硬结合课程让我们能指挥城市里的交通，给芯片城市“注入灵魂”。

同时，专业也极其注重我们的实验经历和动手能力的训练。我们会进入微细加工中心，在硅片上进行晶体管的制备，也会在设计平台上完成集成电路的仿真设计以及版图绘制。综合导师制让我们在本科就能进入实验室，接受教授的亲自指导，参与科研项目，关注前沿方向，锻炼科研思维。这些训练让我在今后的学习与工作中有足够的信心在集成电路领域不断突破。

——2012级本科毕业生、2016级直博生、
IEEE MTT 学会杰出博士生奖、
2020年中国电子学会集成电路奖学金特等奖：舒一洋
生源中学：成都经济技术开发区实验高级中学校

电子科技大学集成电路设计与集成系统专业是非常值得拥有的。专业提供大量优质的课程、实验、实习实践，帮助我们系统地建立起整个半导体理论体系的知识框架。有同学可能会疑惑很多课程设置的意义，但我现在回想起来才发现，这些课程知识的意义在于：不仅为你建立起完整的半导体知识体系，还能为后续自由选择研究方向打下坚实基础。专业特色课程一条龙IC综合实验、一年工程实践教育和一次芯片流片，这在全国范围内都算开创性的课程，极大程度地提升了我们的动手实践能力。

专业所在的电子科学与工程学院（示范性微电子学院）负责建设的

“电子科学与技术”国家一级重点学科，在2017年全国第四轮学科评估中，获得A+（全国第一）。这个优秀的平台上就有很多优秀的老师、师兄师姐和优秀的资源。前辈们积攒下的声誉让我们在深造或就业时有极大优势。我个人在保研过程中就有深刻的体会，在半导体行业，外界对成电学生的认可不亚于其他名校。所以也希望大家能发自内心地对成电和我们专业有自豪感和自信心，同时将学长学姐造就的良好声誉传承下去。

——2017级本科毕业生、国家奖学金获得者、
2020年成电杰出学生、直博清华姚班：蔡经纬
生源中学：江苏省徐州市第一中学

10 校友感言

近年来，国家大力发展集成电路行业。2018年发生的“中兴事件”、2019年发生的“华为事件”等都让我们确信IC产业需要更多的自主性。集成电路行业的发展离不开高校的人才培养。在成电求学的日子里，我奠定了扎实的理论基础，各种实践活动也培养了我的动手操作能力，这些都是我创业道路上的宝贵财富。听说学院人才培养特色之一是实施“三个一”工程，学生有一条龙IC综合实验、一年工程实践教育、一次芯片流片的经历，真是很羡慕。相信学弟学妹们能锻炼出更强的实践动手能力，能成为集成电路领域的优秀人才，能为国家和社会的发展贡献力量。

——2018届博士生、成都市深思创芯科技有限公司CEO：俞德军
生源地中学：江苏省江阴青阳高级中学

板块三 数据说专业

（1）2002年，集成电路设计与集成系统专业经教育部批准成立。

（2）2007年，集成电路设计与集成系统专业入选教育部首批特色专业建设点。

（3）2013年，集成电路设计与集成系统专业入选教育部“卓越工程师教育培养计划”第三批学科专业。

（4）2015年，集成电路设计与集成系统专业成为首批建设的国家示范性微电子学院的核心专业。

（5）2019年，集成电路设计与集成系统专业入选国家级一流本科专业建设点。

（6）2020年5月，学校成立电子科技大学重庆微电子产业技术研究院（国家示范性微电子学院重庆分院）。

（7）2020年9月，学院获批四川省集成电路产教融合创新平台示范项目，项目经费2000万元。

（8）2021年5月，学校获批国家集成电路产教融合创新平台，建设经费约3.5亿元。

（9）2021年6月，集成电路实验教学中心获批2020年度四川省省级实验教学示范中心。

（10）2021年7月，集成电路设计与集成系统专业2021届毕业生深造率高达79.8%，出国（境）深造率28.2%。

（11）2021年11月，学校成功获批全国首批“集成电路科学与工程”一级学科博士学位授权点，全国共18所。

（12）截至2021年12月，集成电路设计与集成系统专业与各科研院所、集成电路企业等，共建集成电路工程项目实习实训基地共103家。

板块四 专业焦点

（1）2017年8月，程红旭、詹俊楷等同学获第十二届中国研究生电子设计大赛集成电路专业赛全国特等奖，黄乐天、李靖等老师获优秀指导教师奖。

（2）2017年10月，曾鹏灏等学生荣获第七届（2017年）大学生集成电路设计大赛特等奖，甄少伟、王忆文等4位老师获优秀指导老师奖。

（3）2018年7月，许若阳同学获2018年第十七届全国大学生机器人大赛ROBOCON全国一等奖。

（4）2018年8月，罗宇恒等同学获“华为杯”首届中国研究生创“芯”大赛特等奖，李泽宏老师获优秀指导老师奖。

（5）2018年8月，容浚源等同学获第二届全国大学生集成电路创新创业大赛特等奖，周泽坤、王政等4位老师获优秀指导老师奖，电子科技大学获最佳组织奖。

（6）2018年12月，刘诺等老师负责的“半导体物理”上线为国家级精品在线开放课程。

（7）2018年12月，张怀武、陈星弼、于奇等获国家级教学成果奖二等奖。

（8）2020年8月，刘悦多、杨欣程、包镕新三位本科生获第四届全国大学生集成电路创新创业大赛Arm杯全国一等奖。

（9）2021年4月，《半导体物理》《微电子器件》课程被高等教育出版社出版为数字课程。

（10）2021年8月，舒一洋、何飞、李云昊三位同学获2020中国电子学会集成电路奖学金，其中，舒一洋同学获特等奖，何飞、李云昊同学获一等奖。电子科技大学是唯一一所本硕博学生均获奖的高校。

（15）2021年9月，袁浦真、潘瑞城、雷博文三位本科生获第五届全国大学生集成电路创新创业大赛航天微电子杯全国一等奖。该团队是唯一一支队员全为本科生的团队。

示范性微电子学院授牌

示范性微电子学院产学合作协同育人联盟成立大会

四川省集成电路产教融合创新平台授牌仪式

四川省集成电路产教融合创新平台授牌仪式暨电子科技大学2021年集成电路工程项目实习双选会

示范性微电子学院与中科院苏州纳米所联合培养教育基地签约仪式

示范性微电子学院2017级本科生包镕新、刘悦多、杨欣程获第四届全国大学生集成电路创新创业大赛Arm杯全国一等奖

我院学子获2017年第七届大学生集成电路设计·应用创新大赛全国总决赛特等奖

示范性微电子学院学生开展虚仿实验

示范性微电子学院在芯火基地进行实验答辩

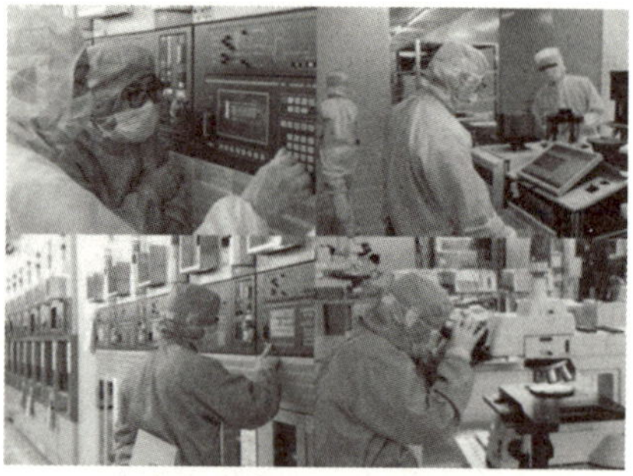

示范性微电子学院学生进行一条龙IC综合实验

示范性微电子学院学生开展IC综合实验

示范性微电子学院学生进行IC综合实验答辩

示范性微电子学院学生授课情景

示范性微电子学院举办成电芯论坛活动

示范性微电子学院学生参加剑桥暑期交流，合影于伦敦塔桥

示范性微电子学院首届集成电路工程项目实习出征仪式

示范性微电子学院实习双选会现场

示范性微电子学院2017级学生实习双选会

示范性微电子学院学生参加实习双选面试

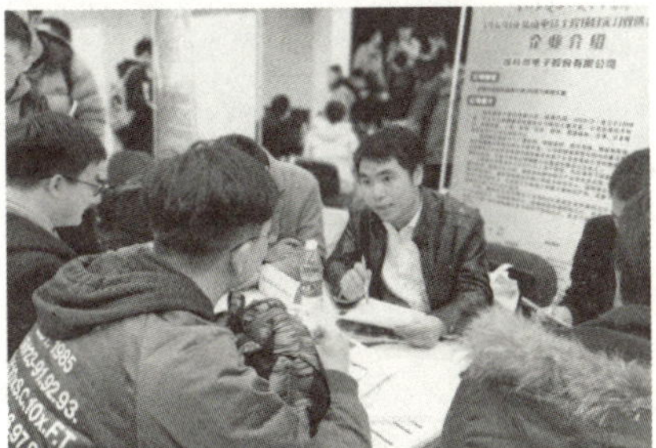

示范性微电子学院学生参加实习双选面试

示范性微电子学院2017级本科生在企业进行集成电路工程项目实习

示范性微电子学院2018级本科生在企业进行集成电路工程项目实习

示范性微电子学院2018级本科生在苏州纳米所进行集成电路工程项目实习

示范性微电子学院学生在企业完成工程项目

示范性微电子学院学生在企业与工程师们讨论项目进展情况

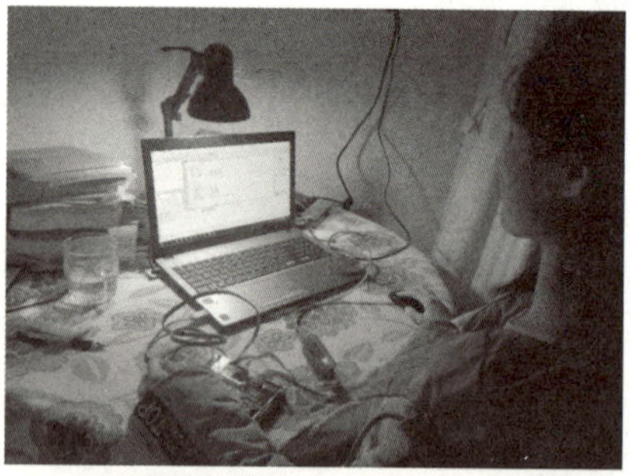

疫情防控期间，示范性微电子学院学生在企业导师远程指导下开展线上工程项目实习

20 格拉斯哥学院

板块一 白话说专业

1 专业名称

1. 电子信息类（中外合作办学）（电子信息）

2. 电子信息类（中外合作办学）（通信、微电子）

按大类招生，该专业（类）包含通信工程（国家级特色专业、入选国家级一流本科专业建设点）和微电子科学与工程2个专业方向。

2 一句话简介

1. 电子信息类（中外合作办学）（电子信息）

感知能力的延伸，时代进步的风向。

——电子科学与工程学院教授：潘锦

2. 电子信息类（中外合作办学）（通信、微电子）

通信工程：通信传递信息，信息就是力量。

——信息与通信工程学院教授、国家级教学名师：李晓峰

微电子科学与工程：从微观世界出发，领略电子元器件与芯片对世界的改变。

——电子科学与工程学院教授：罗萍

3 我校开设电子信息类（中外合作办学）（电子信息）专业和电子信息类（中外合作办学）（通信、微电子）的优势和特色

格拉斯哥大学校长马斯凯特利做客成电讲坛

1. 电子信息类（中外合作办学）（电子信息）

信息技术的进步和应用直接推动和促进了当今社会发展，且成效显著。电子科技大学作为国内电子信息技术进步与发展排头兵的代表，在电子信息类专业人才培养方面，拥有国家重点学科通信与信息系统、电磁场与微波技术、信号与信息处理、电路与系统、物理电子学、微电子学与固体电子学等电子信息领域全方位国内优势学科基础的支撑，且面向本科人才培养的电子信息专业为国家级特色专业，教育教学条件全国一流。在如此厚实的办学基础上，造就社会一流的电子信息类精英，不仅是必需的，也是必然的。

——电子科学与工程学院教授：潘锦

2. 电子信息类（中外合作办学）（通信、微电子）

（1）通信工程

我校开设的通信专业为国家级特色专业。通信工程是电子工程领域最活跃与最前沿的一个分支。我校与英国格拉斯哥大学合作招收的电子信息类（中外合作办学）（通信工程）专业采用世界先进的教育理念，借鉴并采用格拉斯哥大学的教学大纲、课程设计、考试内容等，同时融合双方学校的优质教育资源，运用启发式、研究型教学模式，探索拔尖技术人才培养新途径，旨在提升学生的创新思维能力，培养具备突出国际视野和国际竞争力，并具有高度社会责任感的信息与通信（ICT）学术和工程界的优秀人才。合格毕业生将同时获得电子科技大学和格拉斯哥大学两校学位。

——信息与通信工程学院教授、国家级教学名师：李晓峰

格拉斯哥大学实验室实习

（2）微电子科学与工程

微电子科学与工程是21世纪电子科学技术与信息科学技术的先导和基础。我校与英国格拉斯哥大学合作招收的电子信息类（中外合作办学）（微电子科学与工程）专业采用世界先进的教育理念，使用格拉斯哥大学的教学大纲、课程设计等；融合双方学校的优质教育资源，运用启发式、研究型教学模式，探索拔尖技术人才培养新途径，旨在提升学生的创新思维能力，培养具备突出国际视野和国际竞争力，并具有高度社会责任感的

微电子科学与工程领域的优秀人才。合格毕业生将同时获得电子科技大学和格拉斯哥大学两校学位。

——电子科学与工程学院教授：罗萍

4 电子信息类（中外合作办学）（电子信息）专业和电子信息类（中外合作办学）（通信、微电子）专业学什么

1. 电子信息类（中外合作办学）（电子信息）

电子信息技术作为当今人类用于促进社会文明发展最为重要的一种方式，对经济和社会影响面最广、影响力最大以及影响持续时间最长。该专业围绕电子信息的产生与获取、信息的传输与传播、信息的加工与处理、信息的识别与利用等，开展数理基础、计算机技术系列课程、电路分析与设计、信号与系统、数字信号处理、电磁场与波、电子系统设计等课程的学习，并通过物理类、电子类、通信类等系列课程的实验与实践，培养学生理论联系实际、学而知用、学而会用的能力。

——电子科学与工程学院教授：潘锦

2. 电子信息类（中外合作办学）（通信、微电子）

（1）通信工程

我们生活在信息社会中，因为有通信，信息才能及时地送达手中而具有价值。通信工程是研究和利用电子技术进行信息传输的专业。通信系统无处不在，例如手机，几乎人手一部，我们用它与多人语音聊天，往来消息，搜索资料，与远在天边的友人视频通话，浏览世界各地正在发生的大事小事。这些乐趣与便利的背后是该专业要学习的通信理论与技术，它们包括：各类信息的获取与处理，快速与可靠的传输方法，连接众多用户的网络技术、万物互联的技术方法。

——信息与通信工程学院教授、国家级教学名师：李晓峰

（2）微电子科学与工程

通俗来说，这个专业学习芯片是什么、怎么来的，涉及的芯片是用什

么材料制作的，它的微观结构是什么，工作机理或物理本质是什么，怎么设计芯片，怎么制造芯片以及怎么应用芯片。芯片用专业的语言来说就是指集成电路和半导体元器件。微电子科学与工程是物理学、电子学、材料学、计算机学、光学、化学等多个学科在超净、超纯、超精细加工技术基础上发展起来的一门新兴学科，主要探讨半导体器件与集成电路的微观理论、新型结构、设计方法、制造过程与应用。

——电子科学与工程学院教授：罗萍

Intel企业参观

5 电子信息类（中外合作办学）（电子信息）专业和电子信息类（中外合作办学）（通信、微电子）专业能解决社会上哪些问题

1. 电子信息类（中外合作办学）（电子信息）

随着电子信息技术的进步与产业的高速发展，在社会进入信息化时代的今天，电子信息技术已成为当代最活跃、渗透力最强的科学技术。以“智慧”和“智能”方式的社会应用和发展为例，仅从人们已显著体验到的电子信息技术对通信与探测能力的影响、对工业与物流的影响、对景观与环境的影响、对出行与家居的影响、对购物与支付的影响等方面来看，

事实表明，当今电子信息技术与应用已进入各行各业和千家万户，成为当代社会和现代生活中不可缺少的重要组成部分。随着我国科学技术的迅速发展和人民生活水平的不断提高，电子信息技术将发挥越来越重要的作用。

——电子科学与工程学院教授：潘锦

2. 电子信息类（中外合作办学）（通信、微电子）

（1）通信工程

满足作为社会群体的一员的单个人的最基本交流需求与个体生命维持相关的他人和组织的交流等；

满足个人高层次的交流需求与家人、朋友之间的交流等；

满足个人获取更多信息的需求，如上网看视频、网站等；

满足组织内部、组织之间沟通协调的需求：同一单位各部门之间的沟通交流，不同单位之间人员的交流等；

满足电子系统内部、系统之间数据交换的需求：一台服务器内不同组件之间的数据交换，数据中心中不同服务器之间的数据交换等。

——信息与通信工程学院教授：徐世中

（2）微电子科学与工程

微电子科学与工程是近代科学的基石，集成电路、半导体器件是所有电子产品和电气设备的硬件基础。当今电子信息社会正在向物联网、人工智能社会发展，所有智能的软件都离不开硬件的载体。而这个硬件就涉及我们的微电子科学与工程专业。集成电路是最高精尖的技术，只有集成电路性能、功能做得更好，才能促进电子信息产业以及其他所有产业的发展。集成电路是国家经济发展、社会保障的重要基础，也是国家安全、国防建设的核心与关键，集成电路的水平也代表了一个国家的技术水平。掌握了微电子科学与工程的相关知识，我们就能设计、制造出更多、更新的电子元器件和集成电路，从而就能设计出更好的电子产品和电子设备。

——电子科学与工程学院教授：罗萍

6 电子信息类（中外合作办学）（电子信息）专业和电子信息类（中外合作办学）（通信、微电子）专业误区解读

1. 电子信息类（中外合作办学）（通信、微电子）

（1）通信工程

通信工程就是“爬电话线杆”或者“钻市政管道”的：这是有线通信工程的施工，而通信有很多种形式。对每个通信工程专业学生来说，系统的设计、实现到实施的全过程都应该掌握。

通信工程就是专门跟人聊天的：懂得如何跟人沟通，包括团队内沟通，与社会上其他人的沟通，是每个合格工科毕业生都不可或缺的“点石成金”的软实力。

国外大学专业目录中很难看到通信工程专业，将来想出国深造找不到对口的方向：数字化时代的通信专业本质上是电子工程（EE）+计算机工程（CS/CE），是围绕通信系统这个特殊案例来学习电子工程和计算机工程，国外的电子工程、计算机科学、计算机工程都是我们对口的方向。

——信息与通信工程学院教授：徐世中

（2）微电子科学与工程

有人认为学微电子科学与工程、集成电路就是学焊电路、修电视、修手机的，其实不然。微电子科学与工程专业的学生要掌握从材料到半导体物理、电子器件、电路设计到工艺加工等诸多知识。

集成电路产业是国家强盛和国防安全的核心技术，目前我国芯片仍面临“卡脖子”问题。国家近些年高度重视并大力支持集成电路产业的发展。有专家指出，“芯片行业还可以再成长100年”。芯片产业是创新驱动的产业，目前来讲，没有任何技术可以替代芯片技术，在未来二三十年，也看不到任何技术可以替代芯片技术。因此，微电子科学与工程专业学生有着极好的发展前景。

——电子科学与工程学院教授：罗萍

7 我校开设电子信息类（中外合作办学）（电子信息）专业和电子信息类（中外合作办学）（通信、微电子）专业学生毕业走向

1. 电子信息类（中外合作办学）（电子信息）

学院致力于培养具有国际视野和国际竞争力，并具有高度社会责任感的世界IT业和工程界的优秀人才。毕业生可到包括格拉斯哥大学在内的世界名校继续攻读硕士、博士学位，可保送国内高校读研究生或在世界知名企业就业。

目前，学院已有五届毕业生，就业率均超过93%。2020届毕业生深造率为90.72%，其中出国（境）深造率为66.38%，国内深造率为24.35%。2021届毕业生的总体深造率为88.91%，其中出国深造率为69.52%，国内深造率为19.40%。选择海外深造的毕业生中，多名同学被麻省理工学院、牛津大学、耶鲁大学、苏黎世联邦理工学院、伦敦大学学院、洛桑联邦理工学院、哥伦比亚大学、杜克大学、宾夕法尼亚大学、康奈尔大学、卡内基梅隆大学、帝国理工学院、爱丁堡大学、新加坡国立大学等世界名校录取。国内深造学生多人进入清华大学、北京大学、浙江大学、上海交通大学、中国科学技术大学、南京大学、电子科技大学等双一流A类大学。

——格拉斯哥学院教授：刘欣刚

2. 电子信息类（中外合作办学）（通信、微电子）

（1）通信工程

该专业合格毕业生由电子科技大学授予通信工程专业毕业证和工学学士学位，并由英国格拉斯哥大学授予电子与电气工程专业工程学士学位（BEng（Hons）Electronics and Electrical Engineering）。学生具有突出的国际竞争力的国际化人才特质。该专业目前尚无毕业学生。根据本校相关专业的培养情况估计，毕业生在国内外读研深造的比例达到80%，其中，出国深造比例为60%，可前往包括格拉斯哥大学在内的世界名校继续攻读硕

士、博士学位。主要行业为：互联网络、移动通信、航天航空、人工智能、证券金融、能源交通、国防工业等各个行业。就业单位为高等学校、科研院所、公司企业、国家机关等，主要从事通信、网络、物联网、信息服务等多方面的技术与系统的研究、开发、测试、运营、维护与管理等工作。

——信息与通信工程学院教授、国家级教学名师：李晓峰

（2）微电子科学与工程

合格毕业生由电子科技大学授予微电子科学与工程专业毕业证和工学学士学位，并由英国格拉斯哥大学授予电子与电气工程专业工程学士学位（BEng（Hons）Electronics and Electrical Engineering）。该专业培养具有国际竞争力的国际化人才，目前尚无毕业学生。根据本校相关专业的培养情况估计，毕业生可到包括格拉斯哥大学在内的世界名校继续攻读硕士、博士学位，也可保送到国内高校读研究生、博士生；或去高校，研究所，企业（如华为、中芯国际、Intel等等）从事半导体器件和集成电路设计、制造、应用等领域的研发、销售与管理工作。目前，该专业人才缺口大，就业形式很好。

——电子科学与工程学院教授：罗萍

学院2021届毕业生国内外读研深造率达88.91%，69.52%的学生选择海外深造，人均获得3.7个offer，多名学生被斯坦福大学、宾夕法尼亚大学、康奈尔大学、哥伦比亚大学、加州大学伯克利分校、洛桑联邦理工学院、剑桥大学、帝国理工学院、伦敦大学学院、格拉斯哥大学、多伦多大学、新加坡国立大学、新加坡南洋理工大学等世界名校录取。19.40%的学生选择国内深造，多名学生赴北京大学、清华大学、香港大学、上海交通大学、浙江大学等名校深造。26人选择在国内外直博深造。

毕业去向

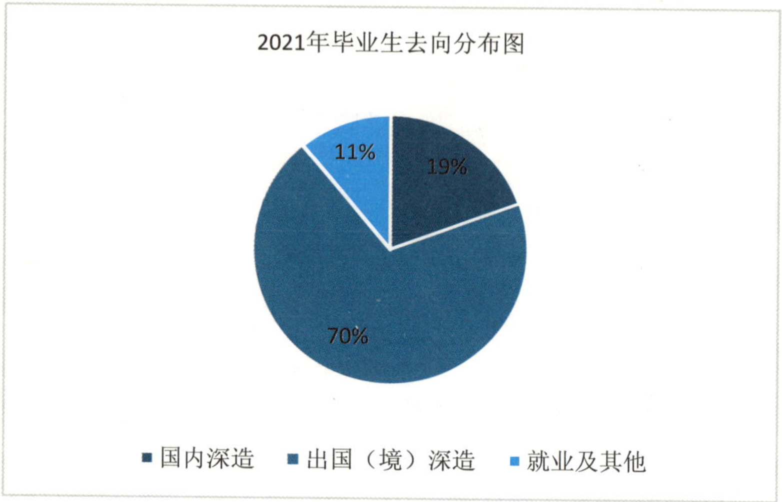

1 国内深造：84人，占比19%

在选择国内深造的84人中，选择本校读研的有62人，占比74%；选择外校读研的有22人，占比26%。

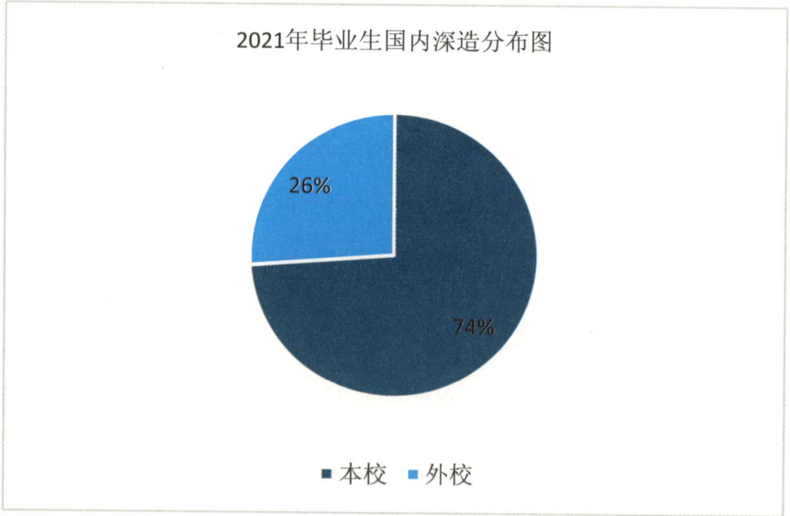

2 出国（境）深造：301人，占比70%

在国（境）外知名大学offer的毕业生中，进入QS世界排名1～50大学深造的有237人，QS世界排名51～100名深造的有45人。

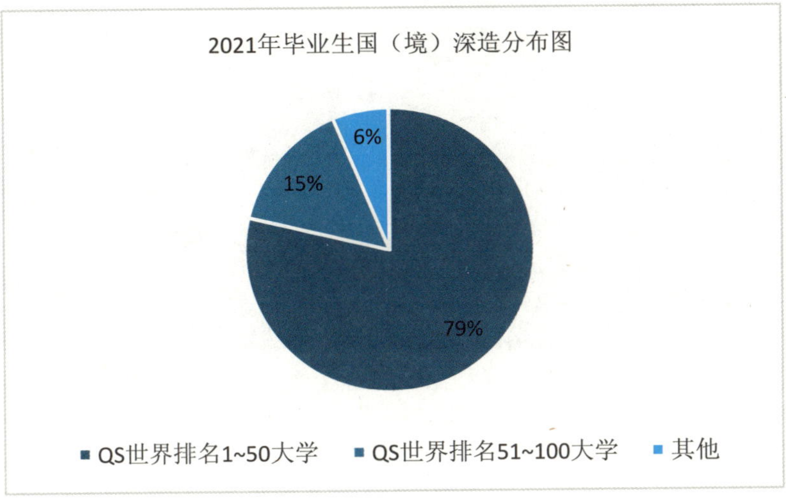

3 就业及其他：48人，占比11%

从就业情况来看，9人进入信息产业，3人进入科研技术行业，3人进入制造业，1人进入教育业，1人进入金融业。

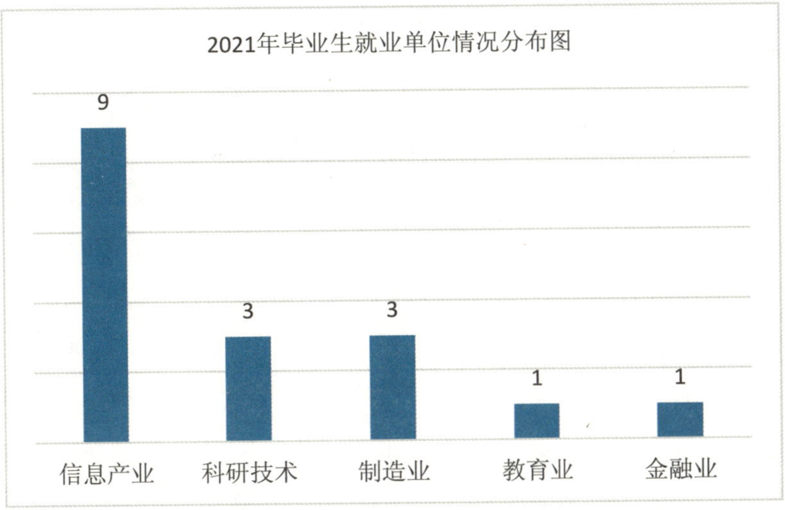

格拉斯哥大学领导与学生亲切交流

板块二 达人说专业

8 名师说专业

1. 电子信息类（中外合作办学）（电子信息）

电子信息技术作为人类用于促进现代化社会文明发展最为重要的一种方式，对经济和社会影响面最广、影响力最大以及影响持续时间最长。当今电子信息技术与应用已进入各行各业和千家万户，成为当代社会和现代生活中不可缺少的重要组成部分。

电子科技大学作为国内电子信息技术进步与发展的排头兵，在电子信息类专业人才培养方面，拥有国家重点学科通信与信息系统、电磁场与微波技术、信号与信息处理、电路与系统、物理电子学、微电子学与固体电子学等电子信息领域全方位国内优势学科基础的支撑，而且面向本科人才培养的电子信息专业为国家级特色专业。在如此厚实的办学基础上，电子科技大学已经培养了16万服务于社会的各类人才且精英林立，包括国家高级干部、部队将军、两院院士、集团总裁、创业领袖、国际学术技术权威，等等。长期以来，耕耘于祖国建设各条战线的“成电学子”为促进我国电子信息技术的发展和社会进步，发挥了不可替代的作用。

电子科技大学培养电子信息专业人才的特点，不单单注重传授和培养学生的专业知识和能力，同时，也特别注重培养学生的素质、素养以及科学思维能力。因此，电子科技大学不但是学子专业学习的领路者，也是理想信念与情操的导航人。

——电子科学与工程学院教授：潘锦

2. 电子信息类（中外合作办学）（通信、微电子）

（1）通信工程

通信工程总是把最先进的技术用于更快、更远、更广与更自由地传输信息。如用最新的电波与器件技术，开辟更宽的无线通道，使移动下载更快，原来几小时的视频只需1秒钟就可以完成；用神奇的处理方法使信号在各种困难的环境中也能流畅传输，无论在空中、水下、高速运动中、特殊环境与军事对抗中，让信息自由通达；用巧妙的“导航”策略通过各种通路穿越不同网络，使众多的用户，无论远近，无缝相连，让信息各得其所；用精巧的嵌入式算法给各种物件以“灵性”，延伸感知，融通万物，支撑社会的智慧和和谐。

——信息与通信工程学院教授、国家级教学名师：李晓峰

（2）微电子科学与工程

电子产品的发展与创新关键在于集成电路的发展与推陈出新，其前提又是微电子工艺的不断发展，最新的集成电路工艺已经发展到了3纳米。这是一个技术密集型行业，而这个领域的发展和创新需要靠从业人员的不

断自主学习、深入理解，逐渐积累经验后才能真正做到厚积薄发，需要具有匠人精神、锲而不舍的精神。因此，唯有沉得下来的耐心、坚持不懈的毅力和突破桎梏的勇气，才能在这条路上走得更远更稳。我校在国内微电子领域具有重要的位置，在微电子科学与工程领域人才培养方面深得国内外同行认可。相信只要同学们努力耕耘，就会成就你的价值、彰显你对国家和人民的贡献。

——电子科学与工程学院教授：罗萍

9 学长说专业

在全球信息化、智能化的浪潮中，电子信息专业的学生作为技术革新的中坚力量，始终在图像处理、自动控制、无线通信、智能交通、清洁能源等诸多新兴领域发挥着关键作用。通过对该专业的学习，我们掌握了从软件到硬件、从能量到信息、从器件到系统的一系列科学方法，同时也培养了团队协作完成复杂项目的能力。这使我们不仅具备了扎实的技术基础，还具备了高远的战略视野，从而能够真正地站在巨人的肩膀上，去迎接工业界和学术界所共同面对的挑战。

——2019届本科生（已被MIT全奖直博录取）：王金辰

我是格拉斯哥学院电子信息专业的学生，四年学习的最大感受是学科的强综合性和动手“创作”的趣味性。前两年的课程设置偏于基础，像微积分、概率论、大学物理、C语言等课程会在后面的专业课中得以深入运用。在高年级的专业课中，硬件方面有模拟电路、数字电路、单片机、VHDL、FPGA等课程。其中电子类课程可收获电磁场和电磁波、信号与系统、通信原理等方面的知识；电气类课程可接触到电机原理、自动控制原理、电工技术等方面的知识。这些课程综合性很强。而动手能力的提升则是得益于几乎每门课程都配备的实验课。实验课能将知识转化为实物和成果，如用硬件语言搭了一个简易的CPU单元、团队项目做出巡线机器人等实验，都充满了挑战性和极大的乐趣。

——2018届本科生（研究生毕业于英国帝国理工学院，现任职百度自动驾驶产品经理）：杜铮

10 校友说专业

电子信息专业正处于风口浪尖。当下时代的各种新鲜名词，无论是人工智能算法、纳米芯片技术，还是互联网开发、智能穿戴设备，都离不开电子信息技术的基本功。幸运的是，在电子科大接受的本科教育给予了每一位毕业生选择的权利。四年期间，从软件编程、数理基础到电路设计、信号处理，再到通信系统、控制信号，任何一个热门学科需要的基础知识都涵盖在了本科教育的范围里。每一位毕业生都可以在此基础上向自己热爱的方向自由发展。以我的硕士专业——语音处理来说，编程技能是每一位研究人员最基础的开发技能，数学知识是每一个问题最坚实的分析工具，信号处理是每一帧数据最清晰的理解思路。语音可以理解为一个由喉咙产生信号，口腔作为滤波器的声学模型，而语音的分析是基于概率统计与数学建模的。换句话说，本科的基础学习不仅能让我们在研究生的学习中轻车熟路，更快的过渡到任何交叉学科的学习中，也能帮我们更清楚地认识事物现象的本质，更好地理解世界的绚丽多姿。

——2019届毕业生（曾任电子科大格拉斯哥学院学生会主席，已被西湖大学全奖博士录取）：邵年

板块三 数据说专业

学院智慧讲堂

学院 TDPS 课程设计

（1）2019—2021年，学生发表国际期刊及会议论文159篇，其中SCI高水平论文50篇。

（2）2017—2020年，学院荣获电子科技大学教学成果奖8项，其中一等奖2项。

（3）2017—2021年，学院教师20人次荣获五粮液奖教金，8人荣获本科教学优秀奖。

（4）2019—2021年，学院1门课程获评国家一流本科课程，4门课程获评省级一流本科课程，5门课程获评电子科技大学教学方法与考核方式改革示范课，1门课程获评课程思政示范课。

（5）2021年，学院“学术及通用英语”教师团队代表学校参加首届高校教师创新大赛，获省赛一等奖，国赛三等奖。

（6）2021年，学院教师获学校首届课程思政微课大赛一等奖1项、二等奖1项，获学校青年教师教学竞赛二等奖2项。

板块四 专业焦点

首届电子科技大学海南自贸港国际英才班开学典礼

格拉斯哥学院2021级新生开学典礼

学院第二课堂创新实践课程“工程设计与问题解决实践”

1. 基于强强联合，我院发展一路稳扎稳打，不断壮大，见证了一个又一个荣耀时刻

（1）2012年10月14日，教育部批准电子科技大学与英国格拉斯哥大学合作举办“电子信息工程”本科教育项目。

（2）2013年5月16日，双方校长共同为电子科技大学格拉斯哥学院揭牌。

（3）2013年9月12日，格拉斯哥学院举行首届新生开学典礼。

（4）2015年9月17日，在教育部副部长郝平和英国教育大臣尼奇·摩根的见证下，电子科技大学与格拉斯哥大学签署两校合作举办中外合作办学机构协议。

李言荣校长与格拉斯哥大学校长Muscatelli签署协议

（5）2016年3月1日，中外合作办学机构正式获得教育部批准，同年，学院新增“通信工程”本科招生专业。

（6）2017年6月28日，格拉斯哥学院举行首届学生毕业典礼。

（7）2018年4月12日，在苏格兰首席大臣Nicola Sturgeon女士的见证下，两校在上海签署新的战略合作协议。

胡俊副校长与格拉斯哥大学副校长James Conroy签署协议

2. 近年来，我院在校学生持续在国内外各大高级别赛事中成绩骄人

（1）2019年12月，何奕在“2019年全国大学生电子设计竞赛”中获国家级二等奖。

（2）2020年10月，叶昭逸在“第十九届全国大学生机器人竞赛”中获国家级二等奖。

（3）2020年11月，潘斐扬在“2020年高教社杯全国大学生数学建模竞赛”中荣获国家级一等奖。

（4）2021年7月，刘祖浩在“第14届中国大学生计算机设计大赛”中荣获国家级一等奖。

（5）2021年8月，宋子祎、叶露在2020—2021全国啦啦操联赛中获国家级第一名。

（6）2021年11月，李周一娴、胡云帆、谢云涛、胡子龙、秦朗在“中国互联网+大学生创新创业大赛”中分别荣获国家级银奖、铜奖。

（7）邬涛、韩涵分别在2020、2021年“美国大学生数学建模竞赛”中荣获F奖。

3. 学院在教科研、师资队伍建设、招生等工作中也取得了可喜成绩

（1）近年来，多部教材出版。2017年，出版《Introductory Physics Experiments for Undergraduates》全英教材1部；2020年，出版《Let's IELTS

Focus on Speaking》《Practical IELTS Writing》全英文教材2部；2021年，翻译并出版引领全球新工程教育的专著《A Whole New Engineer》1部。

（2）2019年，教学质量获国际权威行业认可，高标准通过IET专业认证，获西南地区首个IET最长期限认证证书。

（3）2019年，英语课程获得英方合作院校高度认可，课程成绩取代雅思成绩，作为晋级及学位授予的语言能力认证。

（4）2020年，充分发挥全英文教学优势，在爱课程国际平台首发“Physics”等线上课程5门，免费向全球学习者开放。

（5）优质生源充沛。根据2021年四川省教育考试院官方公布的投档数据，生源最多的四川省录取线（理科）位列全国理工类中外合作办学机构第4名。

后　记

随着新高考改革的不断深入，其带来的变化对高校招生产生了重大的影响，因此针对学科和专业开展的招生宣传工作显得尤为重要。

近年来，电子科技大学积极创新招生宣传方式，采取线下传统宣传与线上新媒体宣传相结合的方式，积极开展招生宣传。除了制作报考指南、报考简介等传统纸质招生资料以外，还拍摄学校招生宣传片、开展科普讲座和寒假招生宣传、举办校园开放日，并通过微信公众号“电子科大本科招生”、头条号“电子科大本科招生”定期推送“成电点亮未来”“壹图看招生”等板块，同时，在央视二套《第一时间》、央广网、光明网、新华网、四川卫视等主流媒体举行招生访谈等。此外，学校转变招生思维，由原来的整体性宣传学校转变为现在的具体性宣传招生专业，开发“云游成电”招生地图、与腾讯《专业的秘密》栏目组合作拍摄招生专业宣传视频、与重点中学探索共建基于学科的联合实验室等，让考生全面了解拟报考专业的具体情况。

《读懂专业，预见未来——电子科技大学达人趣味专业潜析》（第一版）于2019年12月出版以后，受到了社会的普遍欢迎，特别是在广大考生、家长和各地中学中影响很大，很多中学把这本书作为考生了解电子科技大学各个招生专业的重要窗口，学校本科招生办公室连续两年将这本书作为招生工作组老师开展工作的有效工具。在与中学老师、考生、家长及招生工作组老师的交流中，本书编委意识到这本书有待进一步补充和完善，同时近两年学校又新增了一些招生专业，如计算机科学与技术（国家“珠峰计划”拔尖人才实验班）、计算机科学与技术（智能金融与区块链金融“双A”联合学位实验班）、应用物理学（强基计划）等，因此特对本书做了补充修订，这才有了《读懂专业，预见未来——电子科技大学达人趣味专业潜析（第二版）》的出版。

《读懂专业，预见未来——电子科技大学达人趣味专业潜析（第二版）》再次得到了学校教务处、学工部等部门和学院各级领导一如既往的大力支持，近三百位专业老师、优秀学生、杰出校友参与了本书的编写工作，学校本科招生办公室和各学院教务科承担了本书的搜集整理、审稿校对工作，在此表示诚挚谢意。

因水平有限，书中难免有不妥之处，恳请读者谅解和指正。

希望这本深入浅出、通俗易懂的专业介绍工具书能对想要报考电子科技大学的考生在填报志愿时有所帮助，能让你们读懂专业、预见未来！

编委会

2022年4月